Peter Weiler

20.000 Meilen für einen Erlöser

Meine lange Reise auf der Suche nach Gott

Peter Weiler

20.000 Meilen für einen Erlöser

Meine lange Reise auf der Suche nach Gott

Brunnen Verlag · Basel und Gießen

Bibliografische Information der Deutschen Bibliothek
Die Deutsche Bibliothek verzeichnet diese Publikation in der Deutschen Nationalbibliografie; detaillierte bibliografische Daten sind im Internet über http://dnb.ddb.de abrufbar.

Die Bibelstellen sind, soweit nicht anders angegeben, der Übersetzung «Hoffnung für alle» (rev. 2002) entnommen.

Umschlag: Michael Basler, D-Lörrach
Bild: Zefa Visual Media GmbH, Düsseldorf
Fotos Inhalt: Peter Weiler, Winterthur
Satz: Bertschi & Messmer AG, Basel
Druck: Bercker, Kevelaer
Printed in Germany

ISBN 3-7655-1334-2

Inhalt

1.
Willkommen in Alexandria!

Die Ankunftshalle des Flughafens von Alexandria machte einen total heruntergekommenen Eindruck. Die Fensterscheiben waren zum Teil zerbrochen oder fehlten sogar ganz. Überall blätterte der Putz von den Wänden. Aus der hässlichen Rohbetondecke ragten rostige Eisenträger. Bei jedem zweiten Schritt stolperte man über zersprungene Bodenfliesen. Tja, und dann die Katzen – Katzen in einem Flughafen! Bestimmt ein Dutzend dieser abgemagerten Viecher streunte in der Halle herum oder schlief unter den Bänken.

Der Zollbeamte hinter dem einzigen geöffneten Schalter sah auf den ersten Blick aus wie ein Operettengeneral. Aus der Nähe betrachtet erwies sich seine Uniform jedoch als auffallend billig gemacht. Die Rangabzeichen darauf waren aus derart lieblos ausgestanztem Aluminium, dass sie eher Mitleid erregten, als Respekt einzuflößen.

Der Beamte schlug sich mit dem einzigen anderen Touristen herum, der entweder tapfer, geizig oder dumm genug gewesen war, das gleiche altertümliche Propellerflugzeug zu besteigen, das auch mich von Athen hierher gebracht hatte. Der Beamte und der Tourist stritten sich um die Devisenbestimmungen, das war unüberhörbar. Ägypten hatte sich erst vor kurzem aus dem sowjetischen Einflussbereich abgemeldet, und die ägyptische Wirtschaft hatte sich noch nicht von den Ratschlägen der russischen Entwicklungshelfer erholt. Man hatte es mir noch im Reisebüro in Athen erklärt: Das ägyptische Pfund sei für den freien Umtausch noch gar nicht zugelassen, und nur eine Hand voll Regierungsbanken dürften überhaupt legal Geld wechseln. Das Problem mit diesen Banken bestand allerdings darin, dass sie einem nicht mal ein Sechstel von dem gaben, was man auf dem Schwarzmarkt für seine Dollars kriegen konnte. Was auch erklärte, warum dort, wo man offiziell Geld wechseln durfte, garantiert niemand auch nur einen Cent eintauschte.

Nun war ich an der Reihe. Der Beamte nahm meinen Pass entgegen: «Und? Wie lange gedenken Sie in Ägypten zu bleiben?», fragte er mich.

Ich sagte: «Einen Monat, vielleicht auch zwei, das hängt davon ab, ob ...»

Darauf kam es wie aus der Pistole geschossen: «Für ein Monatsvisum haben Sie einen Zwangsumtausch von fünfzehnhundert Dollar zu tätigen.»

«Wie bitte?»

«Ja, zum offiziellen Kurs selbstverständlich.»

Das kam natürlich überhaupt nicht in Frage.

Aber war man hier unten denn nicht ein wenig, nun ... flexibel? Ich kramte alles hervor, was ich an blumiger Rhetorik zusammenkratzen konnte, und holte weit aus: Eine Kindheit in grimmiger Armut und immer währender Kälte – und wie ich mich daraus langsam, tja buchstäblich ... emporgelitten hatte, bis, ja bis ... nun ... bis zu meiner gegenwärtigen Position als ... äh ... Student des ägyptischen Altertums, ja genau!

Und ich war nicht nur ein Student des alten Ägyptens – oh nein! Meine Bewunderung erstreckte sich auch auf die moderne Ägyptische Republik, was allerdings, wie sich später herausstellte, gar nicht die richtige Bezeichnung für das Land war.

Jawohl! Mit geradezu felsenfester Loyalität hatte ich die Ägypter in ihren mannigfachen Auseinandersetzungen mit Israel und Libyen moralisch unterstützt. Dazu kam, dass ich ein lebenslanger Fan des ägyptischen Präsidenten war. Sein Name war mir allerdings im Moment entfallen, weshalb ich kurzerhand seinem Porträt zuwinkte, das hinten an der Wand hing, ihn wie einen alten Bekannten grüßend. Ich konnte mich nicht zurückhalten, dunkel anzudeuten, wie gefährlich es für einen kleinen Zollbeamten sein würde, sich mit einem Freund des Präsidenten anzulegen. Schon weitaus geringere Vergehen hatten andere ihre Karriere und ihr Auskommen gekostet. Einige waren sogar ganz von der Bildfläche verschwunden, und niemand hatte dann noch etwas von ihnen gehört ...

Der Zollbeamte hörte höflich zu, aber man sah ihm an, dass er solche – und noch viel bessere – Sprüche schon so oft zu Ohren bekommen hatte, dass ihn das alles nur noch langweilte.

Ich verdoppelte meine Anstrengungen und begann an einem Bildnis meiner Selbst als einem Individuum in schwierigen Umständen zu malen. Aus einem ganz bestimmten Grund – und ich hoffte, er würde mich nicht fragen, aus welchem Grund, denn was ich erzählte, war alles ein wenig unwahrscheinlich –, aus einem bestimmten Grund also war ich nach Alexandria gekommen, um ... (was konnte man bloß in Alexandria mit seiner Armut anfangen?) ... ich war also nach Alexandria gekommen, um ... auf bessere Zeiten zu warten ...

Etwas Gescheiteres kam mir momentan nicht in den Sinn.

Ich war gerade dabei, noch ein paar letzte finstere Korrekturen an meinem Selbstporträt vorzunehmen, als mir aufging, dass noch mehr arme Leute wahrscheinlich so ziemlich das Letzte waren, was die hier in Ägypten überhaupt gebrauchen konnten. Ein drastisches rhetorisches Brems- und Wendemanöver war angesagt.

Die telegrafische Überweisung – von meinen Eltern, genau, das hörte sich gut an. Meine Eltern waren dabei, mir Geld zu schicken! Oder noch besser – sie hatten es bereits geschickt! Es wartete auf mich ... das Geld, ein ganzer Haufen Geld ... war schon für mich deponiert worden ... bei ... bei ... bei der Kairoer Handelsbank!

Ja, mein Geld lag auf der Kairoer Handelsbank. Genug, um mir den gesammelten Luxus des Orients zu Füßen zu werfen! Und selbstverständlich würde ich alles zum offiziellen Kurs wechseln, alles – nicht nur lausige 1 500 Dollar! Und dann, ja dann, dann würde ich dieses Geld ausgeben, oder besser ausgießen – über das ganze Niltal würde ich es ausgießen! Tourismus, Handel und Industrie würden förmlich aufblühen – ja, es war ein guter Tag für Ägypten, jetzt, da ich da war!

Da war nur ein einziger klitzekleiner, winziger Haken. Ich konnte erst in Kairo an mein Geld drankommen ... weshalb ich zuerst nach Kairo musste ... weil sich da ja die Kairoer Handelsbank befand ... wo ja meine telegrafische Überweisung lag ... weshalb ich nun eben jetzt gerade im Moment kein Geld zum offiziellen Kurs wechseln konnte. Ich würde das dann in Kairo nachholen, nicht wahr. Ich merkte, wie ich anfing, mich zu verhaspeln, und machte besser Schluss: «Also, wenn Sie nun endlich so freundlich sein würden ... stempeln Sie mir doch einfach das Visum in meinen Pass. Wie Sie sehen, geht's im Moment halt einfach nicht anders.» Ich hielt ihm den Pass erneut unter die Nase.

Ganz nebenbei hoffte ich inbrünstig, dass es tatsächlich eine Kairoer Handelsbank gab ... und falls nicht, dass der Zollbeamte es nicht wusste. Und ich hoffte, dass er mich nicht fragen würde, warum ich denn nach Alexandria gekommen war, wenn all mein Geld in Kairo lag. Und wenn meine Eltern so arm waren, wie kam es dann, dass sie mir so viel Geld schicken konnten? Meine Story war mittlerweile total fadenscheinig geworden, was mich doch ziemlich wurmte.

Der Beamte sagte überhaupt nichts und trommelte gelangweilt mit seinen Fingern auf dem Schaltertisch herum, den Blick zur Decke gerichtet. Ich nahm noch einen Anlauf: Die Entbehrungen, die meine armen alten Eltern im Verlauf der letzten fünfzehn Jahre auf sich genommen hatten, um genug Geld zusammenzukratzen, um mir ... diese, äh ... Studienreise zu ermöglichen. Ja genau, so war's: Ich, der aufstrebende Ägyptologe, war der einzige Sohn meiner Eltern. (Genau genommen hatte ich zwar sowohl einen Bruder als auch eine Schwester, aber darum ging's ja jetzt nicht.) Meine Karriere am Institut hing von dieser Reise ab. Wovon genau und warum – ich hatte mittlerweile keine Ahnung mehr. Ich hatte irgendwie völlig den Faden verloren, nur eines war mir noch klar: 1 500 Dollar Zwangsumtausch, das kam überhaupt nicht in Frage!

Ich beobachtete den Zollbeamten aus den Augenwinkeln, während ich mit einer ergreifenden Geste meinen Arm gen Himmel streckte. Es war offensichtlich, dass ich nur meine Zeit verschwendete. Meine dramatische Vorstellung perlte an ihm ab wie Wasser von einem frisch gewachsten Auto. Eine deutlichere Art der Argumentation war jetzt offensichtlich angesagt. Ich nahm meinen Arm wieder runter und drückte ihm einen Zwanzigdollarschein in die Hand – als Zeichen meiner Wertschätzung für ägyptische Zollbeamte im Allgemeinen und ihn im Besonderen.

Damit hatte ich nun allerdings den richtigen Schlüssel zu seinem Herzen gefunden. Ich hätte mir all die heiße Luft sparen können. Beiläufig steckte er den Schein in die Tasche. Plötzlich erinnerte er sich: Ja, es gab da tatsächlich eine Spezialgenehmigung, die Studenten der Ägyptologie vom Zwangsumtausch befreite. Mit einem freundlichen Lächeln stempelte er mein Visum ab: «Willkommen in Alexandria. Ich wünsche Ihnen einen schönen Aufenthalt.»

Draußen vor der Ankunftshalle war ich innerhalb von Sekunden von mehr als einem Dutzend Taxifahrern umringt. Sie stellten sich an, als ob es das krönende Ereignis ihres Lebens wäre, mich in die Stadt zu fahren. Ihr schmeichelndes Werben verwandelte sich jedoch abrupt in wüste Beschimpfungen, als ich in einen Bus stieg.

Die Straße ins Stadtzentrum war in miserablem Zustand. Es war kaum mehr als eine dünne Schicht Teer auf der braunen Nilerde, der sich überall durch unzählige Schlaglöcher wieder an die Oberfläche zu kämpfen versuchte.

Alle Straßen waren verstopft mit kleinen schwarzen Taxis, uralt aussehenden Lastwagen, Eselskarren und Pferdedroschken. An einer Kreuzung stand sogar ein Kamel, das der Szene Lokalkolorit verlieh und der Erde Dünger zusetzte. Nach einer ungefähr halbstündigen Fahrt hielt der Bus vor dem Hauptbahnhof von Alexandria. Da herrschte aber ein derartiges Gedränge auf dem Gehsteig, dass ich mich beinahe nicht traute auszusteigen. Fünfzehn, zwanzig, dreißig Nichtstuer schienen auf niemand anders gewartet zu haben als mich. Ein Ausländer! Noch dazu einer, der augenscheinlich nicht aus dem Ostblock kam! Ein Tourist! Einer, der allein reiste und nicht in einem der klimatisierten Reisebusse verschwand! Einer, der öffentliche Verkehrsmittel benutzte und daher auch der Öffentlichkeit – also ihnen – gehörte! Einer, an dem sie ihre eingerosteten Sprachkenntnisse aufpolieren konnten! Einer, mit dem sie über Geschäfte reden konnten, egal wie weit hergeholt und unwahrscheinlich diese Geschäfte auch sein mochten! Einer, mit dem sie sowohl über nationale als auch über internationale Tagespolitik diskutieren konnten, wenn ihnen der Sinn danach stand! Und *wie* ihnen der Sinn danach stand! Es war geradezu unglaublich, wie ihnen der Sinn danach stand!

In Gruppen von fünf, sieben oder neun Männern versuchten sie, in allen möglichen Sprachen Kontakt mit mir aufzunehmen. Einige redeten in Englisch auf mich ein, andere in Italienisch, Französisch oder Deutsch. Mehrere von ihnen versuchten ihr Glück mit Redewendungen, die ich überhaupt nicht einordnen konnte.

Endlich wurde es mir zu bunt, und ich sagte, ich käme aus Dänemark. Was natürlich nicht stimmte, aber es gab mir die

Möglichkeit, so zu tun, als ob ich nur Dänisch sprechen würde. So müssten sie mich wohl oder übel in Ruhe lassen, dachte ich.

Peinlicherweise sprach aber einer meiner Bedränger tatsächlich auch noch fließend Dänisch. Damit hatte ich nun wirklich nicht gerechnet! So dauerte es nicht lange und sie fanden heraus, dass ich nicht einmal den einfachsten Satz in meiner angeblichen Muttersprache verstand. Dies rief allgemeines Kopfschütteln und Gelächter unter den Nichtstuern am Busterminal hervor. Hatte ich tatsächlich geglaubt, man ließe sich in Alexandria auf so einfältige Art und Weise für dumm verkaufen?

Aber sie nahmen es mir nicht übel, dass ich ein Lügner war – und noch dazu ein recht mittelmäßiger. Touristen waren im Moment rar. Und so ging das Geschwätz nun erst recht los: Welle um Welle brandete über meinen Kopf hinweg, es prasselte auf mich nieder wie ein Wasserfall, es umwirbelte mich wie ein Monsungewitter – das Geschwätz am Busterminal von Alexandria. Was diese Leute bloß von mir wollten? Fast eine halbe Stunde lang war ich in ein Dutzend verschiedene Gespräche gleichzeitig verwickelt – bis mir endlich klar wurde: Ich musste etwas unternehmen, sonst würde es den ganzen Tag lang so weitergehen. Ich packte meine Tasche, steuerte zielstrebig auf einen Linienbus zu und verschwand unter den enttäuschten und ärgerlichen Zurufen meiner Bedränger in einem Taxi, das geradewegs und vollkommen regelwidrig die Busspur heruntergefahren kam. Oder vielleicht gab es gar keine Verkehrsregeln in Alexandria? Dieser Gedanke war mir schon auf der Fahrt vom Flughafen mehrmals gekommen.

Der Taxifahrer sprach nur Arabisch, zum Glück, wie ich zuerst dachte. Dann stellte sich jedoch heraus, dass er sich durch diese Tatsache berechtigt fühlte, einen Bekannten mitzunehmen – zur besseren Gesellschaft sozusagen. Und dieser Bekannte musste erst noch gefunden werden, selbstverständlich mit laufender Taxiuhr. Als er seinen Bekannten endlich gefunden hatte, bedeutete man mir, dass ich nun vom Rücksitz auf den Vordersitz umzuziehen hätte, denn der Bekannte des Taxifahrers zog es vor, hinten zu sitzen. Ich wäre eigentlich lieber hinten sitzen geblieben, allein schon weil dort die Überlebenschancen im Falle eines Unfalls statistisch größer waren – kein abwegiger Gedanke bei den chaotischen Verkehrsverhältnissen. Meinen Wünschen wurde jedoch keine Bedeutung zugemessen. Schließlich war ich ja nur der Fahrgast.

Nun ging die Fahrt zum Hotel endlich los. Alexandria war größer, als ich vermutet hatte, ja die Fahrt zog sich beinahe endlos dahin. Am nächsten Tag brauchte ich für die gleiche Strecke dann nur zehn Minuten – und das per Bus! Kein Wunder, denn der Bus fuhr eben auch nicht im Kreis herum.

Die kleine Eingangshalle des Hotels war leer, und es dauerte eine Weile, bis sich meine Augen an das Halbdunkel gewöhnt hatten. Erst als ich schon drauf und dran war, die Treppe zu den Zimmern hinaufzusteigen, entdeckte ich den fetten Kerl, der hinter der Rezeption schlief. Ich ging zu ihm herüber, und er öffnete kaum die Augen, während ich meinen Namen in das Hotelregister schrieb. Ohne die Füße vom Tisch zu nehmen, griff er hinter sich und schob mit einem Finger einen Schlüssel vom Nagelbrett, den er achtlos vor mir auf den Tisch warf.

«Erster Stock, erste Tür rechts» war alles, was er noch zu sagen vermochte, bevor er es sich mit einem Grunzen wieder bequem machte. Er sah so ruhebedürftig aus, dass ich mich beinahe nicht traute, ihn noch einmal zu stören. Aber ich brauchte dringend Lokalwährung, und so fragte ich ihn halt doch: «Entschuldigung, kann man hier irgendwo Geld wechseln?»

Da kam plötzlich Leben in den Mann an der Rezeption – wie in eine Musikbox, in die jemand eine Münze eingeworfen hat. Er nahm flink die Füße vom Tisch, stand mit geradezu katzenhafter Behändigkeit auf und kam auf mich zu. Noch bevor ich reagieren konnte, hatte er mir schon meine Tasche abgenommen und ging mir voraus, die Treppe hinauf. Vor der Tür eines Zimmers angekommen, schloss er es auf und trat ein. Drinnen ließ er sich schwer atmend auf das Bett fallen. Sein Brustkasten hob und senkte sich wie der eines Bodybuilders, und sein Atem ging schwer und asthmatisch – er war solche Anstrengungen offensichtlich nicht gewohnt. Eine Weile lang lag er einfach nur da, mit geschlossenen Augen nach Atem ringend.

Als er sich endlich wieder gefasst hatte, sagte er, er sei froh, er sei ja sooo froh, dass ich ihm, und nur ihm, diese Frage gestellt hätte. Sich aufsetzend nahm er meine Hand und ließ sie nicht mehr los – wohl um zu verhindern, dass ich mich aus dem Staub machte und mein Geld bei jemand anderem wechselte. Er stellte sich vor: Sein Name war Mahmud. Und wie es der Zufall wollte, gab es in ganz Alexandria niemanden – ja wirklich niemanden! –, der besser über Devisentransaktionen Bescheid wusste als er, Mahmud. Ein guter Bekannter einer der Töchter des Bruders des Ehemanns einer der Schwestern des Schwiegervaters seiner Cousine tätigte beinahe jeden Tag größere Transaktionen auf dem Schwarzmarkt. Durch diese einmalige Familienverbindung war er, Mahmud, in der Lage, jederzeit – absolut jederzeit! – die besten – ja wirklich die allerbesten! – Wechselkurse der ganzen Stadt anzubieten.

Wer bei ihm, Mahmud (Mahmud der Ehrliche, wie ihn seine Freunde nannten), seine Dollar umtauschte, konnte sicher sein, nicht betrogen zu werden. Traurig den Kopf schüttelnd fügte er hinzu, dass so viele, die schwarz Devisen wechselten, längst den Pfad der Tugend verlassen hatten. Im tiefen Bewusstsein seiner Ehrbarkeit legte Mahmud die freie Hand auf seine Brust (mit der anderen hielt er noch immer die meine fest). Es war seine traurige Pflicht, mich zu warnen: Der Schwarzmarkt sei voller Gangster. Er, Mahmud, sei wirklich der Einzige, der ehrlich geblieben sei.

Ich wechselte fünfzig Dollar bei ihm und bekam eine halbe Schuhschachtel voller abgenutzter kleiner Banknoten dafür. Als ich am nächsten Tag ins Stadtzentrum fuhr, war dann jeder, aber auch wirklich jeder, vom blinden Schuhputzer vor dem Hotel, über den Fahrer des Eselskarrens, bis hin zum Kellner im Straßencafé, gerne bereit, Dollar zu viel besseren Kursen umzutauschen als Mahmud. Aber ich war froh, dass wenigstens Mahmud so felsenfest von seiner eigenen Ehrlichkeit überzeugt war, denn in meinen Augen hatte er mich wie ein ausgemachter Gauner übers Ohr gehauen.

Aus diesem Grund und wegen des sauer-fauligen Geruchs, der einfach nicht aus meinem Zimmer zu entfernen war, zog ich am nächsten Tag in eine kleine, an Alexandrias Corniche gelegene Ferienwohnung. Sie hatte zwei Zimmer, eine kleine Küche, ein Bad und eine Riesenveranda mit einer großartigen Sicht auf das unglaublich blaue Mittelmeer. Trotzdem kostete sie nicht einmal die Hälfte von dem, was mir der ehrliche Mahmud für das Loch in seinem Hotel berechnet hatte.

Hier fand ich dann endlich auch die seit langem ersehnte Ruhe. Auf meiner erstklassigen Veranda ließ ich mich abends in den alten, knarrenden Korbsessel fallen und sinnierte so vor mich hin, während ich in die untergehende Sonne starrte.

2.
Auf dem breiten Weg

Ich erinnerte mich noch genau, wie meine Schwierigkeiten begonnen hatten. Zwei Monate war es her, beinahe auf den Tag. Ich schlenderte gerade durch die Fußgängerzone unserer kleinen Stadt, als mir jemand ein Flugblatt in die Hand drückte.

«BREIT IST DER WEG, DER INS VERDERBEN FÜHRT», stand da in großen Lettern. Darunter, ein wenig kleiner, las ich: «... aber der Weg, der zum Leben führt, ist schmal – und nur wenige finden ihn.» Auf der Rückseite war eine Einladung zu einer christlichen Versammlung abgedruckt, die noch am gleichen Abend stattfinden sollte. Ich hielt das Flugblatt in der Hand. Eigentlich interessierte mich sogar, was da stand, waren doch neulich ein paar Dinge in meinem Leben passiert, auf die ich mir einfach keinen Reim machen konnte. Vielleicht war Religion die Antwort auf meine Fragen?

Ich sah auf die Uhr. Es war noch reichlich Zeit, um gemütlich hinzugehen, selbst zu Fuß. Ich beschloss also kurzerhand, die Versammlung zu besuchen. Es war ja eh nichts los in dieser Stadt, hier war eigentlich nie was los! Und in einer Kirche war ich schon lange, lange Zeit nicht mehr gewesen.

Ich war nur noch ein paar Straßen von der Versammlung entfernt, als mir ein alter Bekannter über den Weg lief. Wir begrüßten uns und begannen uns über irgendetwas Belangloses zu unterhalten. Plötzlich unterbrach sich mein Bekannter: «Du, hör zu, ich hab da eine Freikarte für die Show im Kurhotel heute Abend. Ich kann da leider nicht hingehen, muss morgen ultrafrüh raus. Hier, warum gehst du nicht hin? Du siehst aus, als ob du ein bisschen Spaß vertragen könntest.» Und noch bevor ich etwas erwidern konnte, zog er die Karte aus der Tasche und drückte sie mir in die Hand. «Also, tschüss du. Ich muss los. Viel Spaß!» Sagte es und verschwand, ohne meine Reaktion auch nur abzuwarten.

Jetzt hatte ich plötzlich zwei Dinge auf dem Programm. Die christliche Versammlung und die Show im Kurhotel. Eigenartig, dachte ich, manchmal läuft hier monatelang gar nichts, und nun habe ich plötzlich zwei Einladungen für den gleichen Abend.

Es fiel mir natürlich nicht schwer, mich zu entscheiden! Wo wären Sie denn hingegangen, liebe Leserin, lieber Leser?

Obwohl es schon fast hundert Jahre alt war, war das Kurhotel noch immer ein Fremdkörper in unserer Stadt. Nur die oberen Zehntausend gingen da hin. Die Hauptkundschaft bestand aus Touristen aus dem Ausland und reichen Leuten von auswärts. Ich war erst einmal in der dort angeschlossenen Diskothek gewesen, und die war mir viel zu teuer. Aber nun, da ich schon einmal eine Freikarte hatte ... Ich ging also nach Hause und zog mich um.

Die Show hatte schon angefangen, als ich die Disko betrat. Sie war frisch renoviert worden und hatte einen neuen Namen. Jetzt hieß sie «The Broadway» – reichlich optimistisch in Anbetracht der recht altertümlich wirkenden Calypso-Band, die in lächerlichen Kostümen müde alte Jimmy-Cliff-Stücke spielte. Ich hörte eine Weile zu und ging schließlich an die Theke, um mir etwas zu trinken zu holen. Eine Frau an der Bar fiel mir sofort auf. Sie sah unglaublich gut aus – wie sonst nur Frauen aussehen, die hauptamtlich schön sind, Filmschauspielerinnen oder Fotomodelle. Obwohl sie einige Jahre älter war als ich – ich schätzte sie auf Anfang Dreißig – stach sie aus dem Publikum an der Bar heraus wie ein nagelneuer, auf Hochglanz polierter Lamborghini auf einer Ausstellung für gebrauchte Traktoren. Sie saß etwas gelangweilt neben einem wichtig aussehenden älteren Herrn, der offensichtlich ein erfolgreicher Geschäftsmann war; wahrscheinlich ihr Vater. Der Geschäftsmann war in eine Diskussion mit einem anderen verwickelt, der ebenfalls einen dunkelblauen Anzug trug. Beide Männer waren ziemlich betrunken und ignorierten die Schöne völlig.

Eigentlich nur, weil sonst nirgendwo Platz war, stellte ich mich neben sie an die Theke, um mir einen Drink zu bestellen. Ich schaute sie von der Seite an. Ihr massiver Schmuck sah echt aus, soweit ich das beurteilen konnte, ein halbes Vermögen hing um ihren Hals. Und ja, sie sah wirklich ganz außerordentlich gut aus! Große, eigenartig graugrüne Augen; eine feine, leicht spitze Nase; ein voller Mund, die Mundwinkel zu einem permanenten Lächeln hochgezogen. Ihr hochgeschlossenes knallenges grünes Seidenkostüm hob sich vorzüglich von ihrem rötlich-kastanienbraunen Haar ab. Und was unter dem Kleid steckte, war offensichtlich auch nicht ohne.

Zu meiner Überraschung reagierte sie freundlich, als ich mich an ihr vorbeikomplimentierte, und wir kamen ins Gespräch. Ich kann mich gar nicht mehr erinnern, wie. Als ich meine Bestellung endlich aufgeben konnte, bestellte sie prompt das Gleiche. Weil mir nichts anderes in den Sinn kam, erzählte ich ihr einen Witz, und sie lachte schallend. Dann erzählte sie mir einen Witz, und ich spürte, wie ich rote Ohren bekam, was sie ungeheuer lustig fand. Sie war offensichtlich schon mehr als nur ein bisschen angeheitert. Der Barhocker hinter mir wurde frei, und sie kicherte: «Komm, setz dich doch, war ja nicht so gemeint.» Dann bestellte sie eine Flasche Champagner und bot mir ein Glas an. Innerhalb von zehn Minuten war die Flasche leer, und sie bestellte eine zweite. Wir unterhielten uns glänzend.

«Ist das alles nicht ein wenig sonderbar, oder ist es einfach nur der Lebensstil der oberen Zehntausend?», fragte ich mich. Ich hatte keine Ahnung, jedenfalls drehte sich alles in meinem Kopf, da ich sonst doch nie Champagner trank. Bald waren wir beide betrunken, und sie fasste mir ständig ans Knie. Ihr Vater schien ihr so egal zu sein wie sie ihm, oder vielleicht gehörten die beiden auch gar nicht zusammen? Jedenfalls wurde sie mit jedem Glas unkomplizierter, ja geradezu ungeheuerlich direkt. Ich wusste kaum noch, was ich sagen sollte – ich kam mir vor wie das perfekte Landei, das ich ja wohl auch war. So was hatte ich noch nie erlebt, und die Frau war so wunderschön, und der Champagner verlieh der ganzen Sache eine unwirkliche, ja fast traumhafte Atmosphäre ...

Aber das hier war kein Traum. Irgendwie stellten wir fest, dass diese Bar uns beiden zum Hals heraushing, und als ihr Begleiter sich für ein paar Minuten entfernte, nahm sie ihre Handtasche und flüsterte: «Komm, wir hauen ab!» Dann biss sie mir auch noch ins Ohr und schüttelte sich vor Lachen, als ich unwillkürlich «Autsch!» sagte. Draußen im Kurpark kamen wir uns dann sehr schnell näher. Ein wenig später, zu Hause in meiner Wohnung, war ihr Kleid nicht einmal halb so kompliziert auszuziehen, wie ich es mir im Taxi vorgestellt hatte. Lamborghini Diablo, ging es mir noch durch den Kopf. Alles an ihr war von A bis Z perfekt durchgestylt.

Am nächsten Morgen hatte ich Kopfschmerzen, und meine Schöne erging sich plötzlich in Selbstvorwürfen. Sie hatte sich das mit mir offensichtlich anders überlegt. Was mir eigentlich leidtat, aber was konnte ich da schon machen?

Ich sagte zu ihr: «Komm, lass doch! Vergessen wir's, wir waren doch beide betrunken ...»

Sie saß auf dem Bett und schaute zu Boden: «Das gibt Prügel», murmelte sie, «jede Menge Prügel!» Dann fing sie leise an zu weinen.

«Prügel?», lachte ich, «also komm, du bist doch schon volljährig, und noch ein paar Jährchen älter. Du kannst deinem Vater doch bestimmt irgendeine Story erzählen, damit er dich nicht übers Knie legt!»

Sie schaute mich an, verstand aber offensichtlich nicht, was ich meinte. Dann lachte sie plötzlich bitter durch die Tränen hindurch. «Du hast ja keine Ahnung, du dummer Junge. Das war nicht mein Vater, das war mein Mann. Du kennst ihn nicht, diesen Mistkerl. Mit dem ist nicht zu spaßen!»

Und damit hatte sie tatsächlich Recht, wie sich bald herausstellen sollte.

Ich erkannte ihn kaum wieder, als er in seinen schweren Motorradstiefeln in meine Wohnung hereinstampfte, von Kopf bis Fuß in schwarzes Leder gehüllt: mein Vetter Silvio. Wir hatten schon im Sandkasten miteinander gespielt, waren zusammen aufgewachsen und hatten gemeinsam die üblichen Dummheiten angestellt. Aber dann hatten sich seine Eltern scheiden lassen, und seine Mutter war mit ihm weggezogen. Wir hatten schon vor Jahren den Kontakt verloren.

Aber jetzt stand er plötzlich da und sah aus wie ein richtiger ausgewachsener Rocker von der übelsten Sorte.

Er fläzte sich auf meinen guten Wohnzimmersessel, deponierte seine dreckigen Stiefel auf meinem neuen Rauchglastisch und sah sich neugierig um. Dann sagte er mit seiner dünnen Kopfstimme, die so gar nicht zu seinen 187 cm und seinen hundert Kilo passen wollte: «Uns geht's gut im weißen Hemd und mit Krawatte, was, Pit? Aber Bier hast du keins, wie ich dich kenne?»

Da hatte er allerdings Recht, aber ich holte ihm ein Glas Fruchtsaft aus dem Kühlschrank. «Und was führt dich hierher, Silvio? Ist dir der Sprit für dein Motorrad ausgegangen? Bei mir kannst du jederzeit einen Kredit aufnehmen, für eine halbe Tankfüllung oder so, das weißt du doch hoffentlich!»

Er lachte: «Immer noch der kleine Spaßmacher, der Pit? Hör zu, ich hab da auch was zum Lachen für dich: Da ist gestern ein Typ bei uns im Klub aufgekreuzt, der unserem Vorsitzenden zehn Riesen für einen kleinen Job gegeben hat – nur 'ne Viertelstunde Arbeit für zwei, drei tüchtige Kerle. Sie brauchen dich nicht mal totzuschlagen dafür ... ‹Tut ihm einfach mal ganz fürchterlich weh›, hat dieser Typ gesagt. Sie kriegen noch mal zehn Riesen, sobald du auf der Intensivstation liegst. Glaub's mir, Pit, du verschwindest besser von hier – und zwar blitzartig!»

Silvio beschrieb den Mann, und mir blieben kaum noch Zweifel: Es war der Begleiter meiner Zufallsbekanntschaft von neulich. Er hatte Wind von der Sache bekommen – nun ja, diskret sind wir ja nicht gerade gewesen!

Mein Gehirn arbeitete auf Hochtouren. Wie konnte das möglich sein? Wie hatte der Typ bloß so schnell herausgefunden, wo ich wohnte?

Vielleicht hatte seine Frau es ihm erzählt? Irgendwie konnte ich das aber einfach nicht glauben. Dann jedoch kam mir plötzlich ein Gedanke: Sie hatte doch von Prügeln gesprochen. Vielleicht hatte er es aus ihr ... rausgeprügelt, zum Beispiel? Sie hatte ziemlich abfällig über ihn geredet. Ein inniges Verhältnis schienen die ja nicht gerade zueinander zu haben. Prügel! Ich hatte plötzlich einen schlechten Geschmack im Mund. Und nun war *ich* an der Reihe – jede Menge Prügel!

Silvio drückte seine Zigarette auf meinem Rauchglastisch aus. Der Aschenbecher, der vor ihm auf dem Tisch stand, schien sich für einen Mann in seiner Branche nicht zu ziemen.

Er grinste spöttisch: «Was hast du denn angestellt, Pit? Haste dem alten Knacker die Freundin ausgespannt, oder was?»

Mir schlug das Herz bis zum Hals. «Wer, ich? Aber ich doch nicht, Silvio, kennst mich doch ... hey, und wenn schon

... hey, hör zu, wir müssen was unternehmen! Können wir nicht mal mit ... eurem Vorsitzenden reden? Das geht doch nicht, ich meine, die können doch nicht ...»

Silvio wurde plötzlich todernst: «Hast du sie noch alle, Pit? Denkst du, ich will mit dir auf die Intensivstation? Mach keinen Quatsch, Pit, ich warne dich! Die sind fürchterlich stolz auf ihren guten Namen im Klub, ich glaube, du verstehst das nicht ganz. Und die lassen nicht zehn Riesen den Bach runtergehen, nur weil wir uns von früher kennen. Ich bin nicht mal Vollmitglied bei denen. Mach keinen Quatsch! Ich sag dir, die haben das Geld genommen. Weißt du, was das bedeutet?»

Nein, ich wusste nicht, was es bedeutet – aber als ich ein wenig darüber nachdachte, konnte ich es mir plötzlich vorstellen.

Silvio leerte sein Glas in einem Zug und stand auf: «Ich sag's dir, Pit, hau ab, verschwinde – du hast hier keine Zukunft mehr! Heute werden sie wohl kaum noch aufkreuzen», fügte er hinzu, als er zur Tür hinausstapfte, «aber wenn du auch nur ein bisschen Grips hast, bist du morgen über alle Berge ... Ciao, Pit!»

In der Nacht darauf dachte ich sehr viel nach – über die neuen Realitäten, die so unerwartet krass in mein Leben getreten waren. Und je länger ich überlegte, desto größer wurde meine Panik. Ich konnte mir einfach nicht vorstellen, meine Karriere als Versicherungskaufmann fortzusetzen mit einer Rockergang am Hals. Zur Polizei gehen ... aber was würde dann mit Silvio passieren?

Als die Vögel im Morgengrauen anfingen zu pfeifen, stand ich schon an der Autobahnraststätte am Stadtrand. Ich hatte Glück, ein Lastwagen hielt beinahe sofort. Zu Mittag aß ich dann schon in Italien.

Ich hing einen ganzen Monat lang in Italien herum, ohne dass ich auch nur die geringste Vorstellung davon bekommen hätte, wie es denn nun weitergehen sollte. Ich wusste nur eins: Ich hatte Angst zurückzugehen.

Dann, eines Tages, kam mir plötzlich ein Gedanke, der alles noch schlimmer machte: Auf dem Flugblatt, das ich am gleichen Abend bekommen hatte, an dem ich die verhängnisvolle Affäre mit dieser Schönen hatte – stand da nicht etwas von einem breiten Weg drauf, der ins Verderben führt? Dieser Gedanke und die Tatsache, dass die Diskothek des Kurhotels den Namen «The Broadway» – «Der breite Weg» – trug, gingen in meinem Kopf plötzlich eine Verbindung ein. Vielleicht war das Flugblatt ja eine Warnung gewesen – eine Warnung, die ich in den Wind geschlagen hatte? «Der breite Weg, der ins Verderben führt» – deutlicher konnte man's doch überhaupt nicht mehr serviert bekommen! Und ich Idiot hatte den breiten Weg gewählt! Und nun war ich auf ihm. Und das Verderben hatte ja wirklich nicht lange auf sich warten lassen. Meinen Job war ich los – der Personalchef hatte überhaupt kein Verständnis gezeigt, als ich von Genua aus telefonisch fristlos gekündigt hatte. Und meine Wohnung, die ich gerade erst so halbwegs eingerichtet hatte, war auch weg.

Mein Leben war verpfuscht! Ich war jetzt ... eine Art Flüchtling, ein Verbannter, einer im Exil; einer, der sich nicht mehr nach Hause traute, weil dort die Schläger auf ihn warteten.

Pisa, Florenz, Rom, Neapel – es war mir alles einerlei. Ich wusste kaum, in welcher Stadt ich gerade war. Ich ließ mich einfach treiben, desorientiert, deprimiert und halb krank vor Heimweh. Ich hatte meinen Platz in der Ordnung der Dinge verloren, und finstere Gewalten brauten sich über mir zusammen. Was sollte bloß aus mir werden?

Es dauerte eine Weile, bis ich ein Mittel gegen diese morbiden Ideen gefunden hatte, aber schließlich fand ich eins – in den großartigen Weinen, die man in Italien überall und für ein Trinkgeld ausgeschenkt bekam. Ich hatte mir

früher nie etwas aus alkoholischen Getränken gemacht, aber jetzt wurde das schlagartig anders. Ich lernte sie zu schätzen – und wie!

Ich fand bald heraus, dass es Zeitverschwendung war, so zu trinken, wie es die Italiener um mich herum taten: ein Glas oder zwei zum Essen, kultiviert und mit Mineralwasser. Nein, bei mir ging es darum, nach ein paar «Aperitifen» gleich eine ganze Flasche zu leeren ... und dann noch ein paar Klare hinterherzukippen.

So erreichte ich schon am frühen Nachmittag relativ mühelos geistige Regionen, in denen die dunklen Wolken der Depression wie weggeblasen waren. Ein paar Bierchen über den Nachmittag verteilt und dann noch eine zweite Flasche Wein zum Abendessen (und bald auch anstelle des Abendessens) – es spielte wirklich gar keine Rolle mehr. Und so war ich bald dauerhaft und sicher im Land des grinsenden Schwachsinns zu Hause, in dem die Sonne immer scheint, selbst in der dunkelsten Nacht.

Das einzige Problem an dieser Kur war, dass am nächsten Morgen die dunklen Wolken wieder da waren, vom Kopfweh ganz zu schweigen. Aber auch dafür fand sich eine Lösung: ein, zwei Gläser Weißwein gleich nach dem Frühstück, oder wenn's ganz krass kam schon vor dem Frühstück, und die Dinge waren wieder im Lot.

Auf diese Weise war mein Aufenthalt in Italien schließlich mehr und mehr zu einer weinkundlichen Entdeckungsreise von beträchtlicher Gründlichkeit geworden. Mit einem Gehirn, das mehr oder weniger permanent auf Autopilot geschaltet war, war ich bis nach Brindisi gekommen, wo ich eines schönen, aber windigen Nachmittags die Fähre nach Patras in Griechenland bestieg.

So kam ich schließlich nach Athen und landete in einer nicht sehr sauberen, dafür aber umso billigeren Absteige am Hafen Piräus. Eines späten Abends fiel mein Blick auf dem Heimweg auf eine Notiz, die mit einem Stück Klebeband von innen an die Glastür eines Reisebüros angebracht worden war: «Alexandria Stand-by 40 Dolars» stand da in kaum leserlicher Handschrift. Diese Notiz wirkte irgendwie inspirierend auf mich, trotz der mangelhaften Orthographie. Ein Blick auf die verblichene Weltkarte im Schaufenster des Reisebüros zeigte mir, dass es von Athen aus nach Ägypten nur ein Katzensprung war.

3.
Turbulente Zeiten im «Golden Hotel»

Nachdem ich also meine ersten Erfahrungen mit Griechenland und mit Alexandria hinter mich gebracht hatte, machte ich mich auf den Weg nach Kairo.

Kairo war nur ein paar Bahnstunden von Alexandria entfernt. Leider stellte sich heraus, dass der Tag, an dem ich fahren wollte, ein öffentlicher Feiertag war und halb Ägypten die Gelegenheit nutzte, um die andere Hälfte der Verwandtschaft zu besuchen. Alle Züge nach Kairo waren gleich für mehrere Tage ausgebucht – die dritte Klasse ausgenommen, dafür gab's immer Fahrkarten, selbst wenn die Leute schon zu den Türen herausquollen.

Ein Passant erklärte mir, die einzige Chance, noch am selben Tag nach Kairo zu kommen, sei per Sammeltaxi, und so trat ich aus der schattigen Schalterhalle ins gleißende Sonnenlicht. Ich musste nicht lange suchen, denn bald war ich von mindestens fünfzig Taxifahrern, ihren Angestellten, Freunden, Verwandten und den von ihnen angeheuerten Schleppern umringt.

Wie schon am Flughafen redeten und gestikulierten sie von allen Seiten auf mich ein, und der Wettbewerb um meine Gunst hörte auch nicht auf, als ich mich in ein Taxi mit ein paar Beduinen gesetzt hatte. Obwohl sich unser Fahrer enorm ins Zeug legte, schaffte er es nicht, noch weitere Fahrgäste anzuwerben. Mehrere Leute, die er anschleppte, rümpften die Nasen und wandten sich ab, sobald sie die Beduinen sahen. Mit fünf von ihnen in den engen Peugeot-Kastenwagen gedrängt, fand ich auch bald heraus, warum. Nicht nur, dass ihr Atem nach einem lauch- und zwiebelreichen Frühstück roch, da war auch noch ein anderer Duft, der mir damals noch fremd war, den ich jedoch später als einen reifen Kamelgeruch zu identifizieren lernte.

Da sich einfach keine zusätzlichen Passagiere für eine Fahrt nach Kairo finden ließen, nahm unser Fahrer schließlich eine Warenlieferung an, um noch ein paar Piaster zusätzlich zu verdienen: Fünf Männer hievten ein riesiges Palmfasernetz voller Kohlköpfe auf das Dach unseres Taxis, welches unter dem zusätzlichen Gewicht knirschend bis zum Anschlag seiner Federbeine zusammensackte. Mir erschien das Ganze plötzlich ein wenig zu unsicher, und ich packte meine Tasche, um auszusteigen – aber der Fahrer kam mir zuvor, sprang ins Auto und fuhr los, bevor ich über den Beduinen klettern konnte, der zwischen mir und der Tür saß.

Die Beduinen hatten am Tag zuvor ein paar Dutzend Schafe und eine kleine Herde Ziegen verkauft und wollten einen Teil ihres Gewinns in Kairo auf den Kopf hauen. Sie kamen nur ein- oder zweimal pro Jahr in die Stadt und beschwerten sich, dass es in Alexandria stank. Der Taxifahrer grinste, während er es für mich übersetzte. «Die haben's gerade nötig!», sagte er auf Englisch und rollte dabei mit den Augen.

Wir holperten durch die Vorstadt Alexandrias, und die Straße wurde immer schlechter, während der Verkehr gleich bleibend chaotisch war. Hupend bahnten wir uns einen Weg durch das allgemeine Durcheinander, bis wir schließlich das offene Nildelta erreichten. Plötzlich verbreiterte sich die Straße zu einer Art Autobahn, und unser völlig überladenes Auto beschleunigte langsam, aber stetig, bis wir mit halsbrecherischer Geschwindigkeit an den Lastwagen und Pferdefuhrwerken geradezu vorbeiflogen, die auf der äußeren Spur nahezu stillzustehen schienen. Erst bei 140 km/h blieb die Tachonadel zitternd stehen. Das war viel zu schnell für unser altersschwaches und völlig überladenes Vehikel.

Ich dachte gerade, dass wir so wenigstens vorwärtskommen würden, als nicht weit vor uns plötzlich ein kleiner Junge auf der Fahrbahn erschien – ein Junge, der ein Kamel im Schlepptau hatte. Das Kamel war derart mit Stroh beladen, dass es aussah wie ein wandelnder Heuhaufen. Wir brausten auf der Überholspur dahin und waren gerade dabei, ein anderes uraltes Taxi zu überholen. Ein Bus saß uns im Nacken, und nach links konnten wir ohnehin nicht ausweichen, denn da waren rostige Leitplanken angebracht.

Der Taxifahrer war in ein Gespräch mit dem Beduinen neben ihm verwickelt und sah das Kamel erst, als der Beduine ihn darauf aufmerksam machte. Es war natürlich viel zu spät, um noch zu bremsen.

«Jetzt kracht's ...», dachte ich, mit einem würgenden Angstgefühl im Hals, «es kracht bestimmt gleich!»

Der Taxifahrer stieg auf die Bremse, was keine gute Idee war, denn der Wagen brach sofort schleudernd nach rechts aus, und wir rammten beinahe das antike Taxi neben uns. Glücklicherweise sah uns dessen Fahrer kommen, und es gelang ihm, seinen Wagen ebenfalls nach rechts zu reißen und so eine Kollision zu verhindern.

Es waren auf keiner Seite mehr als fünf Zentimeter Zwischenraum, als wir an dem Kamel vorbeischossen. Und dann stießen wir doch noch beinahe mit dem Taxi zu unserer Rechten zusammen, das seinerseits mit quietschenden Reifen auf die Überholspur zugeschlingert kam, weil es einem Kleinlastwagen ausweichen musste.

Mir stand beinahe das Herz still, aber die Beduinen fanden es großartig, und einer klatschte sogar Beifall. Erst als der Fahrer – sichtbar erschüttert von unserem Beinahe-Sterbe-Erlebnis – vom Gas runterging, begannen die Beduinen, sich aufzuregen: «Schneller, schneller!», riefen sie ihm zu.

Der Fahrer, der wahrscheinlich irgendwo eine Familie hatte und nicht versessen darauf war, für Tageseinnahmen von umgerechnet weniger als fünfundzwanzig Dollar sein Leben zu opfern, stellte sich taub und hielt sich nun stur an die offizielle Höchstgeschwindigkeit von 110 km/h.

Aber den Beduinen passte das überhaupt nicht. Der Mann, der hinter dem Fahrer saß, schrie ihn an und versetzte ihm ein paar krachende Kopfnüsse, während der auf dem Vordersitz anfing, ihm mit seinem Bambusstöckchen in den Rippen herumzustochern. Das allgemeine Gezeter ging weiter, bis der Fahrer schließlich nachgab und wieder beschleunigte. Fünf gegen einen, das war einfach zu viel! Bald rasten wir wieder mit Höchstgeschwindigkeit über die Autobahn.

Das «Golden Hotel» lag an der Sharia Talaat Harb, in einem der weniger heruntergekommenen Viertel Kairos. Jemand hatte es mir nicht nur als das beste, sondern auch das billigste Hotel in der Stadt empfohlen. Zu diesem Zeitpunkt glaubte ich eben noch daran, dass an solchen Tipps auch wirklich was dran war.

Obwohl ich die Adresse des Hotels sowohl in Englisch als auch in Arabisch auf einem Stück Papier hatte, fand ich es kaum. Kein Wunder, denn es bestand nur aus ein paar Zimmern, die über die oberen Stockwerke eines alten, bröckelnden Apartmenthauses verstreut lagen.

Vielleicht waren es die angstvolle Fahrt und die ungewohnte Hitze oder die grässlichen Zigaretten, die mir die Beduinen im Laufe der Fahrt aufgedrängt hatten – auf jeden Fall war ich völlig fertig, als ich in mein Zimmer stolperte. Ich wollte nur noch eines: schlafen. Und ich war auch schon eingeschlafen, als mich ein beharrliches Klopfen an der Tür wieder aufweckte. Dazu wisperte eine Stimme meinen Namen, beharrlich und, wie mir schien, mit höchster Dringlichkeit. Ich wunderte mich, was da wohl los war, und öffnete die Tür – aber da stand nur der Hotelschuhputzer und wollte mir seine Dienste anbieten. Ich schickte ihn weg, denn ich sah nicht recht ein, was er mit seinen zwei Töpfen Wichse – der eine mit brauner Farbe, der andere mit schwarzer – an meinen weißen Turnschuhen ausrichten wollte.

Kaum hatte ich die Tür vor seiner Nase geschlossen und mich wieder hingelegt, wurde ich erneut gestört. Diesmal war es der Hotelangestellte: Ob mir bekannt war, dass es für Ausländer obligatorisch war, sich spätestens vierundzwanzig Stunden nach ihrer Ankunft bei der Polizei zu melden, wollte er wissen. Ich war ihm nicht allzu dankbar für diese Information, weil mir sowohl der Fahrer des Sammeltaxis als auch der Hotelbesitzer selbst als auch der Früchteverkäufer vor dem Hotel schon denselben Tipp gegeben hatten. Ich fertigte auch den Angestellten ab – ziemlich kurz angebunden, wie ich mich erinnere – und legte mich wieder hin, in der Hoffnung, nun endlich schlafen zu können. Dies stellte sich aber leider als ganz und gar unmöglich heraus. Wir befanden uns in den frühen Abendstunden, der Zeit also, in der sich Kairo langsam von der Tageshitze erholt. Es war die Zeit für alle möglichen Geschäfte – und alle möglichen Leute schienen mich als einen wesentlichen Bestandteil ihrer Geschäfte zu betrachten. Wer da nicht alles nacheinander in meinem kleinen Zimmer auftauchte: Früchtehändler; mehrere Souvenirverkäufer mit den gleichen schäbigen Messingwasserpfeifen, wie ich sie schon in Alexandria dutzendfach angeboten bekommen und zurückgewiesen hatte, nur kosteten sie hier in Kairo mehr; ein Reiseführer, der mir Kairo bei Nacht zeigen wollte; jemand, der sich anbot, mein Porträt in Öl zu malen, sowie ein paar Männer, bei denen ich überhaupt nicht herausfinden konnte, was sie eigentlich genau von mir wollten.

Gegen neun Uhr abends erreichte die Prozession ihren Höhepunkt: Zwei ältere Herren, beide in ordenbestückten

Jacketts, schlurften in mein Zimmer – auch sie uneingeladen wie alle anderen vor ihnen. Sie hätten gehört, ich sei Schweizer, und sie wären beide einmal in der Schweiz gewesen, vor mehr als vierzig Jahren, auf einem Kriegsgefangenentransport! Drei Tage lang hätte das Rote Kreuz sie in einem Durchgangslager in der Nähe von Lausanne betreut! Und nun wären sie gekommen, um mir die Hand zu schütteln, in Erinnerung an die großzügige Gastfreundschaft, die man ihnen in meiner Heimat hatte angedeihen lassen! Nie würden sie vergessen, wie gut man sie in der Schweiz behandelt hatte!

Ein müder Gedanke flackerte durch mein ausgebranntes Gehirn: Vielleicht wollten sich die zwei dankbar erweisen und mich zum Abendessen einladen. Vielleicht wollten sie mir etwas schenken? Nicht, dass ich hungrig gewesen wäre! Mir war immer noch schlecht von der Taxifahrt und den Zigaretten ...

Aber wie sich herausstellte, verstand ich die Motivation meiner zwei Besucher völlig falsch. Ihre Logik funktionierte andersherum, gewissermaßen gegen den Uhrzeigersinn: Meine Landsleute waren einmal großzügig zu ihnen gewesen – und nun hofften die beiden, dass ich auf dieser Tradition aufbaute und ebenfalls etwas springen ließ, sie zum Abendessen einlud, ihnen etwas schenkte, ein Bakschisch oder irgendwas anderes ...

Ich musste sie leider enttäuschen, schließlich war ich nicht das Rote Kreuz. Da war nichts, aber auch rein gar nichts, was ich für sie tun konnte oder auch nur wollte. Auf meinem Bett saßen sie ja schon – nicht etwa, dass ich ihnen einen Platz angeboten hätte. Zu essen oder zu trinken hatte ich selbst nichts, und ich mochte im Augenblick auch nichts zu mir nehmen. Und meine Uhr, die sie mit geradezu schamlos lüsternen Blicken musterten, gedachte ich zu behalten. Mit wenigen, aber klaren Worten komplimentierte ich die zwei alten Herren schließlich hinaus – was sie allerdings nicht daran hinderte, mich im Verlauf meines restlichen Aufenthalts in Kairo noch mehrmals zu besuchen – stets mit einer Vielzahl von Orden behängt, immer die gleiche hoffnungsfrohe und erwartungsvolle Aura ausstrahlend.

Alles in allem bot das «Golden Hotel» wohl etwa fünfzig Leuten Platz, hauptsächlich in den drei großen Schlafsälen, die wohl einmal – um die Jahrhundertwende vielleicht – die Wohnzimmer einer großbürgerlichen Stadtwohnung gewesen waren. In diesen Schlafsälen galt es als hochgradig unsicher, Wertsachen aufzubewahren, selbst wenn man praktisch auf ihnen saß. Im Gegensatz zu anders lautenden Gerüchten gab es eine Dusche im Hotel, jedenfalls für die, die wussten, was eine Dusche war, und sich nicht vor dem pelzartigen Schimmelbelag am Duschvorhang ekelten. Das einzige wirkliche Problem mit dem Duschen war, dass man es früh am Morgen hinter sich bringen musste, denn nach halb neun nahm der Wasserdruck ab, und in dem Viertel, in dem sich das «Golden Hotel» befand, lagen die oberen Stockwerke dann auf dem Trockenen.

Das Hotel hatte jedoch bei weiten nicht nur Mängel – es hatte auch eine ganz erstklassige Einrichtung, nicht was das Mobiliar betraf, aber in Form einer eigenen kleinen Hausbank. Die Bank gehörte einem bleichen Amerikaner, der schon seit Jahren in Kairo wohnte. Man flüsterte über ihn, dass er sich in Kairo vor der CIA versteckte und dass er riesige Summen Geld auf dem Schwarzmarkt hin und her schob. Der Amerikaner operierte in einem winzigen fensterlosen Hinterzimmer des Hotels, das nur durch einen engen Gang zu erreichen war und in dem zu jeder Tages- und Nachtzeit mindestens einer seiner Leibwächter saß – eine ganze Hand voll riesiger, Muskel strotzender und mit Hartholzkeulen bewaffneter Nubier. Das Zimmer war stellenweise bis unter die Decke voll gestopft mit durch Schnüre zusammengebündelten ägyptischen Banknoten.

Ich wechselte ein paar Scheine und unterhielt mich ein wenig mit dem Amerikaner, der eine Menge über Kairo zu wissen schien.

«Gibt's hier eigentlich keinen Wein?», wollte ich wissen. Diese Frage lag mir wirklich am meisten am Herzen.

«Zum Trinken brauchst du nicht nach Ägypten zu kommen, mein Freund. Bier und Wein gibt's in den großen Hotels, aber das ist alles viel zu teuer.» Er winkte ab. «Und wozu willste denn Bier trinken für fünf Dollar die Flasche – wenn du das hier haben kannst?», sagte der Amerikaner und zog ein in Aluminiumfolie eingepacktes Ding aus der Tasche. Er wickelte die Folie ab, und zum Vorschein kam etwas, das aussah wie ein fingergroßes Stück Holz.

«Was ist das?», fragte ich.

«Wo kommst du denn her, Mensch?», lachte der Amerikaner. Ich sagte es ihm.

«Na, das erklärt natürlich alles. Nun, wenn du's genau wissen willst, das ist ein Stück vom besten Keef, den man in Kairo kaufen kann – und in Kairo kann man sehr guten Keef kaufen.» Er brach ein paar Krümel von dem Stück ab. Es war weich und begann abzuflocken, als er es über seinem Feuerzeug wärmte. Er mischte die Flocken mit ein wenig Tabak und stopfte das Ganze in den Tonkopf der riesigen Wasserpfeife, die auf einem kleinen Glastisch stand. Dann gab er mir einen der Schläuche, die an der Wasserpfeife befestigt waren, und fing an, aus dem anderen zu inhalieren.

«Hier», sagte er, als er sah, dass ich nicht wusste, was ich damit anfangen sollte, und hielt mir den Schlauch näher vors Gesicht. «Hier, Keef!»

Was wollte er bloß? «Keef? Was meinst du damit?», fragte ich ihn völlig ahnungslos.

«Haschisch, Mensch, erstklassiger Libanese. Komm, nimm einen Zug, das tut dir bestimmt gut!»

Ich hatte da so meine Zweifel, schließlich lebte ich ja

nicht vollkommen hinter dem Mond: «Hey, das kann ich doch nicht machen. Ich meine, das darf man doch nicht, das ist ja illegal ...», stammelte ich.

Der Amerikaner grinste: «Es ist bestimmt zehnmal weniger illegal, als hier bei mir Geld zu wechseln. Los, komm schon, Mensch, probier's doch wenigstens mal!» Er schüttelte den Kopf. «Genau so hab ich mir die Schweizer immer vorgestellt.»

Der Geruch, der aus der Wasserpfeife stieg, war recht angenehm, und ich inhalierte ein paar Züge. Es rauchte sich wie Tabak, roch jedoch mehr wie Weihrauch, eigentlich wirklich angenehm. Ich rauchte weiter. Gespürt hab ich allerdings nichts.

Als wir mit der Pfeife fertig waren, sagte der Amerikaner: «Du, hör zu, ich bin da auf eine Party eingeladen, warum kommst du nicht einfach mit?»

Im Taxi schaute er mich dann ständig von der Seite an und kicherte schließlich: «Und du merkst wohl überhaupt nichts?»

«Nichts, gar nichts. Tut mir leid, was sollte ich denn merken?»

Der Amerikaner lachte nur. Das Taxi hielt vor der Tür eines modernen Wohnhauses, und wir stiegen aus und gingen hinein.

Auf der Party waren ungefähr zwanzig Leute, vielleicht auch zwei Dutzend. Es waren hauptsächlich Ägypter und ein paar Europäer und Amerikaner; Leute von der Universität, die hier ganz in der Nähe war.

Ein paar saßen um eine Wasserpfeife im Wohnzimmer herum, und wir setzten uns zu ihnen. Ich nahm wieder ein paar Züge, aber ich merkte immer noch nichts. Dieses Keef-Zeugs hatte offensichtlich keine Macht über mich.

Ich saß eine Weile herum, bis ich auf einen Ägypter aufmerksam wurde, der neben dem offenen Fenster stand, lässig gegen eine Bücherwand gelehnt. Er hatte ein offenes

Buch in der Hand und redete. Die meisten der Leute, die herumsaßen, hörten ihm zu, aber irgendwie konnte ich nicht recht verstehen, was er sagte, es war ganz eigenartig: «Poetische Fantasien ... vertraute Leidenschaften und vertraute Leute ... alles eine Frage von ... sehr ärgerlich ...» oder so ähnlich, die Worte wirbelten in meinem Kopf herum, es war wirklich sonderbar.

Ich hörte dem Ägypter wie hypnotisiert zu, aber nach einer Viertelstunde hatte ich immer noch keine Ahnung, wovon der Kerl überhaupt sprach. Dann dämmerte es mir plötzlich: Ich verstand ihn nicht, weil er ägyptisch sprach. Mein Verstand hatte mir einen Streich gespielt und die unverständlichen fremdsprachigen Silben mit allen möglichen ähnlich klingenden englischen Worten assoziiert.

Ich schloss die Augen und schüttelte den Kopf. Dann stand ich auf und ging in die Küche. Aber auch das war gar nicht so einfach. Draußen im Gang stieß ich beinahe mit einer Frau zusammen, einer Europäerin. Sie sagte etwas auf Englisch, etwas über Richard Burton und seine Suche nach den Nilquellen.

Eine Frau, Richard Burton, die Nilquellen, darüber musste ich erst mal gehörig nachdenken, aber mein Gehirn war wie ein Auto, bei dem der Motor auf Hochtouren läuft, während jemand mit dem Fuß auf der Kupplung steht – alles rotierte wie wild, aber die Gedanken und Zusammenhänge waren irgendwie nicht greifbar.

Ich versuchte, mich auf das Wesentliche zu konzentrieren: Hier war nun also diese Frau – ihre überdimensionale Brille konnte die Tatsache, dass sie vom eher mausgrauen Typ war, nicht überdecken, aber immerhin ... sie war eine Frau, und sie unterhielt sich mit mir. Und Frauen, mit denen man sich unterhalten konnte, waren extrem rar in Ägypten. Und Richard Burton, nun, Richard Burton und die Nilquellen, die Nilquellen ...

Plötzlich glaubte ich zu verstehen, wovon sie sprach: War

da nicht mal ein alter Hollywoodschinken gewesen, wie hatte der doch geheißen – «Cleopatra», genau! Mit Richard Burton in der Rolle Karls des Großen oder irgend so was, und Elizabeth Taylor in der Rolle ... der Cleopatra, ja genau!

Ich gab mir alle Mühe, einen auf intellektuell zu machen – wie der Rest der Leute auf dieser Party –, und so sagte ich etwas über den Film, aber die Maus hinter den Brillengläsern schaute mich nur fragend an. Dann fing sie plötzlich an zu lachen. Großartig, dachte ich, wenigstens hat sie Humor.

«Ich rede doch nicht von dem Schauspieler Richard Burton», sagte sie, «ich meine den Entdecker Richard Burton!»

Es war mir eigentlich egal, von welchem Richard Burton sie sprach, solange sie nur weiter mit mir sprach. Aus der Nähe betrachtet war sie eigentlich auch gar nicht so mausgrau und auch nicht so dünn, wie es auf den ersten Blick ausgesehen hatte ... zierlich, genau, man konnte sie ohne weiteres auch als zierlich bezeichnen. Und immerhin ... die Beine, ja, sie hatte definitiv schöne Beine.

Die Maus lächelte mittlerweile nicht mehr, sondern versuchte an mir vorbei zurück ins Wohnzimmer zu gelangen, was ich mühelos abblockte, indem ich mich mit einer Hand an der gegenüberliegenden Wand des Flurs abstützte und so den Durchgang blockierte. So wie diese Araber ihre Frauen wegsperrten, erschien mir mein Vorgehen im Moment als das Vernünftigste. Besser die Maus in der Hand als die Taube auf dem Dach!

Ich schaute ihr tief in die Augen, was schwieriger war, als es sich hier liest, weil sie ein wenig schielte, und sagte milde: «Hey, wo hast du dich denn den ganzen Abend versteckt?» Ich gebe zu, das war ein bisschen plump, aber mir fiel halt einfach nichts Besseres ein. Mein Gehirn war gar kein Automotor mehr, stellte ich fest, es war eher wie der Antrieb eines Raumschiffs. Ich hatte mittlerweile schon fast Lichtgeschwindigkeit erreicht und mein Sprung in den Hyperraum stand kurz bevor, aber leider stand da immer noch jemand auf der Kupplung.

Die graue Maus sagte plötzlich ganz sachlich: «Ich saß dir direkt gegenüber, als Professor Faruk seinen Vortrag hielt. Du hast mich wahrscheinlich nicht bemerkt. Kann ich jetzt bitte durch?»

In ihrem letzten Satz schlug eine fast lehrerinnenhafte Schärfe durch, wie sie mir noch aus der Schule in unangenehmer Erinnerung geblieben war. Die Maus wollte sich offensichtlich verdrücken ... War ja auch kein Wunder, bei dem Quatsch, den ich bisher von mir gegeben hatte. Ich brauchte irgendein Thema, irgendetwas, um ihr Interesse an mir wach zu halten – und zwar schnell.

Richard Burton, Richard Burton, die Nilquellen, die Nilquellen, Cleopatra, Cleopatra – die Worte wirbelten in meinem Kopf herum, aber es kam mir nichts in den Sinn.

Manchmal ist es das Beste, einfach drafloszureden. «Hey, wann ist Richard Burton eigentlich das letzte Mal in einem Film aufgetreten? Oder ist er nicht ... irgendwie ... gestorben?», fragte ich sie.

Es hörte sich wahrscheinlich noch idiotischer an, als es sich hier liest. Was um Himmels willen ist nur mit mir los, dachte ich, so bin ich ja noch nie drauf gewesen.

«Wie bitte?», schnappte sie auf eine Art und Weise, die keinen Zweifel mehr daran ließ: Die Maus war drauf und dran, sich meiner Umgarnung zu entziehen. Ich konzentrierte all meinen Witz auf einen letzten Versuch, aber da kam ... nichts. Nichts als ein wallendes Wabern, das aus dem übergeordneten Raum-Zeit-Kontinuum in meinem Kopf heraus- und in ihm herumschwappte. Der Sprung in den Hyperraum. Asterix und Cleopatra. Richard Burton.

«Hey, nicht so schnell, nicht so schnell ... Warum gehen wir nicht ein wenig an die frische Luft», war alles, was ich noch zusammenbrachte. «In dieser Bude läuft ja eh nichts, ich meine, was willst du denn mit diesen Pseudo-Intellektuellen hier, die reden ja alle bloß den ganzen Abend geschraubt herum ...»

Ihre Reaktion war gleich bleibend negativ: «Nein danke, ich bleibe lieber hier», zischte sie, offensichtlich auf einmal wütend. Ich hatte keine Ahnung warum, außer vielleicht, weil ich immer noch den Gang blockierte. Irgendwo tief in meinem Inneren wurde mir klar, dass ich dieses Spiel verloren hatte.

Aber so einfach gab ich mich nicht geschlagen: «Hey, warum nicht, ich meine, warum denn eigentlich nicht?» Es sollte sich irgendwie süß anhören, aber ich fürchte, ich schaffte es nur bis «klebrig».

Die Maus fauchte: «Erstens wegen der Sperrstunde und zweitens, weil ich die Frau des Gastgebers bin und mich um unsere Gäste kümmern muss. Und jetzt geh mir aus dem Weg, du Lümmel!»

Na, dann halt nicht! Es war ja auch egal, denn ich hatte nun wirklich alle Hände voll mit mir selbst zu tun. Wenigstens gelangte ich endlich in die Küche. Es schien eine Ewigkeit her zu sein, seit ich das Wohnzimmer verlassen hatte. Ich hatte schon längst vergessen, wozu ich eigentlich hierher gekommen war, und öffnete aufs Geratewohl die Tür eines Hängeschranks. Nicht, dass da etwas Außergewöhnliches drin gewesen wäre – ein Stapel Teller; Gläser in verschiedenen Größen, einige mit blauen Punkten; zwei Wasserkaraffen, wie es sie in Ägypten überall gab, eine davon ebenfalls mit blauen Punkten – aber irgendwie saugten sich meine Gedanken derartig an diesem Anblick fest, dass ich mich fast nicht mehr davon losreißen konnte. Lange stand ich einfach so da und stierte in den Schrank. Vielleicht hätte ich den Rest des Abends so verbracht, wenn nicht der Amerikaner, mit dem ich hergekommen war, plötzlich in der Küche aufgetaucht wäre: «Und, wie geht's uns denn jetzt, Pete, merkst du immer noch nichts?»

Ich schaute ihn an. «Was ... äh ... was ... äh ... was?» Ich hatte keine Ahnung, wovon er redete. Der Sprung in den Hyperraum war eingetreten, aber nur mein Verstand war weggesprungen und schwebte in übergeordneten Dimensionen herum, mit dem Resultat, dass sich der Rest meiner selbst ohne ihn behelfen musste. Ich wusste kaum noch, wer ich überhaupt war.

«Was ...äh ... was ... äh!» Der Amerikaner drehte sich um und rief lachend in den Gang hinaus: «Kommt alle mal in die Küche und schaut euch das hier an!»

Gesichter erschienen im Türrahmen. «Schaut euch mal diesen Typen an, schaut ihn euch an!», rief der Amerikaner, auf mich zeigend. «Habt ihr jemals im Leben schon mal einen gesehen, der so neben der Spur ist wie dieser Typ hier? Schaut ihn euch an! Schaut ihn euch an!»

Die Gesichter im Türrahmen fingen an zu lachen.

Ich hatte keine Ahnung, worum es ging, und stand immer noch vor dem offenen Schrank, während sich die Küche mit Leuten füllte, die alle gekommen waren, um zu sehen, wie daneben ich war, und sich anschließend ausschütteten vor Lachen. Langsam wurde mir das Ganze so peinlich, dass auch ich zu lachen anfing – ich wusste zwar nicht wieso, denn ich fand das alles eigentlich gar nicht lustig.

Und ich lachte die nächsten zwei Stunden – zunächst schubweise, aber dann konnte ich einfach nicht mehr aufhören. Ich hielt mir die Seiten, dann den Kopf, und schließlich liefen mir die Tränen die Wangen herunter. Endlich führte mich jemand an der Hand zurück ins Wohnzimmer, drückte mir ein Glas in die Hand und setzte mich in eine Sofaecke, wo ich weiterlachte, bis ich nicht mehr sitzen konnte. Langsam rutschte ich vom Sofa, noch immer lachend.

Die anderen Gäste fanden das schon lange nicht mehr lustig. Einige sahen mich sorgenvoll an. Andere musterten mich ärgerlich, besonders die Frau des Gastgebers, weil ich die seriöse Atmosphäre ihrer pseudo-intellektuellen Party gründlich ruiniert hatte.

Es tat mir wirklich leid, aber ich konnte mich einfach nicht beherrschen. Im Taxi zum Hotel lachte ich noch immer. Ich war total erschöpft, als ich mich auf mein Bett fallen ließ. So einen zugedröhnten Kopf hatte ich in meinem ganzen Leben noch nicht gehabt!

4.
Auf Richard Burtons Spuren: die Nilquellen

Ungefähr sechs Wochen später war ich in Südägypten, in der Stadt Assuan, die durch den Bau des Hochdamms Sadd berühmt geworden ist. Mittlerweile war es Sommer, und lassen Sie es sich gesagt sein, liebe Leserin, lieber Leser: Wenn die Südägypter Sommer sagen, dann meinen sie das auch, und zwar sehr, sehr wörtlich. Die Hitze war unglaublich.

Ich war in der Zwischenzeit ein völlig anderer Mensch geworden. Ich hatte meine Depressionen und Ängste in Kairo zurückgelassen wie ein altes Paar Schuhe – so schien es wenigstens. Die schwarzen Wolken jedenfalls waren weg, und zwar auch ohne Wein. Ich hatte ein viel besseres Heilmittel gefunden, als mich täglich zu betrinken: Haschisch. Ich hatte längst gelernt, mir meine eigenen Zigaretten zu drehen, und bröselte ein paar Krümel der braunen Substanz in jede Zigarette, auch in die, die ich schon vor dem Frühstück rauchte. Die Droge schaffte es zwar nie mehr, mich so zum Lachen zu bringen wie auf jener Party in Kairo, aber das eine oder andere unmotivierte Grinsen zauberte sie allemal auf mein Gesicht. Und sie erzeugte diese angenehme Leichtigkeit in meinem Kopf – eine Art emotionale Stabilität auf hohem Niveau, oder vielleicht war es auch nur eine permanente Betäubung, ich konnte mich nie so recht entscheiden, was es eigentlich war. Eigentlich war es ja auch egal, jedenfalls ging es mir glänzend.

Ich fühlte mich frei, frei wie der Wind, der von der Sahara ins Niltal herunterblies. Mein Leben sollte im Eimer sein? – Das war doch alles Blödsinn! Ich konnte mit jedem Tag weniger verstehen, wie ich mich damals überhaupt auf mein bürgerliches Leben hatte einlassen können. Wie schwer hatte ich mir doch das Leben seit meiner Rückkehr von dem Sprachaufenthalt in London gemacht: Jeden Morgen pünktlich im Büro erscheinen, frisch rasiert und mit Krawatte. «Ja, Herr Doktor» und «Wie Sie meinen, Herr Direktor», so ging das den ganzen Tag. Wie sie es eben gerne hatten, die vertrockneten alten Knacker bei der Versicherung, bei der ich auf dem besten Weg gewesen war, Handlungsbevollmächtigter zu werden. Ich schüttelte mich jedes Mal unwillkürlich, wenn ich daran zurückdachte, und das war selten genug. Meine Vergangenheit konnte mir gestohlen bleiben. Schließlich hatte ich ein ganzes Bündel Travellerschecks in der Tasche und noch mal zehn Riesen auf einem Bankkonto zu Hause – das Geld, das ich gespart hatte, um mir einen kleinen Sportwagen zu kaufen. Ja, dort war ich vierundzwanzig Jahre alt, und das erste Mal in meinem Leben wusste ich, was Freiheit war. Wie herrlich es doch war, frei zu sein! Und dazu kam noch: Ich hatte einen Plan – etwas, das meiner Herumreiserei ein Ziel setzte. In einem Antiquariat hatte ich ein Buch über exakt jenen Richard Burton gefunden, über den die graue Maus in Kairo gesprochen hatte – ein Buch über Richard Burton, den Entdecker. Was für ein Kerl dieser Burton doch gewesen ist, was für ein Kerl!

Und das war mein Plan gewesen: Ich würde Burtons Spuren folgen und zu den Nilquellen fahren. Mit öffentlichen Verkehrsmitteln, versteht sich, weil es so am billigsten war, schließlich hatte ich keine «Royal Geographical Society» wie Burton, die mich auf meiner Reise unterstützte.

Mittlerweile war ich bald vier Monate von zu Hause weg, und ich sah mich, was das Reisen betraf, schon als alten Hasen an. Ich ließ mich nicht mehr so leicht aus der Fassung bringen. Die manchmal geradezu erbärmliche Hitze; die Wanzen in der Nacht; die Händler, die einen übers Ohr hauen wollten; die billigen Hotels, in denen die Angestellten ihre Gäste bestahlen – all das war ein kleiner Preis für die Freiheit, grinsend durch immer neue Landschaften zu ziehen, Woche für Woche, Monat um Monat.

Was für ein interessantes Land dieses Ägypten doch war! Was es da alles zu sehen und zu unternehmen gab! Eines Nachts zum Beispiel hatte ich die Cheopspyramide bestiegen, und als ich am anderen Morgen wieder heruntergestiegen war, empfingen mich prompt ein halbes Dutzend grimmig dreinschauender Polizisten mit Gewehren und aufgepflanztem Bajonett. Es gelang mir jedoch bald, die Herren mit Fünfpfundscheinen zu beschwichtigen. Der Fehler lag natürlich vollkommen auf meiner Seite – wie hatte ich auch nur die zwanzig großen, mit Flutlicht angestrahlten Tafeln übersehen können, die auf allen Seiten um die Pyramiden herum standen und in fünf Sprachen verkündeten: «ES IST STRENGSTENS VERBOTEN, DIE PYRAMIDEN ZU BESTEIGEN!»?

Meine Ansicht war damals, und ich vertrete diese Ansicht noch heute: Man ist einfach nicht in Ägypten gewesen, wenn man nicht auf der Cheopspyramide gewesen ist – ganz egal, wie die Vorschriften lauten.

Und falls es Sie interessiert, wie es dort oben aussieht: Die Spitze der Pyramide war irgendwann runtergefallen oder abgetragen worden, wodurch eine unebene Fläche von der Größe von zwei Autoparkplätzen entstand. In einer Vertiefung zwischen zwei Quadern lagen die verkohlten Überreste eines kleinen Feuers. Zwei Schritte weiter legte ein Papierbeutel, aus dem ein paar abgenagte Hühnerknochen ragten, Zeugnis von einer hastigen Mahlzeit ab. Auch anderen Abfall gab's da oben noch: Bonbonpapierchen, Zeitungsfetzen, eine Schuhsohle – verständlich, denn es gab ja keinen Abfalleimer. Was wiederum auch verständlich war: Wozu einen Abfalleimer anbringen, wo doch jeglicher Zutritt verboten ist? Ach ja, und ein gewisser LeRoy sowie ein paar Hundert andere Unentwegte waren da gewesen und hatten ihre Unterschriften hingekritzelt, eingemeißelt und aufgesprayt.

Von Assuan aus machte ich mich auf den Weg in den Sudan. Das Büro der Fähre, die von Assuan nach Wadi Halfa im Sudan ging, war befestigt wie eine Artilleriestellung. Überall hing Stacheldraht, und alle Fenster, selbst das winzige Toilettenfensterchen, waren mit massiven Eisengittern verbarrikadiert. Ich stand eine Weile Schlange und kaufte mir ein Ticket für die dritte Klasse.

Der Eingang zu dem Landungssteg, an dem die Fähre lag, war noch viel stärker befestigt als das Büro. Es wimmelte nur so von Angestellten und uniformierten Wachen, wobei Letztere mit langen schwarzen Gummiknüppeln bewaffnet waren.

Am ersten Kontrollpunkt befasste sich ein Mann mit einer langen, spitzen Nase mit der Frage, ob die Papiere der Reisenden in Ordnung waren und, falls etwas nicht stimmte, wie viel Bestechungsgeld aus ihnen herauszuholen war. Vielleicht war das sudanesische Visum abgelaufen? – Fünfzig Pfund Bestechungsgeld. Vielleicht hatte sich der Reisende einen Bart wachsen lassen, seit das Passfoto gemacht worden war? – Fünfzehn Pfund. Oder der Reisende war nun glatt rasiert, hatte jedoch auf dem Passfoto einen Bart. – Ebenfalls fünfzehn Pfund. Vielleicht waren ja auch Fettflecken auf der Seite des Passes, auf der sich das sudanesische Visum befand? – Fünf Pfund. Oder da war wenigstens der Eintrag auf dem Visumstempel unleserlich. – Drei Pfund, es sei denn, der Reisende wurde frech und wollte den Fettflecken abstreiten, dann ebenfalls fünf Pfund.

Die hochgewachsene Schwarze vor mir in der Reihe hatte dadurch ein besonderes bürokratisches Ärgernis aus sich gemacht, dass sie während ihres Aufenthalts in Ägypten einen kleinen Knaben in die Welt gesetzt hatte. Und dann wollte sie diesen auch noch mit nach Hause in den Sudan nehmen. Von ihrer Warte aus gesehen war das vielleicht verständlich, denn wer lässt sein Neugeborenes schon gerne in einem anderen Land zurück? Trotzdem war es natürlich unmöglich, denn der Knabe war nicht in ihrem Pass eingetragen.

Der Mann mit der spitzen Nase sah eine Weile lang mitleidlos zu, wie ihn die Frau auf Knien anflehte. Sie hatte sich mit der Geburt ihres Kindes über die unsichtbaren Grenzen hinweggesetzt, innerhalb denen bürokratische Verstöße noch mit Bestechungsgeldern ausgebügelt werden konnten – nur das Konsulat in der Stadt konnte die Absolution erteilen für das, was sie da angerichtet hatte. Und natürlich war das Konsulat an diesem Tag geschlossen. Was bedeutete, dass sie die einzige Fähre, die diese Woche nach Wadi Halfa ging, verpasste. Das schien ein größeres Problem für sie zu sein, so dass sie schließlich heulend und lamentierend von zwei Wachen davongeschleppt wurde.

Nun war ich an der Reihe, und ich trat näher. Um die Augen des Beamten herum waren schwarze Ringe zu sehen, und er roch intensiv nach Knoblauch. Auch hatte er sich diese Woche augenscheinlich noch nicht rasiert, und es war doch immerhin schon Mittwochnachmittag. Vorwärts und rückwärts blätterte er langsam durch meinen Pass mit einem humorlosen, ja geradezu wölfischen Grinsen auf dem Gesicht. Hin und wieder schaute er auf. Ich konnte mir beim besten Willen nicht vorstellen, was hinter seiner Stirn vorging. Der Beamte verbrachte volle fünf Minuten damit, meinen Pass zu kontrollieren, aber wie sehr er sich auch anstrengte, es war alles in Ordnung. Er musste mir den Pass schlussendlich zurückgeben, ohne ein Bakschisch kassieren zu können.

Am nächsten Schalter ging es um mein Ticket für die Fähre. War es echt oder gefälscht? War es überhaupt für den heutigen Tag gültig? War es vom richtigen Angestellten am richtigen Ort unterschrieben? War es von einem bestimmten anderen Angestellten gegengezeichnet worden, ebenfalls am richtigen Ort? Erst nach eingehender Prüfung wurden all diese Fragen und noch ein paar andere von drei hinter einem Holztisch sitzenden Experten zuversichtlich und eindeutig mit einem «Ja» beantwortet. Und ich hatte wieder eine bürokratische Hürde genommen.

Im nächsten Büro ging es darum, das Ticket durch einen schmalen Schlitz in einem Fenster zu schieben. Durch eine Seitentür konnte man im Halbdunkel zwei Beamte riesige, in Leinwand und Leder gebundene Bücher herumstemmen sehen. Mit einer Konzentration, die man sonst vielleicht nur noch bei Diamanthändlern beobachten kann, wenn sie Geschäfte tätigen, bei denen es um wirklich große Geldsummen geht, verglichen sie mein Ticket mit ihren Eintragungen. Alles schien in Ordnung zu sein, was mir erlaubte, an vier oder fünf Wachen vorbei durch ein vor Stacheldraht nur so strotzendes rostiges Drehkreuz zu treten. Kaum zwei Stunden waren vergangen, und schon konnte es losgehen mit der eigentlichen Einschiffungsprozedur!

Hinter dem Drehkreuz saßen wieder ein paar Männer um einen Tisch herum. Einer von ihnen nahm mein Ticket und knipste ein rundes Loch in eine Ecke, dann schob er es seinem Kollegen zu, der ein dreieckiges Loch in die gegenüberliegende Ecke machte. Ein Dritter schrieb die Ticketnummer auf eine Liste und reichte das Ticket dann an einen vierten Beamten weiter, der es mir mit einem prüfenden Blick zurückgab.

Und schon wurde ich weitergewinkt, um eine Ecke herum in einen kleinen Durchgang, über dem ein Schild mit der Aufschrift «Non-Sudanese Passport Holders» («Für alle mit nicht-sudanesischem Pass») hing. Der Stacheldraht begann sich wieder zu verdichten, meine Einschiffung ging offensichtlich auf einen neuen Höhepunkt zu.

Und tatsächlich, da saß er, von zwei tadellos gekleideten Angestellten bei seiner Arbeit unterstützt, der Beamte der Sudanesischen Einwanderungsbehörde höchstpersönlich.

«Die Einwanderungsbehörde, was soll denn das?», fragte ich mich unwillkürlich, «Ob es wohl tatsächlich Leute gibt, die in den Sudan einwandern?»

Ich möchte hier die Gelegenheit nutzen, dem Herrn von der Sudanesischen Einwanderungsbehörde meinen innigsten Dank auszusprechen und ihn meiner persönlichen Hochachtung zu versichern. Ohne seine sanfte, aber bestimmte Führung, ohne seine moralische Unterstützung, ohne seine ständige Ermutigung hätte ich es wahrscheinlich nicht geschafft, all den Papierkram auszufüllen, den ein in den Sudan einreisender Ausländer hinter sich bringen musste.

Andere bürokratische Einrichtungen wollten durchaus schon mal mein Geburtsdatum wissen, aber dies war das erste Mal, dass auch nach dem Ort meiner Geburt gefragt wurde, und zwar unter Frage 9: Geburtsadresse.

Und nicht nur der Mädchenname meiner Mutter, auch ihr Geburtsdatum stand zur Debatte. Wie immer konnte ich mich nicht genau erinnern, und so musste ich eins erfinden.

Was meinen Vater betraf, kam ich nicht so gut weg. Außer den üblichen Nebensächlichkeiten interessierte hier vor allem sein Beruf und – eigenartigerweise – die «Länge seines Berufs». Weder der Einwanderungsbeamte noch seine zwei Gehilfen wussten genau, was der Hintergrund dieser kuriosen Frage war. Wie lang konnte ein Beruf denn sein? Acht Stunden? Vierzig Jahre? Zweihundert Meter? Aber da war die Frage, schwarz auf weiß stand sie auf dem ach so wichtigen vierseitigen Formular und verlangte nach einer Antwort:

- 94) Beruf des Vaters
- 95) Länge des Berufs

Nach längerem Nachdenken entschloss ich mich, «Zehn Jahre» hinzuschreiben. Unter den gegebenen Umständen schien es das Vernünftigste zu sein.

Die Fragerei ging weiter:

- 108) Sind Sie schon einmal in Israel gewesen? – Nein.
- 109) Haben Sie bislang Geschäftsbeziehungen mit Israel unterhalten, oder unterhalten Sie diese derzeit?

Nun, ich hatte zwar von Kindesbeinen an jeden Winter Orangen aus Israel gegessen, aber ich beschloss, diese Information für mich zu behalten. In Ägypten galt alles, was irgendwie mit Israel zu tun hatte, als höchst suspekt und führte zu Komplikationen. Ich wusste aus Erfahrung: Nur allzu leicht wurde ein «Ja» an einer solchen Stelle als falsche Antwort empfunden. Und falsche Antworten kosteten fünf Pfund.

- 131) Autonummer – Hier lautete die richtige Antwort nicht etwa «Keine Autonummer», sondern «Kein Auto».
- Diverse Fragen zu Automarke, Modell und Baujahr wurden von mir kurzerhand mit «Nein» beantwortet. Automarke – Nein. Modell – Nein. Baujahr – Ebenfalls nein. Es war vielleicht nicht hundertprozentig logisch, aber es war effizient.
- 168) Besondere Kennzeichen? (Des Autos? Nein, meiner selbst.)
- Besondere Kennzeichen also: Europäer. So hatte ich das bisher noch nie gesehen.

Nachdem ich endlich alle Fragen zur völligen Zufriedenheit des Beamten beantwortet hatte und ihm noch vier weitere Passfotos gegeben hatte, wurde mir erlaubt, vor den nächsten Schalter zu treten. Dort nahm man mein «Gesuch, mit der Fähre nach Wadi Halfa reisen zu dürfen» mit einem wohlwollenden Nicken entgegen. Das war nun wirklich nur eine Formsache, die kaum zehn Minuten in Anspruch nahm. Eine kleine Gebühr war fällig, und man händigte mir eine Quittung aus.

Und einfach so und ohne weitere Formalitäten konnte ich dann mit dieser Quittung vortreten und hernach meine Erlaubnis in Empfang nehmen: Die vielfach und farbenfroh gestempelte – die überall dicht bekritzelte – die unumgängliche und unentbehrliche – die von vielen angestrebte, doch bei weitem nicht von allen erlangte – die einmalige, die einzigartige und die exklusive

«Erlaubnis, mit der Fähre nach Wadi Halfa reisen zu dürfen».

Übrigens, für die, die es ganz genau wissen wollen: Die «Erlaubnis, mit der Fähre nach Wadi Halfa reisen zu dürfen» ist bürokratisch eng verwandt, wenn auch nicht vollkommen identisch, mit der «Erlaubnis, über Land nach Khartum reisen zu dürfen». Diese Erlaubnis ist in der Regel Bestandteil des Einreisevisums und erfordert nur zwei Stempel, um in Kraft zu treten. Schließlich machte man die Dinge ja nicht unnötig kompliziert hier.

Wie dem auch sei, ich befand mich nun auf der Zielgeraden. Noch eine kleine Routinekontrolle meines Tickets und meines Passes, und schon war ich auf der Fähre.

5.
Eingepfercht auf dem Nassersee

Die Fähre nach Wadi Halfa bestand aus einem alten Ausflugsdampfer, an den man auf beiden Seiten je einen länglichen hölzernen Lastkahn gekettet hatte. Da diese Lastkähne selbst keine Motoren hatten, musste die Schraube des alten Dampfers die ganze Komposition allein antreiben, was auch der Grund dafür war, dass wir drei volle Tage und drei nicht enden wollende Nächte brauchten, um die dreihundertfünfzig Kilometer von Assuan nach Wadi Halfa hinter uns zu bringen. Ich war einer der Ersten, die an Deck gekommen waren. Irgendwie hatte ich Liegestühle erwartet, aber es gab keine Liegestühle – da war nur das roh gezimmerte und mit Maschinenöl verschmierte Holzdeck.

Ein Drittel des Decks war schon besetzt von drei Deutschen und ihren Fahrzeugen. Sie wollten die Sahara durchqueren und dabei eine ganze Serie von Artikeln für ein Motorradmagazin produzieren. Ihre Fahrzeuge – zwei große BMW-Trailbikes und ein Landrover – waren in Hufeisen-Form abgestellt, mit der offenen Seite in Richtung Schiffsreling. In der Mitte des so entstandenen Freiraums hatten sie ihre Schlafsäcke ausgerollt und sich komfortabel eingerichtet, in Büchern schmökernd und Radio hörend.

Immer mehr Leute kamen nun auf das Schiff, und da die meisten beträchtliches Gepäck mit sich trugen, wurde der Platz bald knapp. Es dauerte nicht lange und das Deck war regelrecht zugepflastert mit Männern, Frauen, Kindern, Säcken, Koffern, Schachteln, Holzkisten, Blechbehältern, Stoffballen und einem riesigen Netz voller bunter Plastikbehälter.

Die Wagenburg der Deutschen kam von allen Seiten unter Druck. Zuerst traute sich niemand so recht, aber dann begannen ein paar Teenager, an den Motorrädern herumzufingern, und bald waren überall Hände, die über die in jenen Ländern raren hochwertigen Fahrzeuge strichen und sie prüfend befingerten: Hände auf dem Metall der Benzintanks, Hände auf den Motorradsätteln, Hände auf den Satteltaschen und schließlich auch – *in* den Satteltaschen!

Die Deutschen schauten schwatzend und rauchend über die Reling. Sie standen mit dem Rücken zum Deck, als ob die steigende Menschenflut sie nichts anginge. Sie wurden erst auf das Treiben hinter ihnen aufmerksam, als einem der Teenager ein Metallbehälter voller Schraubenschlüssel aus der Hand rutschte und laut scheppernd auf dem Boden aufschlug. Die Deutschen schrien ein wenig herum und entschlossen sich, die Satteltaschen abzumontieren und im Auto zu verstauen.

In der Zwischenzeit hatten sich auf der anderen Seite drei arabische Händler mit ihrem Geschäftsinventar niedergelassen. Fünfzig oder sechzig Zwanzig-Kilo-Blechkanister mit Zucker hatten sie zu einer soliden Pyramide aufgetürmt. Dann strömte eine Gruppe von außerordentlich fit aussehenden Sudanesen an Deck, etwa zwei Dutzend junge Männer und Frauen, die alle körperlich wie Berufsathleten gebaut waren. Auch die Frauen waren alle über einen Meter achtzig groß. Es handelte sich dabei um eine sudanesische Volkstanzgruppe, die auf dem Heimweg von einer Ägyptentournee war.

Die Volkstänzer schoben die aufgestapelten Kanister wort- und achtlos beiseite. Wer würde wohl so dumm sein, sich mit ihnen auf einen Streit einzulassen? Die arabischen Händler, denen der Zucker gehörte, jedenfalls nicht. Sie stapelten ihr Inventar einfach um, neben das Motorrad zu ihrer Linken. Viel Platz war da nun allerdings nicht mehr. Sie konnten ihren Zucker nur noch unterbringen, indem sie die Kanister gefährlich hoch aufeinander türmten. Bald stand eine wacklige Zweierreihe der schweren Kanister neben dem Motorrad und überschattete es bedrohlich.

Während die Deutschen noch diskutierten, was da wohl zu unternehmen wäre, hatten sich die Händler schon wieder hingesetzt und angefangen, eine Wassermelone aufzuschneiden. Was sie, die Händler, betraf, war nun alles in bester Ordnung. Sie gehörten nicht zu dem Typ Mensch, der sich unnötige Sorgen machte. Die Zuckerkanister waren widerstandsfähig, und das Motorrad gehörte ja nicht ihnen.

In der Zwischenzeit hatte sich eine kleine Familie, die ebenfalls von den Volkstänzern verdrängt worden war, klammheimlich auf dem Dachgepäckträger des Landrovers häuslich niedergelassen. Es war ihnen einfach nichts anderes übrig geblieben, denn das Deck war brechend voll. Einer der Deutschen schimpfte ein wenig, aber bevor er überhaupt jemanden auf dem Dachgepäckträger dazu bringen konnte, ihn zur Kenntnis zu nehmen, geschweige denn wieder herunterzusteigen, wurde die allgemeine Aufmerksamkeit schon durch einen neuen Frevel abgelenkt.

Eine Gruppe von Spätankömmlingen begann, sich darüber aufzuregen, dass die Deutschen inmitten ihrer Vehikel so viel Platz für sich in Anspruch nahmen. Kurz entschlossen packte eine Gruppe von Männern eines der Motorräder und schob es seitwärts gegen die Reling. Leider verfing sich der Ständer des Motorrads in einer hochstehenden Holzplanke. Es kippte um und fiel auf die Beine eines der Deutschen, der lesend auf seinem Schlafsack lag. Fluchend zogen seine Freunde ihren ebenfalls fluchenden Kameraden unter dem umgestürzten Motorrad heraus, während der frei gewordene Platz blitzartig von einer dichten Menschenmasse bis auf den letzten Quadratzentimeter in Beschlag genommen wurde.

Es war eigentlich erstaunlich: Trotz der überwältigenden Übermacht, die sie umzingelt hatte, gelang es den Deutschen, ihr Motorrad wieder aufzurichten und dabei wenigstens einen Teil des verlorenen Raums zurückzuerobern. Einer von ihnen rief zwei der Gummiknüppel schwingenden Wachen herbei. Wie sich herausstellte, hatten sie für den Platz, den sie auf Deck belegten, bezahlt, und zwar nicht zu knapp. Die Wachen musterten die Szene wortlos, nahmen kommentarlos die ihnen dargereichten Zigaretten entgegen und verschwanden wieder, ohne etwas zu unternehmen. Man konnte ihnen ansehen, was sie dachten: Was glauben diese Touristen, wer sie sind? Zwei neue Motorräder und ein Vierradantriebwagen voll gepackt mit teurer Ware – und alles, was die Besitzer dieser Reichtümer für eine gewalttätige Intervention mit Gummiknüppeln rausrücken wollen, sind ein paar lausige Zigaretten? Und noch dazu ägyptische Zigaretten, nicht einmal importierte? So läuft natürlich gar nichts!

Noch immer kamen neue Passagiere auf die Fähre, und der kleine, noch verbliebene freie Platz zwischen den Fahrzeugen wirkte wie ein Vakuum. Es war klar, dass früher oder später etwas geschehen musste, und endlich geschah es auch – und zwar über die Motorhaube des Landrovers hinweg. Tiefer gelegen als der Rest der kastenartigen Landrover-Kabine und stabiler als die Motorräder zu beiden Seiten, lud die Motorhaube geradezu dazu ein, über sie hinwegzuklettern. Während die Deutschen noch auf der anderen Seite herumdiskutierten, flitzte in Sekundenschnelle ein halbes Dutzend drahtiger Gestalten in wallenden Gewändern über diesen Schwachpunkt in der Verteidigungslinie. Eine der Gestalten schleppte einen der allgegenwärtigen Zuckerkanister mit sich. Metall quietschte schrill über Metall hinweg und ließ eine Reihe tiefer Kratzer in der Motorhaube zurück.

Das brachte die Deutschen mehr als alles andere endlich zur Besinnung. Sie stellten ihre Fahrzeuge erneut um, und die zwei Motorräder standen nun direkt neben dem Landrover. Aber es gelang ihnen weder, die Familie vom Dachgepäckträger zu vertreiben, noch die zwei alten Männer unter dem Auto wegzubewegen, die hier eine Koma-Attacke vortäuschten. So verbrachten zwei der Deutschen schließlich den Rest der Reise mit dem gesamten Gepäck im Auto, während der Dritte ein unbequemes Dasein auf den Sitzen der Motorräder fristete.

Ich kam mit den Deutschen zunächst recht gut aus, bis ich hörte, wie einer den anderen im Flüsterton fragte: «Wat isn mit dem Schweizer los, Heiko, hat der Malaria, oder wat?»

Heiko antwortete: «Malaria, spinnste? Der doch nicht! Der kifft den janzen Tag, det is alles, wat dem fehlt.»

Den Gipfel der Unverschämtheit erklommen sie in meinen Augen jedoch dadurch, dass sie nichts als Spott übrig hatten für meinen Plan, mit öffentlichen Verkehrsmitteln zu den Nilquellen zu gelangen.

«Des jeht da unten alles nich so eenfach, mein Junge, hast ja keene Ahnung, wat da los is. Det schaffste nie!»

Als sie dann auch noch herausfanden, dass ich nicht mal genau wusste, in welchem Land die Nilquellen überhaupt liegen, und dass meine einzige Orientierungshilfe eine Gesamtkarte von Afrika im Maßstab von 1:25 Millionen war, konnten sie kein gutes Haar an meinem Vorhaben lassen. Ihre Besserwisserei ging mir allmählich auf die Nerven. «Seid ihr denn schon mal da gewesen?», fragte ich sie schließlich empört.

Ihr Chef, der Heiko, erwiderte: «Nee, Mensch, aber wer will denn da schon hin? Verrecken is doch det Eenzige, wat man da unten machen kann.»

Na also, dachte ich. Nie da gewesen, aber mir was vormachen wollen!

Zu guter Letzt waren mehr als sechshundert Leute auf der kleinen Fähre zusammengepfercht, und gegen zehn Uhr abends wurden die Laufplanken eingezogen. Das Schiff war noch immer an dem Landungssteg festgebunden, und alle richteten sich so gut wie möglich darauf ein, die Nacht wie die Ölsardinen in einer Dose zu verbringen – mit dem wesentlichen Unterschied natürlich, dass es in Sardinendosen keine Moskitos gibt.

Ich war gut weggekommen bei den Verteilungskämpfen um den Platz an Deck. Ich hatte es geschafft, ungefähr einen halben Quadratmeter zu besetzen, hatte den Rücken gegen das Netz mit den Plastikbehältern gelehnt, und meine Beine baumelten durch ein Loch, das in der Reling klaffte.

Zum Glück hatte ich ein Buch dabei. Leider gab es aber kein Licht auf der Fähre, und so konnte ich nicht darin lesen. Alle warteten ungeduldig darauf, dass die Fähre endlich ablegen würde, aber alle warteten vergeblich. Wir verbrachten die ganze Nacht kaum einen Steinwurf vom Landungssteg entfernt – niemand wusste warum.

Das Restaurant auf der Fähre öffnete erst am nächsten Tag, so gegen Mittag. Um etwas zu essen kaufen zu können, musste man sich zunächst an dem einen Ende des Decks einen Gutschein kaufen und mit diesem dann zum Restaurant am anderen Ende des Decks gehen. Da es nirgends mehr auch nur einen freien Quadratzentimeter gab, ließ es sich nicht vermeiden, über drei Dutzend Leute zu klettern, die alle keinen Spaß hatten an der nie enden wollenden Reihe von hungrigen Reisenden, die über sie, ihr Gepäck und ihre Kinder hinwegtrampelten und -kletterten. Das winzige Fensterchen, an dem das Essen ausgegeben wurde, war mit Eisenstangen gesichert – wohl um die Leute davon abzuhalten, dem Küchenchef gegenüber tätlich zu werden wegen dem, was er da kochte, und vor allem, *wie* er es kochte.

Alle Mahlzeiten auf der Karte kosteten gleich viel: neun Piaster, also ungefähr 25 Cent. Zur Auswahl standen gekochte Linsen mit Brot, Linsen mit gehackten Zwiebeln oder Brot mit Zwiebeln. Aus irgendeinem Grund war es aber nicht möglich, Linsen, Brot und Zwiebeln zusammen zu bestellen. Ich versuchte es zweimal, löste aber mit meinem Sonderwunsch nur Verwirrung aus. Eine Weinliste gab's natürlich nicht, dafür hatten sie aber übersüßten Tee für einen Piaster – für alle, die es sich leisten konnten. Die anderen mussten mit Nilwasser Vorlieb nehmen, das mit einem verbeulten Kübel an einem Seil direkt aus dem grünen See unter uns geschöpft wurde. Das Nilwasser war gratis und komplett ausgestattet mit dem üblichen Sortiment an Erregern von Magen-Darm-Krankheiten, und wenn man Pech hatte, auch von Bilharziose, der Wurmkrankheit.

Am nächsten Morgen kam eine kleine Brise auf, und ich fühlte mich beinahe in Kreuzfahrtstimmung, für eine Weile wenigstens. Aber dann stieg die flammende Sonne am Himmel höher und höher, es wurde heiß und immer heißer, und die Gedanken konzentrierten sich wieder auf das nackte Überleben – genau dorthin, wo sie halt einfach hingehören in diesem Land. Ich machte mir einen kleinen Sonnenschutz aus einem Badetuch und ein paar T-Shirts. Einem kleinen Jungen gefiel mein Biwak, also zog er bei mir ein und schlief prompt auf meinem Schoß ein.

Langsam glitt die Fähre nach Süden über den Stausee, der mitten in der menschenleeren braunen Wüste dalag wie ein blank geputzter Spiegel. Die Wüste zog sich auf beiden Seiten des Sees endlos dahin – nach Abu Simbel. Nirgendwo auch nur eine Spur von menschlicher Besiedlung zu sehen. Außer ein paar Büschen schnell aufgeschossener Papyrusstauden alle paar Kilometer war die Gegend vollkommen vegetationslos. Da war kein Baum und kein Strauch, so weit das Auge reichte. Der ständig wechselnde Wasserstand des Sees ließ keine dauerhafte Vegetation zu. Hin und wieder flogen ein paar Vögel über unsere Fähre, aber der allgemeine Platzmangel und die hygienischen Verhältnisse an Bord schienen sie von einer Landung abzuhalten.

Am Ende des ersten Tages brach auf dem Hinterdeck eine Schlägerei aus. Für jeden Schlag, den die zwei sich prügelnden Männer am Gegner anbringen konnten, landeten zwei auf unschuldigen Mitpassagieren. Das allgemeine Gezeter der Umstehenden führte schließlich dazu, dass die Wachen auf der Bildfläche erschienen und dem Durcheinander mit ihren Gummiknüppeln zügig ein Ende bereiteten. Die beiden Streithähne mussten den Rest der Fahrt auf dem glühend heißen Blechdach, das über dem hinteren Teil des Decks angebracht war, verbringen. Ich konnte mir einfach nicht vorstellen, wie sie das unter den Bedingungen, die da oben herrschten, überstanden haben.

Mehr tot als lebendig erreichten wir schließlich unser Ziel: Neu Wadi Halfa – das ursprüngliche Wadi Halfa lag inzwischen auf dem Grund des Stausees. Drei Tage und drei Nächte lang zusammengepfercht auf der Fähre, war natürlich jeder höchst ungeduldig, das Schiff endlich zu verlassen. Aber das ging leider nicht so einfach. Nun, da ihn definitiv niemand brauchte, kam plötzlich ein starker Wind von Südosten auf, gegen den die Fähre wegen der beiden angeketteten Kähne kaum ankam. Darum und wohl auch, weil der Kapitän und seine Mannschaft Idioten waren, wollte und wollte das Anlegemanöver einfach nicht klappen. Jedes Mal, wenn wir uns dem Landungssteg so weit genähert hatten, dass wir abdrehen mussten, konnte die Schiffsschraube nicht mehr genug Schub liefern, um die ganze Komposition halb seitwärts gegen den Wind anzuschieben. Fünfmal wurden wir vom Kurs «abgeblasen» und mussten das Anlegemanöver abbrechen, um nicht auf die Felsen neben dem Landungssteg aufzufahren. Also musste die ganze Schiffs-Komposition fünfmal in einem großen Kreis wieder zurück aufs offene Wasser manövriert werden, musste dort wenden und einen neuen Anlauf nehmen, was jedes Mal mehr als eine Stunde in Anspruch nahm.

Auf diese Weise hing die Hoffnung auf die Befreiung aus unseren bedrückenden Verhältnissen den ganzen Nachmittag buchstäblich vor unserer Nase, um sich dann jeweils im letzten Augenblick wieder in Luft aufzulösen. Die kollektiven Gemütsschwankungen an Bord waren enorm, und ein neuer Tumult lag spürbar in der Luft.

Als auch das sechste Anlegemanöver abgebrochen werden musste, weil ein Matrose mit dem Anlegeseil den Poller verfehlt hatte, hatte ich die Nase voll. Wieder war die Fähre mehr als zur Hälfte am Landungssteg vorbeigeglitten, und der Motor wurde zum erneuten Abdrehen hochgefahren. Die Sonne war schon am Untergehen, und ich traute dem Kapitän mittlerweile alles zu, auch dass er uns zu einer weiteren Nacht in dieser Sardinenbüchse verdonnerte. Dem Beispiel einiger junger Araber folgend, schnappte ich mir also mein Gepäck und warf es auf den Landungssteg. Dann sprang ich ins Wasser und schwamm die letzten Meter meiner Überfahrt nach Wadi Halfa.

Die Fähre, von der in diesem Kapitel die Rede war, ist übrigens inzwischen gesunken. Das Unglück kostete mehr als vierhundert Menschen das Leben.

6. Dongola – Lastwagentrip nach nirgendwo

Wadi Halfa bestand im Wesentlichen aus drei Reihen von Lehmhütten auf der einen Seite und einer Art von Eisenbahnstation auf der anderen. Dazwischen lag ein Sandboulevard, der mindestens so breit wie die Avenue des Champs-Elysées in Paris war – mit dem Unterschied, dass es hier weder Bäume, Läden, Autos und Straßencafés noch Trottoirs oder gar einen Straßenbelag gab oder dass auch nur eine Menschenseele irgendwo zu sehen gewesen wäre.

Was die Weiterreise betraf, so fand ich bald heraus, dass es nur zwei mögliche Routen gab: Einerseits war da der Zug durch die Wüste nach Khartum, der verloren auf seinem Gleis bereitstand. Er setzte sich aus sechs altersschwachen Wagons und einer schwarzen Dampflokomotive zusammen, wie man sie zu Hause höchstens noch im Verkehrsmuseum zu sehen bekommt. Ich überschlug kurz, ob die Menschenscharen auf der Fähre wohl in diese paar Wagons passen würden, und kam zum Resultat, dass eine Weiterreise mit dem Zug für mich sicher nicht in Frage kam.

Dann war da noch die Alternativroute: Mit dem Lastwagen ging es durch die Wüste nach Akasha und von dort das Niltal hinauf durch Wawa und Kokka nach Dongola – von dort dann weiter durch Mulwad und das Wadi el Milk-Tal, also quer durch die Bayuda-Wüste nach Khartum. Das hörte sich eigentlich ganz interessant an.

Der Fahrer des Lastwagens nach Dongola war gerade dabei, das Getriebe seines Fahrzeugs auseinander zu nehmen, als ich ihn endlich aufspürte – einen Kilometer oder zwei entfernt von der nächsten menschlichen Behausung in einer sandigen Vertiefung zwischen zwei durch Erosion abgetragenen Kalksteinhügeln. Erstaunlicherweise sprach er sogar ein paar Brocken Englisch. Er nahm die fünfzehn sudanesischen Pfund Fahrgeld gerne entgegen. Wir würden abfahren, sobald sein Lastwagen wieder startklar war, erklärte er – in etwa ein, zwei Tagen. Er wollte sich nicht so recht festlegen.

Als einzige Unterkunft für Durchreisende gab es in Wadi Halfa einen «Khan», also eine Art Karawanserei nach traditionellem arabischem Muster. Dabei handelte es sich um nicht viel mehr als einen großen Innenhof, der auf allen Seiten von einer zweieinhalb Meter hohen Schlammziegelmauer umgeben war. Der «Khan» hatte nur einen Eingang, ein großes Tor auf der Ostseite, gefertigt aus einem groben Holzrahmen, auf dem flach gehämmerte Bleche von alten Benzinfässern festgenagelt waren.

Im Innenhof war eine Ecke vom Rest des Hofs abgetrennt, ebenfalls durch eine Mauer. Hier lagen die Frauenquartiere. Direkt daneben waren die Ställe. Es waren nach allen Seiten hin offene, mit Palmblättern bedeckte Unterstände, die hoch genug waren, um einem stehenden Kamel genügend Platz zu bieten. Links davon befand sich ebenfalls eine Reihe von überdeckten Unterständen, und es dauerte eine Weile, bis ich verstand, dass es sich hierbei um die Männerquartiere handelte. Sie bestanden aus ein paar bettartigen Gestellen, die im Wüstensand herumlagen. Die Rahmen waren grob aus irgendwelchen Holzstücken zusammengehämmert und mit einem rauen Netz aus Palmfasern bespannt. Von so dekadentem Zeug wie Matratzen, geschweige denn Kissen oder Decken, hielt man hier nichts. Wie im restlichen Wadi Halfa gab es natürlich auch hier keinen Strom oder irgendeine anderweitige künstliche Beleuchtung – nicht einmal eine Petroleumlampe, wie man sie in Ägypten auch noch in dem allerletzten Loch angetroffen hätte. Wozu auch, schien man sich hier zu sagen: Am Tag schien die Sonne wahrhaft hell genug, und in der Nacht war ja eh nichts los.

In der Ecke neben dem Tor befand sich eine winzige Küche. Ihre Haupt- (und beinahe einzige) Einrichtung bestand aus drei großen Tongefäßen, aus denen sowohl Angestellte als auch Gäste gemeinschaftlich Wasser schöpfen durften, und zwar mittels einer alten metallenen Milchpulverbüchse, an die ein Henkel gelötet worden war. Die Büchse war mit einer kleinen Eisenkette an einem Pfosten befestigt, offensichtlich um sie gegen Diebstahl zu sichern.

Es hätte mir eigentlich zu denken geben sollen, dass ich von den Hunderten von Passagieren, die mit der Fähre in Wadi Halfa angekommen waren, der Einzige war, der nicht schnurstracks auf den Zug nach Khartum zumarschiert war. Niemand außer mir würdigte Wadi Halfa auch nur eines Blickes, und niemand reiste auf der Route weiter, die ich ausgewählt hatte. Und es geschah nochmals genau das Gleiche, als nach ein paar Tagen die nächste Fähre anlegte. Alle Passagiere bestiegen eilig den Zug, der Zug fuhr ab, und innerhalb von ein paar Stunden war das Dorf so leer wie zuvor. Niemand, aber auch gar niemand verbrachte auch nur eine Minute länger als nötig in Wadi Halfa.

Niemand außer mir. Ich verbrachte viele, viele Stunden in Wadi Halfa; Stunden, aus denen Tage wurden. Und aus den Tagen wurde schließlich eine volle Woche, aber der Lastwagenfahrer bastelte immer noch an seiner Karre herum. Nach acht Tagen erschien endlich ein kleiner Junge im «Khan» und bedeutete mir, dass wir am nächsten Tag losfahren würden. Und so war es dann auch.

Ich hatte eigentlich erwartet, dass mir der für sudanesische Verhältnisse recht stolze Betrag, den ich dem Fahrer ausgehändigt hatte, den Beifahrersitz garantieren würde. Auch hatte ich mich schon gefreut, nun endlich ein Stück weit mit einem gewissen Komfort reisen zu können, ganz so, wie es sich gehörte: rauchend und mit lässig aus dem Seitenfenster hängendem Arm. Daraus wurde aber nichts! In der Fahrerkabine saßen schon drei Männer, der Lastwagen war voll beladen, und dazu tauchten von irgendwoher plötzlich noch mindestens zwanzig andere Passagiere auf. Da waren ein sehniger Beduinenhäuptling und seine stark übergewichtige Frau, die regelrecht verunstaltet war durch außerordentlich hässlich tätowierte Lippen. Und da waren noch drei weitere Männer, die zur Großfamilie des Häuptlings zu gehören schienen, und ein halbes Dutzend Frauen. Ein ganzes Kontingent schmutziger Kinder saß bereits auf der Ladefläche. Ein paar arabische Händler sowie zwei alte Männer, die eine Pilgerreise zum Grab eines verstorbenen Moslemheiligen machten, nahmen den verbliebenen Raum in Beschlag. Mich wies man ganz nach hinten, wo auf der metallenen, weniger als handbreiten Umrandung der Ladepritsche noch ein bisschen Platz war, solange man seine Beine außen runterhängen ließ.

Die Sonne war schon am Untergehen, als plötzlich Aufbruchsstimmung aufkam. Der Fahrer startete den Motor, der Lastwagen fuhr mit einem Ruck an, und bald waren sowohl Wadi Halfa als auch der Stausee außer Sichtweite.

Wir folgten einer halbverwehten Spur im Wüstensand, entlang den Ausläufern von pittoresken gelbroten Felsformationen. Nach einer Weile hörte der Sand auf, und wir fuhren durch eine öde Geröllebene – eine endlose Mondlandschaft, der man ansah, dass nie ein Mensch seinen Fuß in sie hineinsetzte. Auch der rechte Vorderreifen des Lastwagens schien etwas gegen Mondlandschaften zu haben und platzte, kaum dass das Gerüttel angefangen hatte. Einige der Passagiere stiegen ab, um den Schaden zu begutachten, aber die zwei kraftstrotzenden Nubier, die einen Platz in der Fahrerkabine bekommen hatten, waren schon am Werk.

Sie arbeiteten mit einer scheinbar mühelosen Effizienz, die man sonst nur an Autorennen bei den Mechanikern von Profirennfahrern sehen konnte. Jeder Handgriff saß, keine Bewegung war überflüssig oder ging ins Leere. Man sah den Nubiern an, dass sie schon tausend Reifen geflickt hatten.

Wir konnten schon nach kurzer Zeit weiterfahren, aber es dauerte keine fünf Minuten und schon fing derselbe Reifen an, wieder Luft zu verlieren. Eine Viertelstunde, nachdem auch diese Reparatur beendet war, hatten wir wieder einen Platten, diesmal an einem anderen Rad. Weder die dutzendfach erneut aufgummierten Reifen noch die Schläuche, die aussahen wie die aus Stoffresten zusammengenähte Steppdecke meiner Großmutter, waren den scharfkantigen Steinen, über die wir hoppelten, gewachsen.

Der Lastwagenfahrer hatte gesagt, dass die Fahrt durch die Wüste vier Stunden dauern würde, aber das war entweder ein Missverständnis oder ganz einfach eine Lüge. Weil wir einen Platten nach dem anderen hatten, schafften wir in den vier Stunden vielleicht gerade mal fünfundzwanzig Kilometer. Das bedeutete, dass wir immer noch zweihundert Kilometer von Akasha entfernt waren, als etwas an der Hinterachse zuerst zu reiben, dann zu knirschen und schließlich zu rumpeln anfing. Die ersten Anzeichen des frühen Morgenrots waren im Osten schon zu sehen, als endlich auch dieser Defekt behoben war.

Erst kurz nach Sonnenaufgang erreichten wir endlich das Ende der Geröllebene, und von da an ging die Fahrt ein ausgetrocknetes Flussbett hinunter. Eine Weile lang kamen wir recht flott vorwärts. Wir schafften dreißig, vierzig Kilometer in der Stunde, und in mir regte sich eine schwache Hoffnung, dass wir Akasha vielleicht noch erreichen würden, bevor es richtig heiß wurde. Aber dann hatten wir wieder einen Platten, und als schließlich auch dieser Schaden behoben war, glühte mir die Sonne derart auf den Pelz, dass ich kaum noch gerade sitzen konnte. Worauf hatte ich mich um Himmels willen hier bloß wieder eingelassen?!

Um die Mittagszeit – die Sonne stand senkrecht über uns – mahlte sich der Lastwagen qualvoll langsam quer über drei Dutzend riesige Dünen, durch Sand, der so fein war wie Kaffeepulver. Die zwei Nubier rackerten sich in der glühenden Hitze halb zu Tode, denn nun war es ihre Aufgabe, mit schweren eisernen Sandleitern neben dem Lastwagen herzulaufen, die Leitern vor den Vorderrädern in den Sand zu werfen, zu warten, bis auch die Hinterräder darüber gefahren waren, die nun halb im Sand vergrabenen Leitern hochzureißen, erneut nach vorne zu sprinten und die Leitern wieder hinzuwerfen, möglichst noch bevor der Lastwagen vollständig zum Stehen kam. Es war mir ein Rätsel, wie die beiden Jungs diesen mörderischen Rhythmus durchhalten konnten, barfuß im glühenden Wüstensand.

Trotz ihrer wahrhaft herkulischen Anstrengungen blieb der Lastwagen wohl ein halbes Dutzend Mal stecken und musste mit Schaufeln ausgegraben werden, was ebenfalls der Job der Nubier war.

Die Leute auf dem Lastwagen hatten sich längst alle von Kopf bis Fuß in ihre Kleidung gehüllt und waren bald so von Staub und Sand überpudert, dass sie aussahen wie Geister. Niemand sprach ein Wort. Obwohl sie augenscheinlich an die Wüste gewöhnt waren, konnte man ihnen ansehen, dass auch sie keinen Spaß an diesem Trip hatten. Die Frauen versuchten, ihre halb bewusstlosen Kinder mit ihrem Körper so gut wie möglich vor der Sonne zu schützen. Die Männer saßen bewegungslos da, nur hin und wieder rauchte jemand eine Zigarette.

Es war schon dunkel, als wir auf einem breiten Trampelpfad dahinrumpelten. Endlich sah man das Mondlicht im Wasser glitzern, und ein Palmenhain kündigte die erste Zwischenetappe unserer Reise an: Akasha.

Kurze Zeit später hielten wir vor dem einzigen Restaurant

im Ort – einem Wellblechschuppen, der nur aus zwei Wänden bestand. Eine geradezu melancholische Abendmahlzeit wurde eingenommen, im Stehen natürlich, denn sitzen mochte wirklich niemand mehr. Die Mahlzeit bestand aus getrockneten Datteln, einem der wenigen Nahrungsmittel auf dieser Welt, dem ich rohe Zwiebeln und Linsen noch vorgezogen hätte. Dazu schenkte ein einäugiger, völlig zerlumpter Kellner aus einer verbeulten Metallspritzkanne Nilwasser im ersten Gärungsstadium aus. Nicht einmal Tee gab es.

Als wir gegen zehn Uhr nachts wieder aus Akasha herausrumpelten, streichelte die kühle Nachtluft sanft über den Sonnenbrand auf meinem Gesicht. Die meisten anderen Passagiere waren in Akasha ausgestiegen, und so hatte ich einen ganzen Sack Linsen, um meine müden Knochen darauf niederzulegen.

Auch der Straßenzustand war eine positive Überraschung. Natürlich war die Fahrbahn nicht geteert, sondern nur ein wenig gekiest und gewalzt, aber immerhin war da ein klar erkennbarer Weg, der sich durch das braune Schwemmland den Nil entlangwand.

In flotter Fahrt schaukelte der Lastwagen durch Palmenhaine, der schwarze Himmel war von Sternen übersät, und ein beinahe voller Mond hing riesengroß und tief über der Felskante auf der anderen Seite des Niltals. Ich rollte mir einen dicken Joint und hatte bald eine Fata Morgana beträchtlichen Ausmaßes in meinem Kopf. Die Nachtluft umschmeichelte meine Haut wie kühlender Balsam, und der Linsensack, auf dem ich halb saß, halb lag, fühlte sich an wie ein gepolsterter Diwan.

Als ich einen trockenen Mund bekam, trank ich einen Schluck aus dem Wasserbehälter, den ich in Akasha gekauft hatte. Das Nilwasser schmeckte nicht unüblicher als sonst, und ich glaubte fest daran, dass es keine Bilharziose-Erreger enthielt. Alle Leute in Akasha tranken dieses Wasser, und kaum mehr als jeder Zehnte war vollkommen blind. Ja, dem Leben ließen sich sogar im Sudan angenehme Seiten abgewinnen. Zugegeben, die Fahrt von Wadi Halfa nach Akasha war ein Horrortrip gewesen, aber nun waren wir auf der Straße nach Dongola, und hier war Ferienstimmung angesagt.

Wie ich später erfuhr, war die Straße, auf der wir dahinpolterten, erst kürzlich gebaut worden. Die Zentralregierung im weit entfernten Khartum hatte sie in Auftrag gegeben, ohne die Dorfbewohner lange um ihre Meinung zu fragen.

In deren Augen war die bessere Verbindung mit der Außenwelt aber eine schwache Entschädigung für die rücksichtslose Art, mit der die Straße ihre althergebrachten Bewässerungskanäle durchschnitt. Diese Kanäle standen zwar nur ein paar Wochen im Jahr unter Wasser, aber während dieser Zeit waren sie sehr wichtig, denn ohne Bewässerung wuchs hier, mitten in der Sahara, natürlich gar nichts.

Und so hatten sich die Dorfbewohner mit ihren Hacken an die Arbeit gemacht, wohl schon am Tag nach dem Abzug des Straßenbauteams. Das Resultat war ein recht eigenartiger Kompromiss: eine Straße, die an gewissen Stellen von Bewässerungskanälen durchzogen war. Die meisten dieser Kanäle waren kaum mehr als größere Dellen in der Fahrbahn. Einige der Hauptkanäle brachten es jedoch auf eine beträchtliche Tiefe. Und es war nun exakt ein solcher Kanal, den wir jetzt überquerten, gerade als wir ein wenig Fahrt aufgenommen hatten. Es fühlte sich an, als ob ein riesiger Hammer von unten gegen den Lastwagen geschlagen hätte.

Der Linsensack, auf dem ich saß, schien in die Luft zu springen, und auch ich wurde in die Luft geschleudert. Ich fiel auf meine Tasche, und dabei konnte ich fühlen, wie etwas zersprang: das Gehäuse meiner kleinen Kamera, wie sich gleich herausstellte. Traurig inspizierte ich den Schaden, mich ratlos fragend, was da wohl gerade passiert sein konnte, als es von neuem losging. Ein weiterer Schlag. Die Kameratasche hüpfte mir aus der Hand und wurde samt Reservebatterie, Zusatzlinse und sämtlichen Filmen zwischen den sich ruckartig hin und her wälzenden Linsensäcken buchstäblich zermalmt, während der Lastwagen nun in kurzer Folge über eine ganze Reihe von Kanälen hinwegpolterte.

Und da waren mehrere hundert, vielleicht insgesamt mehr als tausend solcher Bewässerungskanäle auf der langen, endlos langen Straße nach Dongola. Und der Lastwagenfahrer ließ sich keinesfalls davon abhalten, über sie alle mit viel zu hoher Geschwindigkeit hinwegzudonnern – meistens ohne zu bremsen, was mir heute noch unverständlich ist, denn schließlich schien der Lastwagen doch ihm zu gehören. Die gesamte Ladung verkam immer mehr zu einem wilden Durcheinander von Säcken, Kisten und verängstigten menschlichen Kreaturen.

Irgendwann in der Nacht wurde der größte Teil der Fracht abgeladen, und die meisten der noch verbliebenen Passagiere stiegen aus. Nun ließ der Fahrer auch die letzten Hemmungen fallen. Nur noch ich und ein kleiner, verschrumpelt aussehender Händler mit ein paar Säcken voller Trockendatteln wurden auf der Ladefläche wie kleine Fischerkähne auf stürmischer See hin und her geschleudert. Wir klammerten uns fest, wo immer wir konnten, stets in latenter Gefahr, vollends hinunterzufallen.

Kein Lastwagen der Welt hielte eine solche Behandlung auf Dauer aus, und unser halb antiker Bedford mit Vierradantrieb schon gar nicht. Glücklicherweise brach die Hinterachse erst, als die zunehmende Anzahl von Bewässerungskanälen die Nähe einer größeren Ortschaft ankündigte: Dongola, das Ziel unserer mehr als achtundvierzigstündigen Fahrt.

Ich wankte ins Dorf hinein und wurde vom Besitzer des einzigen einigermaßen menschenwürdigen Hotels am Platz nach Strich und Faden reingelegt. Der Kerl sah mir wohl an, dass ich nicht mehr in der Lage war, mich lange über Preise zu streiten. Mir war's im Grunde auch egal, mir war *alles* egal! Ich ließ mich mit dem Gesicht nach unten auf die schmutzige Matratze fallen, dabei stieg – ich erinnere mich noch schwach – eine Staubwolke auf. Ich war eingeschlafen, noch bevor der Staub sich wieder setzte.

Dongola war nicht ganz so hinter dem Mond wie Akasha. Erstens war das Angebot an landwirtschaftlichen Produkten größer: Wohl aß man auch hier vor allem Brot und Linsen mit Zwiebeln, so roh wie nur irgend möglich. Und dann gab es natürlich auch Datteln – frische Datteln und getrocknete Datteln. Es fiel mir schwer, zu entscheiden, in welchem Zustand sie widerlicher waren. Mittlerweile hasste ich Datteln. Daneben gab es jedoch auch ganz ausgezeichnete Melonen auf dem Markt, und am Abend öffnete ein kleiner Blechschuppen auf dem Dorfplatz, wo man eisgekühlten (!) Mangosaft kaufen konnte.

Neben dem Schuppen hatte ein Blechschmied seine Werkstatt, und sein kleines Radio trötete arabische Musik in die Nacht hinaus. Die Festival-Atmosphäre hielt jeweils so bis gegen neun Uhr abends an. Dann wurde im Ort der Generator abgeschaltet, und alles packte zusammen: der Mann vom Mangoschuppen, der Blechschmied mit seinem Radio – ganz Dongola eigentlich.

Tagsüber war die Hitze in Dongola unglaublich. Jeden Tag stieg die Säule in dem kleinen Thermometer im Hotel bis knapp unter den Anschlag, und der war bei fünfzig Grad Celsius. Allein schon auf dem Bett zu sitzen war überaus anstrengend.

Ein für mich um ein Vielfaches ernsthafteres Problem stellte sich jedoch ein, als ich merkte, dass ich in Dongola niemanden finden konnte, der Haschisch verkaufte. Es dauerte nicht lange, und die trübe Stunde kam, in der ich das letzte Krümelchen meiner ursprünglich recht beeindruckenden Platte «Libanese» verheizt hatte. Die dumpfe Träumerei, die meine Gedanken seit jener Party in Kairo in eine Watteschicht gepackt hatte, verzog sich nicht lange danach.

Und lassen Sie es sich gesagt sein, liebe Leserin, lieber Leser: Ich schätzte es gar nicht, was da aus dem abziehenden Nebel auftauchte. Es waren die gleichen depressiven Ruinen, die mir den ersten Teil meiner Reise so versauert hatten. Ohne den Nebel der Haschisch-Platten aus dem Libanon sah meine Expedition zu den Nilquellen plötzlich gar nicht mehr so gut aus. Die paar hundert Kilometer, die ich seit Assuan hinter mich gebracht hatte, hatten vor allem aus Langeweile bestanden, vermischt mit Härten, die man zu Hause niemandem zumuten würde, nicht einmal beim Militär. Und da lagen noch Tausende von Kilometern vor mir, quer durch ein paar von den wildesten und rückständigsten Gegenden Afrikas. Was wollte ich denn eigentlich an den Nilquellen? Sie waren doch längst gefunden worden. Wahrscheinlich stand da jetzt ein Luxushotel. Oder ein Rummelplatz mit Postkarten, Grillwürsten und Zuckerwatte. Mein Plan, von dem ich vor kurzem noch so viel gehalten hatte, kam mir im grellen Licht der Realität plötzlich sinnlos vor.

Für eine kurze Zeit, während ich in Dongola in meinem Hotelzimmer so vor mich hintranspirierte, war die Erkenntnis beinahe zum Greifen nahe: Ich befand mich gar nicht auf einer Entdeckungsreise, sondern auf einem Riesenholzweg. Das Gekiffe hatte absolut gar nichts Positives zu meiner Lage beigetragen – es lenkte mich einfach nur von der Wirklichkeit, die ich hinter mir gelassen hatte, ab und hinderte mich, mich mit ihr auseinander zu setzen. Stattdessen ... ritt mich dieses Zeug irgendwie ... südwärts zu den Quellen des Nils. Irgendwas war mir daran plötzlich nicht mehr ganz geheuer.

Plötzlich dominierte da ein Gedanke in meinem Kopf – kristallklar und brutal: Ich musste zurück, musste mich der Realität stellen. Je länger ich diesen Schritt aufschob, desto schwieriger würde es schlussendlich für mich werden. Ich konnte einfach nicht immer weiter davonrennen. Ich war offensichtlich auf dem Holzweg! Oder eben – auf dem breiten Weg.

Ich schoss von meinem Bett auf wie von einer Tarantel gestochen.

Dongola war nicht der Ort, an dem man sich leicht von seinen tiefsinnigen Gedanken ablenken konnte, aber ich schaffte es schließlich doch, indem ich meine ganze Energie in ein geradezu krampfhaftes Besichtigungsprogramm investierte: in den dritten Katarakt des Nils. Ein paar schäbige kleine Pyramiden, die letzten in der Wüstensonne dahinbröckelnden Überreste der uralten Meroe-Zivilisation. Und dann waren da noch ein paar andere Ruinen, über die ich nichts in Erfahrung bringen konnte, weil ich mich mit dem einzigen Englisch sprechenden Kameltreiber in Dongola verkracht hatte. Für die nächste Tour schickte er mir dann prompt seinen Neffen, der weder Englisch sprach noch etwas über die Ruinen wusste, noch überhaupt auch nur das Geringste von Kamelen verstand.

7.
Nur jetzt nicht schlappmachen!

Außer der Windschutzscheibe – und auch die war an vier Stellen mit Klebeband gesichert – gab es kein einziges unversehrtes Stück Glas mehr an dem uralten, wackligen Bus, der einmal pro Woche die Tour von Dongola nach Khartum machte. Nachdem ich zehn Tage in diesem Kaff festgesessen hatte, kümmerte mich das jedoch nicht mehr. Weil wie üblich alle Sitzplätze schon im Voraus gebucht worden waren, landete ich wieder hinten, auf einer kleinen Ladefläche, die durch das Abmontieren von zwei Bankreihen freigemacht worden war.

Nach ein paar Stunden ereignisloser Fahrt durch die Wüste machte der Bus vor einer Art Raststätte Halt, die wahrhaft ein Mahnmal des menschlichen Erfindungsgeistes darstellte, auf die Spitze getrieben durch den Mangel an allem und jedem. Die nächste Baustoffhandlung befand sich wahrscheinlich im weit entfernten Khartum, und so hatte man beim Bau der Raststätte auf Ziegelsteine und Holz wohl oder übel verzichten müssen. Wasser war ebenfalls rar – zu rar jedenfalls, um es für die Herstellung von Beton zu verschwenden, einmal ganz abgesehen von der Tatsache, dass Geld für Zement wohl noch rarer war als Wasser. So war man auf die ebenso traditionelle wie ökologisch einwandfreie Idee verfallen, sich beim Bau der Raststätte an die Baustoffe zu halten, die lokal erhältlich waren. Diese Baustoffe waren: ein ausgebrannter Lastwagen, eine Anzahl leerer Dieselfässer, aussortiertes Geröll sowie natürlich – man befand sich ja schließlich in der Wüste – einige Haufen Sand.

Was die Konstruktion des Ganzen anbelangt, so lag die umgedrehte Ladepritsche des Lastwagens mit drei Seiten auf aufgeschüttetem Geröll, was den höhlenartigen Eindruck des Rasthauses ausmachte. Mehr Sorgfalt war auf die Frontseite gewandt worden. Hier standen vier Säulen aus je zwei aneinander geschweißten Dieselfässern, was entfernt an die Fassade eines griechischen Tempels erinnerte. Der Eingang zum Rasthaus befand sich zwischen den zwei mittleren der vier Säulen.

Vor dem Eingang war eine alte ölverschmierte Plane baldachinartig aufgespannt, die hinten an den Dieselfässern und vorne an zwei Zeltstangen befestigt war. Eine der Zeltstangen war klar als die Kardanwelle des Lastwagens zu erkennen, während die andere aus drei hölzernen Knüppeln unterschiedlicher Länge und Dicke bestand, die mit farbig isoliertem Kabel zusammengebunden waren.

Im Inneren des Rasthauses standen ein paar Stühle auf dem Wüstensand herum, jeder von ihnen schien aus einer anderen geschichtlichen Ära oder Epoche zu stammen. Da gab es «spät-pharaonisch» aus Palmholz mit Papyrusschnüren sowie «frühislamisch» aus Hartholz und ebenfalls mit Papyrusschnüren. Da stand ein «Werk» aus der Zeit um die Jahrhundertwende aus Gusseisen – an drei Stellen gebrochen und wieder zusammengeschweißt, mit Drähten verstärkt, aber ohne jeglichen Anstrich. Auch die «frühen Fünfzigerjahre» in Aluminiumrohr mit Hartplastikschale waren vertreten, genauso wie die «frühen Siebzigerjahre», ganz in weißem Plastik mit schwarzbraunen Brandflecken übersät wie ein Dalmatiner.

All diese Stühle standen um zwei Tische herum, einer davon war elegant genug, um in einem Pariser Straßencafé zu stehen – einmal ganz davon abgesehen, dass die Tischplatte aus Marmor fehlte und an ihrer Stelle ein Stück schmutzige Spanplatte angebracht worden war. Der andere Tisch hingegen hatte mehr Ähnlichkeit mit einer postmodernen Installation. Das Unterteil bestand aus einem halbierten Dieselfass, auf welchem man etwas aufgeschweißt hatte, das vielleicht einmal ein Stück Motorhaube gewesen war.

Die Küche der Raststätte lag außerhalb und bestand aus der rußgeschwärzten Fahrerkabine des ausgebrannten Lastwagens. Diese war auf die Seite gelegt worden, so dass der ehemalige Fußraum nun als Windfang diente, in dem ein schwaches Kohlenfeuer glomm. Einige wenige Kochutensilien steckten in den Löchern, in denen einst die Armaturen angebracht gewesen waren.

Ein mürrischer kleiner Junge setzte uns die kargen Spezialitäten der Bayuda-Wüste vor: ein Linsenbrei von geradezu asketischer Geschmacklosigkeit, begleitet von einigen Stücken Fladenbrot, das immerhin an mehreren Stellen noch nicht ganz durchgehärtet war. Zu trinken gab es Oasenwasser, das so sedimenthaltig war, dass man es beinahe kauen musste.

Nach einer halben Stunde Aufenthalt fuhr der Bus wieder los, und nach einiger Zeit erreichten wir einen riesigen Salzsee. Hier war der Boden spiegelglatt und so hart wie eine Betonstraße, so dass selbst unser alter Klapperkasten eine recht anständige Geschwindigkeit erreichte. Da in den meisten Busfenstern keine Scheiben waren, flatterten die weiten Gewänder der Passagiere wie die Segel auf einer Regatta. Wir brausten wohl mit an die hundert Sachen dahin – es war schwierig, in der absolut kargen Landschaft ohne jeglichen stabilen Fixpunkt Geschwindigkeiten einzuschätzen –, als das rechte Vorderrad auf das einzige Felsstück weit und breit auffuhr.

Der Aufprall katapultierte die gesamte rechte Seite des Busses in die Luft, und einen Moment lang rollten wir auf zwei Rädern weiter – ein Stunt, den man meines Wissens selbst in Hollywood noch nie mit einem voll besetzten Bus versucht hat. Mir stand beinahe das Herz still. Einen panikerfüllten Augenblick lang dachte ich, wir würden uns überschlagen, aber dann fiel der Bus krachend auf seine vier Räder zurück. Passagiere und Gepäck wurden wild durcheinander geworfen, und eine Bambuskiste mit Geflügel brach auf, was ein halbes Dutzend völlig hysterischer Hühner befähigte, über die herumsitzenden und -liegenden Passagiere hinwegzuklettern und aus den Fenstern hinauszuflattern. Eines der Hühner rannte sogar gackernd den Mittelgang entlang und verließ den Bus vorschriftsgemäß durch die Öffnung, in der sich einmal die Hintertür des Gefährts befunden hatte. Die Hühner zerstreuten sich wie Irrwische in der gleißenden Einöde des Salzsees um uns herum.

Ohne diesen kleinen Zwischenfall und die Schäden, die er an der Radaufhängung des Busses angerichtet hatte, hätten wir es wahrscheinlich geschafft, die Bayuda-Wüste in weniger als zehn Stunden zu durchqueren. Wie die Dinge nun jedoch standen, konnten wir froh sein, überhaupt bis nach Khartum durchzukommen. Trotz der genialen Improvisationskunst des Busfahrers und seines Helfers brachten sie den Bus kaum noch auf Schritttempo, und in den frühen Morgenstunden des nächsten Tages kamen wir endlich mit viel Keuchen und Vibrieren am Khartumer Busterminal an.

Der Terminal bestand aus einer Fläche nackter Sandwüste von der Größe von fünf Fußballplätzen und war für mich mit das Trostloseste, das ich bisher auf meiner Reise gesehen hatte. Fliegenschwärme jagten Zeitungsfetzen nach, die der Wind über den Platz trieb. An dem einen Ende des Platzes stand eine Gruppe von räudigen Eseln traurig um einen leeren Trog herum. Ein alter Mann schlief im Schatten der Wartehalle. Ansonsten war der Platz leer, bis auf eine ganz in Schwarz gehüllte Frau, die hinter einem niedrigen Mäuerchen Süßkartoffeln über einem Feuer von getrocknetem Kameldung röstete. Trotz der an sich zweifelhaften Energiequelle stellte sich die Mahlzeit als ein kulinarischer Höhenflug erster Güte heraus, wohlverstanden ohne dass ich nach mehreren Wochen Linsen- und Zwiebeldiät noch anspruchsvoll gewesen wäre.

Ein Taxi brachte mich zum «Royal Hotel», unter Sudanreisenden bekannt als eines der weniger verlausten in Khartum. Das Gebäude, in dem sich das Hotel befand, war ursprünglich einmal die Villa eines Obersten der englischen Kolonialarmee gewesen, der hier mit seiner Familie und seinen Bediensteten gewohnt hatte. Als die Kolonialtruppen abgezogen worden waren, hatte der Unternehmer Abdallah das Haus gekauft. Im lobenswerten Gegensatz zu vielen anderen Unternehmern hatte Abdallah es sich zum Anliegen gemacht, das architektonische Erbe seines Vorgängers zu bewahren. Und so war alles in dem Hotel, die sanitären Einrichtungen eingeschlossen, noch genau so, wie es der Oberst in den späten Fünfzigerjahren zurückgelassen hatte – einmal ganz abgesehen von der wirklich beträchtlichen Abnutzung, die dem Haus im Laufe der Jahre widerfahren war. Keine Wand war auch nur einmal frisch gestrichen worden, keine gesprungene Bodenplatte war ersetzt und keine Fensterscheibe geflickt worden über all die Jahrzehnte intensivster Nutzung hinweg, die seither verstrichen waren.

Das einzige Zugeständnis, das Abdallah an die Tatsache gemacht hatte, dass die ehemalige Villa nun ein Hotel war, war der Stacheldraht – ein Artikel, der auch andernorts aus der sudanesischen Fremdenverkehrsindustrie nicht mehr wegzudenken war. Der Stacheldraht war in großen, gestrüppartigen Ballen auf der gesamten Mauer angebracht worden, die sich rund um das Grundstück zog. Er hatte eine doppelte Funktion: Erstens sollte er Diebe davon abhalten, unbemerkt ins Hotel einzusteigen, und zweitens sollte er wohl auch die Hotelgäste daran hindern, einfach abzuhauen, ohne zu bezahlen.

Abdallah zeigte auf ein rostiges Bettgestell aus Eisen, auf dem eine dünne Matratze mit einem löchrigen Bezug lag, aus dem überall der Schaumstoff herausquoll. Für ein paar gute Worte und gegen ein Pfand holte ich sogar noch ein Kissen und ein Bettlaken aus ihm heraus. Dann wurde ich den anderen Gästen vorgestellt. Die meisten waren Araber, aber zu meiner großen Freude traf ich auch auf drei Europäer: Da war beispielsweise ein Italiener, den sie den «Gucci-Man» nannten. Vielleicht weil er immer so tadellos angezogen war – trotz seines ständig hohen Fiebers, seiner Halluzinationen und gelegentlichen Brechanfälle, den Symptomen einer Tropenkrankheit, die er sich irgendwo eingefangen hatte.

Dann war da noch der Joshi, ein Österreicher, der schon längst auf dem Weg nach Zaire gewesen wäre, wenn er es doch endlich geschafft hätte, alle dafür erforderlichen Travel Permits (Reisegenehmigungen) zusammenzukriegen. Der dritte Europäer war ein Engländer, den sie «Elvis» nannten – wahrscheinlich weil er ständig an dem Inhalt einer Klinikpackung Valium herumknabberte, die er billig auf dem Schwarzmarkt in Omdurman erstanden hatte. Elvis wirkte immer irgendwie entrückt. Er hob nie seine Stimme oder auch nur seine Augenbrauen, ganz gleich, wie schamlos Abdallah ihn übers Ohr zu hauen versuchte, und gleichgültig, wie laut die Äthiopier im hinteren Teil des Hotels nachts grölten, wenn sie betrunken waren.

Die Beherbergung dieser Äthiopier unter Bedingungen, die mehr an ein Gefangenenlager erinnerten als an ein Hotel, war Abdallahs Nebenverdienst. Vielleicht hundert oder auch hundertfünfzig von ihnen belegten den hinteren Teil des Hotels, der ebenfalls mit Stacheldraht vom Vorderteil abgetrennt war. Ich stattete den Äthiopiern noch am gleichen Tag einen Besuch ab, als ich vom Gucci-Man erfahren hatte, dass der Nil in Äthiopien entspringt. Die Äthiopier waren sozusagen die Crème de la crème der enorm großen Khartumer Flüchtlingsszene, denn sie hatten genug Geld, um sich bei Abdallah einzumieten, und entgingen so den grässlichen Flüchtlingslagern, die in der Wüste rund um Khartum entstanden waren.

Der Zweck meines Besuches im hinteren Teil des Hotels war, mehr über meine weitere Reiseroute herauszufinden. Es dauerte nicht lange, und schon war ich in ein Gespräch verwickelt: «Und, wie läuft's denn so in Äthiopien, heutzutage?», fragte ich aufs Geratewohl einen der Männer, die überall herumstanden und -saßen.

«Mengistu alles umgebracht. Mengistu schlecht. Alles umgebracht», war die Antwort in stark akzentgefärbtem Englisch. Es hörte sich nicht sehr ermutigend an.

Ich ging auf jemand anders zu, der mir zuwinkte, als ob er gerne mit mir reden wollte. Konnte er mir vielleicht sagen, wie ich von Khartum aus weiterkam und wie das mit dem Transport den Nil hinauf generell so lief?

Anstelle einer Antwort bekam ich unerwartet und in aller Gründlichkeit den marxistischen Standpunkt des äthiopischen Kampfes gegen Feudalismus, Imperialismus und Neokolonialismus auseinander gesetzt. Es schien, dass es dieser Standpunkt war, der Mengistu – wer auch immer das war – das theoretische Fundament dafür lieferte, «sie alle umzubringen». Der Grund dafür, dass mein Gesprächspartner sich hier in Khartum aufhielt, statt tatkräftig bei Mengistu mitzumischen, schien einzig und allein darin zu bestehen, dass er den Schwerpunkt des Umbringens gerne auf andere Teile der Bevölkerung verlegt gesehen hätte.

Abgesehen davon herrschte Zuversicht und Einigkeit: Die Revolution schritt unaufhaltsam voran in Äthiopien. Dass ein paar Hunderttausend Konterrevolutionäre über die Klinge hatten springen müssen, hatte sich leider nicht umgehen lassen. Was die zwei, drei Millionen anbelangte, die der Zwangskollektivierung der Landwirtschaft zum Opfer gefallen waren – nun, ähm, das waren meistens Bauern gewesen, vielfach sogar nur Frauen und Kinder. Schließlich war man dabei, aus den begangenen Fehlern zu lernen. Der Kampf war praktisch gewonnen. Das sozialistische Paradies war zum Greifen nahe.

Weiter kam ich leider nicht mit meinen Nachforschungen über meine Weiterreise nach Äthiopien, weil der Mann, mit dem ich zuerst gesprochen hatte und der sich darüber aufzuregen schien, dass Mengistu sie alle umbrachte, dem politischen Kommentator plötzlich von der Seite die Faust ins Gesicht rammte. Andere Äthiopier mischten sich ein, und innerhalb kürzester Zeit war die tollste Schlägerei im Gange. Ich zog mich unauffällig zurück. Mir war das alles ein bisschen zu kompliziert hier.

Das Gespräch mit den Äthiopiern bestätigte mich vollends in der Entscheidung, die seit Dongola in mir herangereift war: Ich hatte die Nase voll vom Sudan! Noch am nächsten Tag würde ich zum Flughafen fahren und einen Platz in dem erstbesten Flugzeug buchen, das rausflog aus Khartum – raus aus dem Sudan, raus aus Afrika. Direkt nach Hause traute ich mich zwar nicht, aber die Welt war ja groß, und es gab bestimmt jede Menge Orte, an denen das Leben mehr Spaß machte als hier – auf den Kanarischen Inseln zum Beispiel oder in Kanada. Ich hatte da noch irgendwo einen entfernten Verwandten, der Fischer war. Vielleicht konnte ich bei dem anheuern. Mit meinem Afrika-Abenteuer war jetzt jedenfalls ein für alle Mal Schluss! Mir wurde das alles langsam zu riskant, zu gefährlich, zu perspektivlos.

Wie es sich jedoch herausstellte, verließ ich Khartum nicht mit dem nächsten Flieger. Der Grund war mehr oder weniger ein Zufall, der sich in Form eines Gesprächs mit Joshi ergab. Joshi pflichtete mir vollkommen bei: So, wie die Dinge momentan standen, konnte nur ein komplett Verrückter überhaupt auf den Gedanken kommen, in Äthiopien herumzureisen. Da tobte schon seit Jahren ein Riesen-Bürgerkrieg, und im Moment ging's besonders hoch her. Die

Chance war groß, dass Mengistu auch mich umbringen würde.

«Aber was willst du denn am Blauen Nil? Da, wo der Weiße Nil herkommt, ist's viel interessanter. Die haben zwar auch ein paar Probleme, aber so toll wie in Äthiopien treiben sie's, glaub ich, nun doch nicht.»

Ich holte meine Karte aus dem Rucksack, und wir studierten sie zusammen. Tatsächlich, der Weiße Nil kam direkt aus dem Süden herauf, vom Victoriasee. «Irgendwo da unten sind die Nilquellen», sagte Joshi, mit der dünnen Zigarette, die er sich soeben gedreht hatte, auf eine Gegend südlich vom Victoriasee zeigend. «Soviel ich weiß, irgendwo da.» Dann zündete er die Zigarette an. Der Tabak roch ziemlich eigenartig, und ich machte eine kleine Bemerkung darüber.

«Tabak?», sagte Joshi, «das ist kein Tabak, Mensch! Ich rauch doch keinen Tabak, ist doch viel zu ungesund. Nein, nein, das hier ist Bongo – das Glückskraut. Kennst du das denn nicht? Hier, probier mal ...»

Er hielt mir die Zigarette hin.

Ich nahm ein paar Züge. Es war tatsächlich kein Tabak. «Bongo?»

«Ja, Bongo! Das Gras, das hier wächst. Marihuana. Manchmal ist das Zeug nicht schlecht. Sie schneiden die Pflanzen kurz über dem Boden ab, wenn sie fertig geblüht haben. Dann stecken sie das Zeug in einen Sack und vergraben's für ein paar Wochen. Das fermentiert irgendwie.»

Joshi streckte mir den Beutel entgegen, und ich rollte mir auch eine Zigarette.

Tatsächlich, gar nicht schlecht, das Glückskraut.

Ich fragte Joshi, wie viel er für den Beutel haben wollte, aber er schüttelte nur den Kopf. «Nimm, so viel du willst, dafür brauchst du nichts zu bezahlen, das Zeug ist stinkbillig. Kannst ja mitkommen heute Abend, wenn du willst. Ich fahr sowieso nach Omdurman rüber, einkaufen.»

Selbstverständlich ging ich mit nach Omdurman. Dort verkauften sie das Glückskraut offen auf dem Markt, in brotlaibartige Formen gepresst, die für jedermann sichtbar an den Ständen aufgestapelt waren. Es war sogar billiger als der normale Tabak.

Auf dem Rückweg von Omdurman hatten wir beschlossen, am Abend im Hotel die «Sudanesische Meisterschaft» im Bongo-Rauchen auszutragen. Der Hoteljunge wurde angestellt, die Samen rauszupicken und Abdallahs große Wasserpfeife zu laden. Bald zogen dicke Rauchwolken durch das «Royal Hotel».

Der Erste, der das Handtuch warf, war der Gucci-Man, den wir nach ein paar Pfeifen ins Bett tragen mussten. Niemand hatte etwas anderes von ihm erwartet, im Gegenteil, wir rechneten ihm seinen Sportsgeist hoch an. Nicht jeder, der Amöbenruhr oder so was hat, findet normalerweise überhaupt noch die Kraft und die Motivation, an einem solchen Wettbewerb teilzunehmen.

Als der Gucci-Man erst mal flachlag, ging's erst richtig los. Wir stellten zwei gleich starke Mannschaften auf: mit Abdallah und zwei arabischen Händlern als dem Heimteam und mit Joshi, Elvis und mir selbst als den «Franjies», wie sie die Europäer hier nannten.

Einer der Araber und auch Joshi erwiesen sich zu unserer Enttäuschung als Nieten, indem sie noch vor Mitternacht einschliefen, von den sedativen Bestandteilen des Glückskrauts übermannt. Kurze Zeit später barst der Tonkopf der Wasserpfeife – ein gutes Zeichen. Wir waren aus härterem Material geschaffen als Keramik.

Europa gegen Afrika, Nord gegen Süd, Kreuzfahrer gegen Sarazenen – die ganze Nacht tobte der Wettkampf zwischen Abdallah, dem zweiten Araber, Elvis und mir.

Abdallah wurde wie ein gieriger Geier von seiner «Profitiersucht» aufrecht gehalten. Er hatte keinen Piaster zum

Kauf des Krauts beigesteuert, und solange etwas gratis zu haben war, konnte er einfach nicht anders: Er musste so viel wie möglich für sich herausholen. Aber als ein fahles Morgengrauen schon den neuen Tag ankündigte, zog Abdallah langsam seine Beine aufs Bett, lehnte sich zurück und hauchte ein letztes «Alhamdulallah». Dann fielen ihm die Augen zu.

Elvis hatte insofern einen unfairen Vorteil, als ihn sein chronischer Medikamentenmissbrauch zum Teil auch gegen die organischen Sedative des Bongo-Krauts immun gemacht zu haben schien. Mechanisch rauchte er Pfeife um Pfeife, nur sein Lächeln wurde immer hohler, je heller es draußen wurde. Aber auch seine Stunde schlug kurz nach dem Frühstück, als er stillschweigend seine Niederlage eingestand, indem er von der Toilette nicht mehr zurückkam.

Nun waren nur noch einer der arabischen Händler und ich selbst übrig. Da wusste ich: Der Sieg gehörte mir. Mir war nicht einmal mehr schwindlig, mein Gehirn fühlte sich an wie ein schwerer gläserner Aschenbecher – hart, dunkel und unzerstörbar wie ein Kristall, solange er keiner schweren Erschütterung ausgesetzt wurde; ansonsten würde er allerdings in tausend Stücke zerspringen.

Der Araber wollte noch etwas sagen, aber er brachte seinen Satz nicht zu Ende. Sein Kopf nickte plötzlich zur Seite, und er sank in sich zusammen. Der Hotelbursche rüttelte ein paar Mal an ihm, aber es kam keine Reaktion mehr. Ich hatte gewonnen!

Ich schaffte sogar noch eine Ehrenrunde mit dem Hotelburschen, bevor auch ich zurück zu meinem Bett wankte – und zwar ohne fremde Hilfe!

Als ich vierundzwanzig Stunden später wieder aufwachte, fühlte ich mich wunderbar leicht, fast wie neugeboren. Der Exzess hatte mir (so jedenfalls sah ich es subjektiv) irgendwie gut getan, schien mich innerlich gereinigt zu haben. Die Zweifel, die seit Dongola in meinem Kopf herumgegeistert waren, waren wie weggeblasen. Ich rollte mir einen dicken Joint, noch bevor ich überhaupt aufstand. Es war ja nicht so, dass ich drauf und dran war, von dem Zeug abhängig zu werden, sagte ich mir selbst. Ich war mir selbst halt einfach sympathischer, wenn ich unter Drogeneinfluss stand.

Und so wischte ich die am vorherigen Tag getroffene Entscheidung, Khartum mit dem nächsten Flugzeug zu verlassen, kurzerhand wieder vom Tisch. Nein, mein Ziel waren weder die Kanarischen Inseln noch Kanada noch irgendetwas anderes.

Und diese furchtbar komischen Gedanken, die da in Dongola plötzlich wieder in meinem Kopf aufgetaucht waren, dass nämlich der einzige Weg, mein Leben wieder ins Lot zu bringen, der Weg zurück war – damit konnte ich jetzt schon gar nichts mehr anfangen.

Nein, die Sahara lag ja nun zum größten Teil hinter mir. Es waren noch ein paar hundert Kilometer, und ich würde in der offenen Steppe des Sahels sein, und dahinter kam das Herz Afrikas. Klarer denn je stand mir mein Ziel vor Augen: weiterzuziehen zu den Quellen des Nils. Nur jetzt nicht schlappmachen!

8.
Da waren sie wieder – die magischen Worte!

Der direkte Weg den Weißen Nil entlang wäre unter normalen Umständen der Flussdampfer nach Juba gewesen, aber da der Dampfer kürzlich von Rebellen gestürmt und auf Grund gesetzt worden war, kam diese Variante ja wohl nicht in Frage. Die Alternative war der Zug nach Babanusa und Wau – allein schon die Namen hörten sich vielversprechend an – und dann weiter über Land von Wau nach Juba.

Natürlich brauchte man für eine solche Reise jede Menge Travel Permits, und ich fing noch am gleichen Tag an, sie zusammenzusuchen. Zuallererst benötigte ich die «Erlaubnis, die Eisenbahn nach Wau benutzen zu dürfen», was schwierig war, weil das Büro, das dieses Permit ausstellte, sich nicht etwa irgendwo in Bahnhofsnähe befand, sondern am anderen Ende der Stadt. Dreimal nahm ich die Fahrt quer durch Khartum auf mich, aber jedes Mal war das zuständige Amt menschenleer. Ich wartete und wartete, aber niemand tauchte auf. Endlich spürte ich den Bürovorsteher in einer Firma auf der gegenüberliegenden Straßenseite auf, wo er seinem Zweiterwerb nachging. Die Angelegenheit war ihm höchst peinlich, aber er wollte mir die Erlaubnis trotzdem nicht ausstellen, weil ich die «Bewilligung, die Südprovinzen bereisen zu dürfen» nicht vorweisen konnte, und ohne die ging nun einmal gar nichts.

Für die «Bewilligung, die Südprovinzen bereisen zu dürfen» brauchte man einen Empfehlungsbrief vom Außenministerium. Ein Angestellter dort erklärte mir, es sei im Moment keine gute Idee, in den Südsudan zu reisen. Auch da war ein alter Bürgerkrieg kürzlich neu aufgeflackert, und der Transport war überall schwierig, weil der Nachschub von Dieselkraftstoff nicht funktionierte.

Auf meiner Bongo-Wolke schwebend, missverstand ich den Angestellten leider völlig. Schon in Ägypten, und mehr noch im Sudan, hatten sich bürokratische Hemmnisse üblicherweise als ein getarntes Verlangen nach einem Bakschisch herausgestellt. Ich hatte mir längst angewöhnt, solchen Ansinnen ohne langes Zögern nachzugeben. Es blieb einem ja auch gar nichts anderes übrig, wenn man überhaupt irgendwo hinkommen wollte.

Dass es dem Angestellten auf dem Außenministerium mit seiner Warnung ganz ernst sein könnte, kam mir nicht einmal in den Sinn. (Aber es sollte mir später noch schmerzlich bewusst werden.) Ich gab ihm die Zehndollarnote, hinter der er her zu sein schien, und er steckte das Geld achselzuckend ein und begann wortlos, mir das Permit auszustellen.

Mit dieser Bewilligung in der Tasche war das Zusammensuchen der restlichen Permits dann nur noch eine reine – wenn auch reichlich langwierige – Formsache. Da waren also noch die «Erlaubnis, die Eisenbahn nach Wau benutzen zu dürfen», die «Durchreisebewilligungen für Wau und für Juba», die «Bewilligung, über Land von Wau nach Juba reisen zu dürfen» sowie, sozusagen als «Highlight», die «Bewilligung, einen photographischen Apparat in die Südprovinzen einführen zu dürfen».

Dieses letzte Permit wurde notwendig, nachdem irgendein Vorsteher von irgendeinem Amt entschieden hatte, dass meine Kamera immer noch in meinem Einreisevisum eingetragen war – obwohl ich die traurigen Überreste meines in Akasha zerschmetterten Fotoapparates schon lange fortgeworfen hatte. Dieses Visum konnte nur am Ausstellungsort umgeändert werden, welcher Kairo war, also tausend oder mehr Kilometer entfernt lag. Es war dem Vorsteher klar, dass meine Kamera in materieller Form nicht mehr existierte. Andererseits war sie durch den Eintrag im Visum nach wie vor eine bürokratische Realität, der man Rechnung zu tragen hatte ...

Nicht wesentlich mehr als eine Woche war für die Permit-Jagd draufgegangen, und schon stand ich in der Schalterhalle des Bahnhofs von Khartum, um mir ein Zugticket zu kaufen. Die Frage, wann der Zug denn nun tatsächlich abfahren würde, schien weitgehend offen zu sein. Sie schien jedoch niemandem außer mir irgendwelches Kopfzerbrechen zu bereiten.

Der allgemeine Konsensus war, dass der Zug so ungefähr alle zwei bis drei Wochen fuhr, wenigstens in der Trockenzeit. «Das genaue Datum für die nächste Abfahrt ist noch nicht bekannt, da der letzte Zug erst vor einer Woche abgefahren ist, und der muss ja erst zurück sein, bevor er wieder fahren kann, nicht wahr ...», nuschelte der Schalterbeamte. Wahrscheinlich würde der nächste Zug nach Wau – er zuckte gleichgültig mit den Schultern – vielleicht in ungefähr einer Woche fahren ... oder auch in zwei.

Ich fragte überall herum, aber niemand schien mehr zu wissen. Und es kam noch schlimmer: Niemand schien auch nur auf fünfhundert Kilometer genau zu wissen, wo sich der Zug nach Wau momentan befand. Früher oder später würde er schon wieder auftauchen, er war bisher doch jedes Mal wieder zurückgekommen von seiner Reise nach Wau, von zwei oder drei größeren Entgleisungen einmal abgesehen.

Es blieb mir also nichts anderes übrig, als jeden Tag persönlich auf dem Bahnhof zu erscheinen. Und eines Morgens war es dann plötzlich so weit und er stand da, in seiner ganzen verbeulten und klapprigen Antiquität: der Zug nach Wau. Ein kleines Heer von Ingenieuren und Mechanikern in farbigen Overalls wuselte an ihm herum wie Ameisen an einer toten Heuschrecke.

Die Grundstimmung unter den Mechanikern war positiv mit einem leichten Stich ins Euphorische. Außer einem Boilerriss und einer verbogenen Kolbenstange war nichts Größeres kaputt, was nicht in ein paar Doppelschichten wieder gerichtet werden konnte. Und tatsächlich, so gegen Ende der Woche verdichteten sich die Gerüchte: Eine baldige Abfahrt des Zuges nach Wau rückte immer mehr in den Bereich des Möglichen. Und dann geschah es: Eines Morgens, als ich auf dem Bahnhof erschien, sah ich Rauch aus dem Kamin der Lokomotive aufsteigen.

Nach der wochenlangen Warterei wollte ich den Zug natürlich um keinen Preis verpassen und sprang ins nächste Taxi. Zurück im Hotel, stopfte ich hastig alle Sachen in meine Tasche, lauthals nach Abdallah rufend, er solle mir die Rechnung schreiben. Mit gewohnt unternehmerischem Naturtalent versuchte Abdallah natürlich, aus meiner Eile einen kleinen Zusatzgewinn zu ziehen, aber ich kannte ihn mittlerweile viel zu gut. Schon die erste oberflächliche Überprüfung seiner hastig dahingekritzelten Zusammenstellung deckte eine ganze Anzahl grober Rechenfehler auf, selbstverständlich alle zu seinen Gunsten. Es dauerte eine Viertelstunde, bis ich mich mit dem verbissen um jeden Piaster feilschenden Abdallah auf einen einigermaßen realistischen Betrag geeinigt hatte. Als ich endlich aus dem Hotel kam, war mein Taxi schon weg, und es war kein neues aufzutreiben. Nahezu hysterisch durch den Gedanken, nochmals ein paar Wochen in Khartum festzusitzen, rannte ich schließlich durch die glühende Hitze zum Bahnhof – aber der Rauch, den ich aus dem Kamin hatte aufsteigen sehen, war nur das Resultat einer Probefeuerung gewesen. Es war nur darum gegangen, die neue Schweißnaht am Boiler einer Belastungsprobe zu unterziehen.

Erst im Verlauf des übernächsten Tages bildete sich langsam die übereinstimmende Meinung heraus, zuerst nur unter den Mechanikern, doch dann wurde sie auch vom

Zugpersonal und schließlich sogar von den Schalterbeamten mitgetragen: Dienstag, allerspätestens Mittwoch (was wahrscheinlich Donnerstag hieß) würde der Zug nach Wau nun definitiv abfahren.

Und so war es dann auch.

Am Donnerstagmorgen stand ich extra früh auf. Ich hatte Tage zuvor beinahe einen Hitzschlag erlitten wegen Abdallah und war entschlossen, dem Schurken jetzt eine Lehre zu erteilen. Als ich um vier Uhr morgens durch die Rezeption, in der er sozusagen lebte, nach draußen marschierte, machte sich sofort ein augenscheinlicher Verdacht auf Abdallahs schläfrigem Gesicht breit: Warum ich denn so früh unterwegs war? Ich wolle doch nicht etwa abhauen, ohne zu zahlen?

«Spinnst du, Abdallah? Und was ist mit meinem Gepäck? Denkst du, ich reise ohne mein Gepäck ab?» Das leuchtete ihm ein. Er winkte mir freundlich zu und wünschte mir einen schönen Tag.

«Auch dir einen schönen Tag, Abdallah!»

Aber in Wirklichkeit zweifelte ich daran, dass Abdallah tatsächlich einen schönen Tag haben würde, denn Elvis stand mit meiner Tasche hinten an der Hotelmauer, um sie mir hinüberzuwerfen, sobald ich auf der anderen Seite pfiff.

Selbst für sudanesische Verhältnisse war es ein außerordentlich sonniger und warmer Tag. Das Thermometer war schon um neun Uhr früh auf weit über vierzig Grad geklettert. Eine Kuh und ein paar Ziegen grasten friedlich zwischen den Gleisen. Ein paar Bahnangestellte spielten in der Schalterhalle Fußball, wohl um sich für den großen Tag ein wenig aufzulockern. Denn endlich war er gekommen, der Tag, an dem der Zug nach Wau endlich abfahren würde.

Viele waren schon eingestiegen in den Zug – sehr viele. Vielleicht fünfzehnhundert Leute waren da schon in den elf

Güterwagons zusammengepfercht, aus denen die ganze Zugkomposition im Wesentlichen bestand. Jeder verfügbare Quadratzentimeter war schon in Beschlag genommen, auch die Wagondächer waren vollständig mit Menschen übersät. Hunderte saßen und standen in der glühenden Sonne, samt ihrem Gepäck. Einige hatten sogar ihre Fahrräder dabei.

Ich stellte mich zu zwei Engländern, die auf dem Bahnsteig standen, und gemeinsam kratzten wir uns eine Weile am Kopf, sprachlos die Szene musternd, die sich unseren Augen bot. Aus jeder Tür, jedem Fenster des Zugs quoll eine scheinbar undurchdringliche Masse aus Menschenfleisch, Kleidern und Gepäck – es schien absolut unmöglich, irgendwo auch nur ein winziges Schlupfloch zu finden, um in den Zug zu steigen.

Schließlich machte Andrew, einer der Engländer, den Vorschlag, zum Bahnhofsvorsteher zu gehen. Vielleicht ließ sich mit ihm ja eine Lösung finden. Dem Bahnhofsvorsteher stellte Andrew sich dann kurzerhand als der regionale UNO-Untersekretär für Flüchtlingsfragen vor und versuchte kühn, für uns ein Abteil in dem einzigen Erste-Klasse-Wagen des Zugs an Land zu ziehen. Ich hätte Andrew, der – was Afrika anging – den Eindruck machte, ein alter Hase zu sein, eigentlich mehr zugetraut. Selbst ich, fast noch ein Neuling auf dem «dunklen Kontinent», durchschaute seine fadenscheinige Story sofort. Kein UNO-Beauftragter, und wäre sein Status auch noch so bescheiden gewesen, hätte jemals so ein miserables, unzuverlässiges und geradezu entwürdigendes Transportmittel wie die sudanesische Eisenbahn benutzt – erste Klasse hin oder her. UNO-Beauftragte wurden geflogen oder in klimatisierten Range Rovern herumgefahren – jeder wusste das. Auch der Bahnhofsvorsteher schüttelte angesichts einer solchen Ignoranz nur unwillig den Kopf.

Ich versuchte es auf eine andere Tour: Der Zug – da sich nach wie vor nur ein Zug im Bahnhof befand, war es unnötig, ihn genauer zu definieren – war so überfüllt, dass es uns unmöglich war, einzusteigen. Warum nicht einfach unsere Tickets auf die erste Klasse umschreiben? Die Dinge in ihren größeren Zusammenhang stellend, wie ich das in Ägypten so gut gelernt hatte, fügte ich hinzu: «Sind wir Touristen denn nicht Gäste im Sudan und wertvolle Devisenquellen noch dazu?» Sofort kam Leben in den müden Blick des Bahnhofsvorstehers, ich konnte es sehen und fühlte mich unwillkürlich an Mahmud in Alexandria erinnert.

Ermutigt fuhr ich fort: «Wir sind die Vorhut der riesigen milliardenschweren europäischen Tourismus-Industrie. Viele Millionen Europäer können sich gar nicht mehr entscheiden, was ihnen mehr zum Hals heraushängt – Italiens abgeklapperte Sehenswürdigkeiten, das miese Wetter in London oder die überfüllten Strände in Spanien.» Nun war der Sudan an der Reihe – wegen seines herrlichen Klimas, wegen seiner geografischen Nähe zu Europa und wegen seiner erstklassigen Straßen und Eisenbahnen. Ich gebe zu, ich bin an dieser Stelle ein wenig ins Ironische abgeglitten, aber ich glaube, der Bahnhofsvorsteher merkte nichts.

Das Funkeln in seinen Augen war wieder erloschen, und er winkte nur müde ab. Unsere Fahrscheine auf die erste Klasse umzuschreiben, kam gar nicht in Frage. Und der Wagon erster Klasse war ohnehin für Regierungsbeamte reserviert. Außer natürlich ...

Da war es wieder! Außer natürlich ...! Er hatte die magischen Worte ausgesprochen, die Worte, auf die wir alle gewartet hatten. David, der zweite Engländer, packte die Gelegenheit gleich beim Schopfe: «Ich habe ein Permit!», rief er und gab dem Bahnhofsvorsteher sein Ticket und das übliche Bündel von Papieren, ohne das im Sudan nirgendwo etwas lief. Wie es der Zufall wollte, befand sich in dem Bündel auch eine Zehndollarnote. Der Bahnhofsvorsteher pickte die Note aus dem Papierbündel heraus, faltete sie sorgfältig zusammen und steckte sie in seine Hemdtasche.

Dann tat er so, als ob er die Permits studierte: «Aha, ich sehe, ach so ...», flüsterte er vor sich hin, dann kritzelte er etwas in arabischer Schrift auf einen Zettel.

Andrew und mich erwartungsvoll anschauend, fragte er: «Ich nehme an, Sie haben ebenfalls Permits?» Was natürlich hundertprozentig zutraf, Zehndollarnoten inklusive. Er schrieb noch etwas auf das Papier und rief einen Angestellten herein.

Der Angestellte führte uns zum letzten Wagen des Zugs und teilte uns ein Abteil in dem hintersten, für das Militär reservierten Wagon zu. Wir stellten unser Gepäck ab und gratulierten uns gegenseitig. Sicher, es war auch nur ein alter Güterwagen, aber einer, in dem es wenigstens grob zusammengezimmerte Holzbänke gab. Zudem war der Wagon ständig von Soldaten bewacht, so dass man nicht immer um sein Gepäck fürchten musste. Und der Wagen hatte nicht nur eine Toilette und eine Dusche, sogar eine Reihe von Ventilatoren hingen von der Decke herab. Nicht, dass irgendeine dieser Einrichtungen auch wirklich funktioniert hätte – das natürlich nicht. Aber immerhin, immerhin!

9.
Die schlechteste Eisenbahn der Welt

Den ganzen Morgen schon hatte die alte Lokomotive schnaufend auf dem Gleis gestanden, und ein- oder zweimal hatte sie schon spielerisch an den angehängten Wagons gezogen, scheinbar um sicherzugehen, dass die Leute auf den Dächern sich auch alle schön festhielten und dass die, die unter den Wagen im Schatten schliefen, auch aufpassten, wohin sie ihre Füße streckten.

Sechs Stunden später, als es der Bahnhofsvorsteher sieben Stunden zuvor vorhergesagt hatte, also am frühen Nachmittag, fuhr der Zug plötzlich und ohne jede Warnung ab. Eine ganze Anzahl von Passagieren wurde von diesem lang erwarteten und nun trotzdem überraschenden Ereignis völlig überrumpelt.

Einige hatten in der Schalterhalle geschlafen, andere hatten gerade den absolut unbeschreiblichen öffentlichen Bedürfnisanstalten am hinteren Ende des Bahnhofsgebäudes einen Besuch abgestattet. Die meisten dieser Überraschten waren aber schnell genug auf den Beinen, um den Zug noch rennend einzuholen, bevor er außer Reichweite war. Die zwei oder drei, die es nicht schafften, blieben lamentierend auf dem Bahnsteig hinter uns zurück. Es war schon beklemmend, die ganze Realität des Darwinismus so hautnah mitzuerleben.

Schuhputzer, Wassermelonen- und Zigarettenverkäufer und andere Händler sprangen noch auf beiden Seiten vom Zug ab, als die Geschwindigkeit des Zuges dies schon längst zu einem lebensgefährlichen Sprung werden ließ. Bald ratterten wir in flottem Tempo durch Khartums grausige Vorstädte. Die Lokomotive trompetete optimistisch vor sich hin. Kaum eine halbe Stunde später – wir hatten gerade die offene Wüste erreicht – kam der Zug jedoch zum Stehen, und wir verbrachten einen großen Teil der Nacht beinahe in Sichtweite von Khartum, während das mitreisende Mechaniker-Team mit Brechstangen und riesigen Hämmern noch ein paar letzte Feinabstimmungen am Tender der Lokomotive vornahm.

Es war vielleicht zwei, drei Uhr morgens, als es plötzlich wieder weiterging. Eine ganze Weile holperten, ratterten und schüttelten wir dahin, als ob uns der Zug zeigen wollte, wie es auch hätte sein können, aber nach ungefähr einer Stunde hielt er wieder an. Die aufgehende Sonne fand uns noch keine hundert Kilometer von Khartum entfernt. Die Reise nach Wau versprach lang zu werden!

Dann ging's eine Weile den Nil entlang durch Baumwollfelder, aber bald befanden wir uns wieder in einer nahezu perfekten Mondlandschaft. Nun fing es an, richtig warm zu werden, und um zehn Uhr war es so heiß, dass man schon einen Schweißausbruch bekam, sobald man auch nur aus dem Fenster sah. Ich konnte mir nicht vorstellen, wie es den Leuten wohl erging, die in den anderen Wagons zusammengepfercht waren, oder gar denen, die auf den Dächern in der glühenden Sonne saßen.

Und tatsächlich, so gegen neun Uhr abends fiel einer dieser Passagiere vom Dach herunter. Zuerst waren es nur ein paar, dann fingen immer mehr Leute an, zu rufen und zu pfeifen, und schließlich schrien, stampften und hämmerten Hunderte auf den Wagondächern herum. Wie sich herausstellte, war dies das sudanesische Äquivalent einer Notbremsung. Der Lärm diente dazu, den Lokomotivführer darauf aufmerksam zu machen, dass er anhalten musste. Laut kreischend und trotzdem quälend langsam kam der Zug zum Stehen. Ein Dutzend Leute sprangen ab und verschwanden rennend hinter uns in der Dunkelheit.

Ein halbe Stunde verging, dann kamen sie zurück, den

Unglücklichen, der vom Dach gefallen war, mit sich schleppend. Seine ganze linke Seite war blutverschmiert, und er war bewusstlos. Weiter vorne, an einem der ersten Güterwagen, wurde die leblose Gestalt an Armen und Beinen wieder zurück aufs Wagendach gehievt. Keiner der zwanzig uniformierten Bahnangestellten ließ sich während des Vorfalls irgendwo blicken. Ich sprach einen von ihnen darauf an, aber sein einziger Kommentar war, dass der Heruntergefallene noch von Glück reden konnte. Die, die runterfielen, wenn es niemand merkte – *das* waren die wirklich Bedauernswerten.

Wir hätten in unserem Wagen jede Menge Platz für den Verletzten gehabt, aber die Soldaten wollten natürlich nichts mit ihm zu tun haben. Für den leitenden Offizier war der Fall klar: Der Verletzte war weder Soldat, noch hatte er eine «Erlaubnis, im Militärwagon zu reisen». Noch Fragen?

Nach diesem Vorfall ging erst mal eine ganze Weile gar nichts mehr. Die Lokomotive war durch den abrupten Halt völlig aus dem Rhythmus gekommen und schätzte das offensichtlich gar nicht. Immer noch dreihundert Kilometer von Kosti entfernt, richteten wir uns auf unseren Holzbänken für die Nacht ein. Irgendwann nach Mitternacht ging's dann plötzlich wieder weiter, wie immer ohne Vorwarnung. Hunderte von Leuten, die den überfüllten Güterwagen entflohen waren und es sich in dem unvergleichlichen Komfort der umliegenden Geröllwüste bequem gemacht hatten, hatten alle Mühe, auf ihre Plätze zurückzukommen, aber soviel ich sehen konnte, blieb niemand zurück.

Für ein paar Stunden legte die Lokomotive einen kleinen Zwischenspurt ein, die Kupplungen zwischen den Wagen ächzten und kreischten, und die Räder hämmerten im Takt gegen die Schienen. Auf Dauer ließ sich dieses Tempo natürlich nicht durchhalten, und kurz nach dem Morgengrauen blieben wir prompt wieder irgendwo stecken.

Lange nach Einbruch der Dunkelheit rollte der Zug in Babanusa ein, einer der wenigen unserer Haltestellen, die auch wirklich auf dem Fahrplan standen. Unglücklicherweise war hier Endstation für die Soldaten, bei denen wir so komfortabel untergekommen waren. Kaum hatten sie ihre Gewehre und ihr Gepäck genommen und waren ausgestiegen, da wurde unser Wagen auch schon von wahren Menschenhorden regelrecht gestürmt. Durch alle Türen und Fenster strömten sie herein, mit der Behändigkeit von Kunstturnern und der Unaufhaltsamkeit einer Sturmflut.

Ich war gerade am Aufwachen, als ich von zwei übergewichtigen Arabern rücksichtslos zur Seite geschoben wurde. Mit viel Geschrei schaffte ich es mit Müh und Not, mir einen circa taschentuchgroßen Platz am Fenster zu sichern. David, der auf der gegenüberliegenden Bank ausgestreckt vor sich hin gedöst hatte, reagierte nicht so prompt. Eine Gruppe von vier Leuten setzte sich kurzerhand auf ihn. Protestierend kroch er unter ihnen hervor, aber es war zu spät, er hatte seinen privilegierten Platz verloren und musste sich fluchend auf dem Gang mit beiden Ellbogen Raum verschaffen.

Andrew war kurz nach unserer Abfahrt in Khartum mit hohem Fieber zusammengeklappt und war seitdem auf dem Boden unseres Abteils buchstäblich dahinkompostiert. In den Wirren, die der Invasion unseres Wagens folgten, war er es, der am schlechtesten wegkam. Eine Frau streckte unvermittelt ein großes Blechbecken voll dampfenden Linsenbreis zum Fenster hinein, und da Andrew sich nicht regte, stellten die zwei Araber das Becken einfach auf seinem Bauch ab. Ein Stapel flacher Brotfladen erschien von irgendwoher. Und während Andrew durch die Hitze auf seinem Bauch langsam wieder zu sich gebracht wurde, fingen unsere neuen Mitreisenden geräuschvoll damit an, ihr Abschiedsmahl auf ihm zu halten.

Weder David noch ich waren ausreichend für die sich immer länger hinziehende Reise ausgerüstet. Wir hatten beide darauf gezählt, uns unterwegs an den Bahnstationen etwas zu essen kaufen zu können, was meistens aber nicht geklappt hatte – also Fehlanzeige in puncto Essen. Aus diesem Grund nahmen wir gerne an, als die Araber uns einluden, mit ihnen ordentlich reinzuhauen.

Die erste warme Mahlzeit seit Tagen stellte sich als ein unerwarteter kulinarischer Höhenflug heraus. Das Brot kam frisch aus dem Ofen, und der Linsenbrei enthielt offensichtlich nicht nur reichlich Öl, sondern auch angeröstete Gerstenkörner, die dem Ganzen einen außerordentlich leckeren, leicht nussartigen Beigeschmack verliehen.

Am nächsten Tag befanden wir uns unerklärlicherweise immer noch in Babanusa, einer ärmlichen Ansammlung von einigen Marktständen zwischen ein paar Dutzend Hütten und Häusern, die wahllos verstreut in der Wüste herumstanden. Einen schnellen Profit witternd, baute ein lokaler Kleinunternehmer neben der Bahnstrecke aus ein paar Steinen und einem Stück Eisengitter einen Grill auf. Zusammen mit einem Helfer zerrte er ein junges Kamel herbei, band ihm die Beine zusammen und schnitt ihm vor den Augen der Passagiere kurzerhand die Gurgel durch. Bald war ein schwunghafter Handel mit gegrilltem Kamelfleisch im Gange. Ich kaufte mir auch zwei Schnitzel und verbrachte den ganzen Morgen damit, das unvorstellbar zähe Fleisch durchzukauen.

Jemand wies mich darauf hin, dass es in der Nähe von Babanusa ein Tal mit versteinerten Bäumen und anderen interessanten Fossilien gab, kaum eine Stunde zu Kamel entfernt. Ich hätte mir das eigentlich gerne angesehen, aber es war unmöglich. Wie üblich hatte niemand auch nur die geringste Ahnung, wann der Zug denn nun endlich weiterfahren würde, und ich wollte natürlich nicht für drei bis sechs Wochen in Babanusa stecken bleiben, Versteinerungen hin oder her. Wie es sich herausstellte, hätte die Zeit jedoch fünfmal ausgereicht, denn unser Aufenthalt in Babanusa dauerte schlussendlich ganze achtzehn Stunden – sechzehneinhalb Stunden länger, als im offiziellen Fahrplan vorgesehen.

Nach Babanusa waren wir zu neunt in unserem engen Viererabteil, zusammen mit einem Haufen Gepäck, inklusive einem großen Stapel Drahtrollen und mehreren Holzkisten voller grob zusammengeschmiedeter Sicheln und anderer landwirtschaftlicher Werkzeuge. Weil er nicht nur im Weg war, sondern auch ständig laut vor sich hinstöhnte, beschloss man, Andrew kurzerhand im Gepäcknetz zu deponieren, was sich herzlos anhört, aber bestimmt der komfortabelste Platz im ganzen Wagon war, wenigstens solange er nicht versuchte sich umzudrehen. Das Geschiebe und Gedränge im Gang vor unserem Abteil sorgte dafür, dass der von Andrew freigemachte Platz auch nicht eine Sekunde frei blieb: Drei Kinder im Vorschulalter krochen unter den Bänken hindurch und pflanzten sich zwischen uns auf den Boden, bevor auch nur jemand seine Füße ausstrecken konnte. Obwohl wir in vier oder fünf Sprachen auf sie einschimpften, wurden wir sie bis Wau leider nicht mehr los.

Wegen der ständigen Hitze und wohl auch durch das Gedränge um mich herum sank ich langsam in einen halb komatösen Dämmerzustand: die einzige Art und Weise, wie man im Sudan längere Reisen überstehen konnte. Die Hitze war allmächtig. Der Kerl neben mir versuchte ständig, mir seinen Arm auf die Schulter zu legen, nicht aus Anhänglichkeit, sondern aus Platzmangel. Der scharfe Geruch, der von der Toilette herüberwehte, wurde immer penetranter. Aber das war mir egal. Alles war mir vollkommen egal!

Der Zug fuhr langsam, aber fast ohne Unterbrechung die ganze Nacht hindurch, und als die Sonne aufging, waren wir schon aus der Wüste heraus. Von nun an bildete die Sahel-Steppe die Hintergrundkulisse für das sich intensivierende kollektive Leiden in unserem Zug. Nach Wochen und Monaten, in denen die Gelb- und Brauntöne der Wüste die Szene bestimmt hatten, wirkte das Grün der kleinen Dornbüsche und das Rot des Bodens, aus dem sie wuchsen, beinahe unwirklich.

Wir brauchten den ganzen Tag, um eine riesige Ebene zu durchqueren, und gegen Abend wurde eine Reihe von flachen Hügeln am Horizont sichtbar, die die Abendsonne in ein rotgoldenes Licht getaucht hatte. Die Vegetation verdichtete sich langsam, aber stetig, und in den vereinzelten Siedlungen, die entlang der Bahnlinie standen, bestimmten nun halbnackte Schwarze und nicht länger in Weiß gehüllte Araber das Bild.

Wir waren vielleicht noch vierzig Kilometer von Wau entfernt, als der Zug mitten in einem Wald zum Stehen kam. Es war früher Nachmittag, und ein kurzes Gewitter brach los. Wie lange war es her, seit ich in Athen den letzten Regen gesehen hatte – waren es drei Monate oder vier? Doch bald verzogen sich die Wolken wieder, und das Sonnenlicht verzauberte den Regenwald in einen Juwelierladen, indem es sich in den Myriaden von Wassertropfen brach, die überall an den Pflanzen hingen.

Die Idylle hielt jedoch nicht lange an: Zuerst waren es nur ein paar Moskitos, die sich in unserem Wagen einfanden. Ihnen folgten jedoch bald und immer zahlreicher andere Insekten, die alle nur von einer Absicht beseelt waren: sich an den Zugpassagieren zu verköstigen, ja, sie wenn möglich aufzufressen.

Die Wassertropfen, die wie Diamanten gefunkelt hatten, waren schon längst verdunstet, und es herrschte eine sauna-artige, feuchtheiße Hitze im Zug, die auch nicht nachließ, als es Abend wurde. So um die Abendessenzeit – abgesehen von dem Umstand, dass es natürlich kein Abendessen gab – machte sich unter den Passagieren langsam Unruhe breit. Niemand wusste, warum wir hier, kurz vor dem Ziel, so lange mitten im Dschungel Halt machten. Eine Panne konnte nicht der Grund sein, die Mechaniker hockten rauchend und schwatzend herum. Und es gab auch zu denken, dass weder der Lokomotivführer noch der Heizer irgendwo zu finden waren.

Schließlich hielt ich die Viecher und das Gedränge im Zug nicht mehr aus, nahm meine Tasche und stieg aus. Ich war völlig erschöpft und schlief an einen Baum gelehnt ein. Es war früher Morgen, als mich ein Regenschauer aufweckte. Glücklicherweise stand der Zug immer noch da.

Langsam ging die Sonne auf. Der Zug bewegte sich noch immer nicht. Mittlerweile hatten wir wohl zwanzig Stunden in diesem Wald zugebracht – und niemand hatte auch nur die geringste Ahnung warum.

Irgendwann ergriff eine Gruppe von bärtigen Männern die Initiative. Es dauerte nicht lange und man hörte lautes Stimmengewirr von weiter vorne, wo die Lokomotive stand. Jemand hatte den Heizer aufgespürt. Er hatte sich unter der Plane im Brennholztender versteckt. Ein aufgeregter Volkshaufen bildete sich, während zwei Dutzend Hände den sich wehrenden Heizer vom Tender herunterzerrten. Der Heizer hatte Angst, man sah es ihm an, aber er schwieg verbissen. Bald war er von mehreren Dutzend Leuten umringt, die ihn wild anschrien und ihn mit Stöcken und Knüppeln bedrohten.

Schließlich ging einem hochgewachsenen Araber die Geduld aus, und er begann, mit einem Bambusstecken die Schienbeine des Heizers zu bearbeiten. Die Behandlung war augenscheinlich äußerst schmerzhaft, der Heizer schrie auf und wand sich, die Tränen liefen ihm nur so die Wangen hinunter. Doch sein Bedränger dachte gar nicht daran aufzuhören. Immer weiter ausholend, prügelte er auf die Schienbeine ein, bis der Heizer schließlich anfing, irgendetwas zu schreien. Natürlich verstand ich nicht, was er sagte.

Nun ging der Tumult erst recht los: Bald waren achtzig oder hundert Männer neben der Bahnstrecke versammelt, die meisten mit Knüppeln und Stecken bewaffnet. Mit dem Araber, der dem Heizer Saures gegeben hatte, an der Spitze setzte sich der ganze Haufen in Richtung Wald in Bewegung.

Eine Stunde verging, dann kamen sie zurück – den zerzaust aussehenden Lokomotivführer in ihrer Mitte. Der Schurke hatte den Zug angehalten, um eine tolle Nacht bei seinem Liebchen in einem nahe gelegenen Dorf zu verbringen. Ein Nachmittag in der Sauna und eine endlose, von Stechmücken dominierte Nacht – eine Stunde vom Reiseziel entfernt –, und das alles, weil der Lokomotivführer seinen Spaß haben wollte! Das ging einige Finger breit über die Hutschnur, selbst im Sudan, wo man es als Reisender ja gewohnt war, überall mit ausgesuchter Verachtung behandelt zu werden. Eine kurze Zeit lang stand der Zeiger fast auf Lynchjustiz, aber schlussendlich kam der Lokomotivführer dann doch ungeschoren davon. Er war eben doch der Einzige, der den Zug wieder in Gang setzen und nach Wau bringen konnte.

10.
Ein Joint zu viel im Südsudan

Endlich in Wau – zuerst war da nur ein Gefühl der Erleichterung. Wenigstens war diese Zugfahrt zu Ende! Langsam kehrten meine Lebensgeister zurück, und ich machte mich auf, um die Stadt ein wenig zu erkunden.

Ich war an einem Ort angelangt, an dem es Leute gab, die am hellen Tag splitternackt die Hauptstraße heruntermarschierten, und niemand schaute auch nur zweimal hin. Die Wahrzeichen Waus waren zwei Großprojekte der Entwicklungshilfe: eine riesige Betonbrücke, die auf beiden Seiten von gelangweilten Soldaten bewacht wurde, obwohl es in der Stadt praktisch keine Autos gab und Lastwagen sie nicht benutzen durften. Es gab da scheinbar Zweifel an der Stabilität der Brücke. Das andere Wahrzeichen war eine Satellitenschüssel von der Größe eines Zweifamilienhauses; sie war Teil eines Kommunikationssystems, das mittlerweile seinen Geist aufgegeben hatte. Nur für kurze Zeit war es möglich gewesen, nach Khartum zu telefonieren, aber das war schon lange her.

Elektrizität hingegen gab es nach wie vor in Wau, wenn auch nur im vom Militär scharf bewachten Stadtzentrum. Die wenigen Läden waren leer: Es gab weder Kunden noch Waren. Die Schulen waren seit Monaten geschlossen. Es herrschte Ausgangssperre von Sonnenuntergang bis zur Morgendämmerung. Von den Rebellen, die in den Wäldern um Wau lauerten, ging das Gerücht um, dass sie Menschenfleisch aßen, was ich allerdings für reine Propaganda hielt.

In Waus einzigem Café – kein wirklich zutreffender Name in Anbetracht der Tatsache, dass der Kaffee hier schon lange ausgegangen war – trafen sich jeweils nachmittags alle drei Mitglieder der lokalen Lifestyle-Jugend. Sie konnten beim besten Willen nicht verstehen, was jemanden aus der großen weiten Welt dazu bewegen konnte, nach Wau zu kommen. Ich konnte es ihnen auch nicht richtig begreiflich machen, denn ich konnte es mir selbst kaum erklären.

Das Leben in Wau war voller Überraschungen. Man nehme nur das eigenartige Tier, das jedes Mal, wenn ich duschte, aus dem Abfluss der Dusche kroch. Es war offensichtlich ein Lurch. Aber was für eine Art von Lurch? War es ein Molch? Aber wo waren dann die Beine? War es ein Salamander? Aber warum hatte es dann keine Flecken? Ein Grottenolm? Eine Froschmutation? Eine Kröte mit Gliederschwund und schwerer Arthritis?

Die meisten Überraschungen waren jedoch unerfreulicher Natur: ein Scheinangriff der Rebellen, der in einer Schießerei auf dem Marktplatz endete; ein Hotelangestellter, der auch gerne als Zuhälter mit mir ins Geschäft gekommen wäre und meine ablehnende Haltung seinen «Mandantinnen» gegenüber als persönliche Beleidigung auffasste.

Irgendwie ließ sich ein längerer Aufenthalt einfach nicht rechtfertigen, und ich begann, meine Abreise zu planen, obwohl ich doch eben erst in Wau angekommen war.

Dies stellte sich keineswegs als einfach heraus, da nur ein einziger Lastwagenfahrer vorhatte, in der näheren Zukunft den langen Weg nach Juba auf sich zu nehmen, und auch der nur, weil der Gouverneur ihm kostenlos ein halbes Dutzend Soldaten als Schutz vor den Rebellen mitgab. Die Soldaten gingen barfuß und wurden angeführt von einem Korporal in Schuhen, jedoch ohne Socken.

Die Fahrt begann recht ereignislos, bis der Fahrer plötzlich anhielt und dem Korporal etwas zurief, auf den Waldrand deutend, wo eine große Antilope friedlich im halbhohen Gras äste. Die Soldaten legten noch vom Lastwagen herunter an, der Korporal gab ein Kommando und durch die stille Landschaft peitschte eine Salve, die der Antilope für immer die Beine unter dem Bauch wegzog. Zwei Soldaten schleppten das tote Tier herbei und befestigten es mit Stricken an der Außenseite des Lastwagens. Der Kopf wurde abgetrennt und achtlos in den Straßengraben geworfen, von wo aus er die Abfahrt seines einstigen Körpers mit gebrochenen Augen verfolgte.

Stunde um Stunde kämpfte sich der Laster langsam über die fürchterliche Buschpiste, die oft mehr einem ausgetrockneten Flussbett als einer Straße glich. Hin und wieder kamen wir durch ein bettelarmes Dorf; die Einwohner verzogen sich jedes Mal, sobald sie die Soldaten sahen. Die erste Nacht verbrachten wir zwischen zwei großen Mangobäumen, nach einem feudalen Dinner mit gegrilltem Antilopenfleisch und zuckersüßen wilden Mangos.

Ich hatte noch in Wau ein Pfund Bongo gekauft, für weniger als zwei Dollar, wenn ich mich recht erinnere. Das Kraut zog zuverlässig eine Decke der Apathie über die endlose Lastwagenfahrt und die Hitze. Mehrere Leute auf dem Lastwagen, unter ihnen auch zwei der Soldaten, rauchten das Zeug ebenfalls. Auf den Gedanken, dass daran etwas hätte falsch sein können, wäre ich gar nicht gekommen.

Zwei Tage später hielt der Lastwagen auf dem Markt einer kleinen Stadt namens Merindi an, und wir machten es uns auf einem betonierten Stück Gehsteig vor der lokalen Moschee für die Nacht bequem. Ich hatte gerade meine Pfeife angezündet, als plötzlich eine kleine Holztür in der Mauer hinter mir aufging und vielleicht zwei Dutzend Männer, einer nach dem anderen, neben mir auf den Gehsteig traten. Das Freitagsgebet in der Moschee war zu Ende, und ich war im Weg.

Ich hatte den Vorfall schon längst wieder vergessen, als kurze Zeit später zwei Polizisten mit Gewehren auftauchten und mich kurzerhand verhafteten. Sie nahmen mich in die Mitte und marschierten mit mir Merindis ungeteerte

Hauptstraße hinunter bis zu einem palastartigen weißen Gebäude, vor dem mehrere Soldaten Wache hielten: Es war der Gouverneurspalast.

Wie sich herausstellte, war Bongo-Rauchen im Sudan genauso ungesetzlich wie woanders, ungeachtet der Tatsache, dass viele der Eingeborenen es auch taten und dass es auf jedem Markt offen verkauft wurde. Offenbar hatten sich ein paar der Männer, die aus der Moschee gekommen waren, darüber aufgeregt, dass ich mein Bongo-Rauchen so öffentlich betrieb – und mich angezeigt.

Man wollte mich vor den Gouverneur schleppen, aber der war nicht da, und der Wachoffizier schlug vor, mich über Nacht einzusperren. Die Gefängniszellen waren im Hinterhof des Gouverneurspalasts gelegen, man konnte sie vom Büro aus sehen: eine Reihe von zooähnlichen Käfigen, die nach vorne und nach oben hin offen und mit daumendicken Eisenstangen gesichert waren, so dass die Insassen weder vor der Sonne noch vor der Witterung noch vor neugierigen Blicken geschützt waren.

Ich war äußerst motiviert, mir einen Aufenthalt in diesen Käfigen zu ersparen, und sprach deshalb sehr schnell und sehr viel – bis ich realisierte, dass gar niemand verstand, was ich da sagte. Eine direktere Strategie war also offensichtlich angesagt: Ich drehte mich kurzerhand auf dem Absatz um und machte Anstalten, die Wache zu verlassen. Damit kam ich aber gar nicht gut an. Der Wachoffizier bellte ärgerlich, und die vier oder fünf Soldaten, die im Gang draußen auf einer Bank saßen, sprangen auf und versperrten mir den Weg, bevor ich auch nur bis zur Tür gekommen war.

Ein Übersetzer kam schließlich angeschlurft, und nun ging die Diskussion los. Die Tatsache, dass man in dieser Ecke Afrikas kaum einen Weißen sah, stellte sich als Vorteil heraus. Ich schaffte es, den Wachoffizier zu verunsichern, indem ich verlangte, sofort den Gouverneur sprechen zu wollen. Ich machte ihm vor, ich hätte enorme Verbindungen in Khartum und dass da ein Riesentheater abgehen würde, falls man mich nicht in Ruhe ließe. Ich konnte es beinahe selbst nicht glauben, aber meine kleine Vorstellung wirkte. Es gab noch ein bisschen Hin und Her, bis mich die zwei Polizisten schließlich zum Lastwagen zurückbegleiteten. Der Gouverneur würde am nächsten Tag entscheiden, wie es mit mir weitergehen sollte.

Als ich am nächsten Morgen die Augen öffnete, standen die zwei Polizisten schon wieder da, immer noch mit Gewehren, und einmal mehr wurde ich die Hauptstraße hinunterparadiert. Der Gouverneur war noch nicht aufgetaucht, und ich verbrachte die nächsten Stunden mit den zwei Polizisten auf einer Bank. Gegen zehn Uhr morgens war es dann endlich so weit. Ein kohlrabenschwarzer, fetter Riese in einer ordenbehängten und betressten Uniform watschelte ins Büro: seine Exzellenz, der Militärgouverneur. Er plumpste in seinen Ledersessel und informierte mich trocken, dass auf Drogendelikte dieser Art bis zu zweieinhalb Jahre Gefängnis standen.

Ich baute meine Verteidigung darauf auf, dass sowohl in Wau als auch in jeder anderen Ortschaft im Südsudan, durch die ich bisher gekommen war, jede Menge Leute jede Menge Bongo öffentlich rauchten. Aus diesem Grund hätte ich geglaubt, das Zeug sei eine lokale Tabaksorte. Darüber geruhte seine Exzellenz wenigstens zu lachen. Zum Glück war er zu sehr mit dem Bürgerkrieg beschäftigt, um länger als ein paar Minuten darauf verwenden zu können, mich nachhaltig zu erschrecken. Ich war immer noch am Schwätzen, als er unvermittelt von seinen Papieren aufblickte und meinen Fall mit einer Handbewegung abtat.

«Okay, okay», sagte er mit einem breiten amerikanischen Akzent. «Spielt keine Rolle, Sie können abhauen.» Nicht mal ein paar hundert Dollar Gerichtskosten wurden mir aufgebrummt, er hatte offensichtlich seinen guten Tag. Er gab einen Befehl, und schon wurde ich aus dem Büro hinausgeleitet und den Gang hinuntergeführt. Hinter mir fielen ein halbes Dutzend Soldaten in unseren Abgang ein, und im Gleichschritt traten wir aus dem schattigen Palast ins gleißende Tageslicht hinaus, auf das Rasenstück, in dessen Mitte eine Fahnenstange stand. Der Wachoffizier schnauzte einen Befehl, und die Soldaten standen stramm. Er brachte das Corpus Delicti zum Vorschein: meine halbleere Plastikbüchse mit Bongo. Die Büchse wurde geöffnet und ihr Inhalt auf den Rasen gestreut. Die Soldaten standen noch immer stramm. Damit war die Zeremonie beendet, und ich konnte gehen.

Eigentlich war ich innerlich schon darauf vorbereitet gewesen, weder den Lastwagen noch mein Gepäck vorzufinden, aber der Fahrer bastelte am Motor herum, und wir fuhren erst gegen Abend los. Sobald wir aus Merindi heraus waren, rollte ich mir einen dicken, fetten Joint. Glücklicherweise – so fand ich in jenem Augenblick – hatten es die Polizisten unterlassen, mein Gepäck zu durchsuchen, und so war ihnen mein Hauptvorrat, die ziegelsteingroße Rolle Bongo unten in meiner Tasche, entgangen.

Endlos zog sich die Straße nach Juba wieder durch eine Steppenlandschaft dahin. Was es vom Lastwagen aus zu sehen gab, war das reinste Bilderbuch-Afrika: nackte Kinder, die vor strohgedeckten Hütten spielten; mit Speeren bewaffnete Viehhirten; Frauen, die in Holzmörsern Hirse zerstampften. Vereinzelte Schirm-Akazien standen in der flachen Landschaft, und manchmal erhoben sich runde schwarze Felsformationen aus dem Boden, die aussahen wie halb vergrabene Riesenmurmeln. Die Sonnenuntergänge waren von einer nie zuvor gesehenen Pracht, und leider bekamen wir eine ganze Reihe von ihnen zu sehen, bis wir endlich mit fast einer Woche Verspätung in Juba ankamen – vollkommen ausgehungert, weil es nach der Antilope nie mehr etwas anderes als saure Ananas zu essen gegeben hatte, und davon konnte man beim besten Willen nicht satt werden.

11.
«You crazy, man! Gulu finished!»

Der letzte Gast aus dem Ausland, ein Journalist, war vor ein paar Tagen mit einem Militärflugzeug notfallmäßig ausgeflogen worden, weil er an der Schwarzen Beulenpest erkrankt war! Das berichtete mir der Mann von der Hotelrezeption, und so war ich der einzige Gast im «Juba Hotel». Das entging den lokalen Moskito-Schwadronen natürlich nicht. In dichten Formationen flogen sie in mein Zimmer ein, um sich an mir zu laben. Auch für die bunten Geckos, die an den Zimmerwänden rauf- und runterflitzten, war es ein Freudentag, denn sie taten sich ihrerseits an den Moskitos gütlich. Um diesem Leben am untersten Ende der Nahrungskette zu entkommen, machte ich mich auf die Suche nach einer Dusche, die ich schließlich in einem separaten kleinen Häuschen im Garten des Hotels fand.

Es war das erste Mal nach zehn oder elf brutheißen Tagen auf dem offenen Lastwagen, dass ich die Möglichkeit hatte zu duschen. Ich war unvorstellbar schmutzig, in meinem ganzen Leben war ich noch nie so schmutzig gewesen. Meine Jeans waren nicht mehr hellblau, sie hatten den braunroten Ton des Straßenstaubs angenommen. Der Stoff fühlte sich auch gar nicht mehr wie Baumwolle an, sondern eher wie eine frisch geölte Leinwand. Er war völlig durchtränkt von Schweiß, Straßenstaub, Antilopenfett, Ananassaft und allen möglichen anderen Substanzen. Mein Hemd war in einer noch traurigeren Verfassung, denn ein Ärmel war von einem Lagerfeuer angesengt worden. Alles stank buchstäblich zum Himmel.

Es war an und für sich ein wunderbares Gefühl, endlich aus diesen Lumpen rauszukommen und nackt unter einer Dusche zu stehen, außer dass erst mal eine ganze Weile lang gar nichts geschah, als ich den Wasserhahn aufdrehte. Ich wollte gerade anfangen loszuwettern bei dem Gedanken, wieder in meine schmutzigen und verschmierten Klamotten steigen zu müssen, als der Duschkopf plötzlich kleine Tröpfchen von Dreck, Rost und Wasser auszuhusten begann, die sich schön gleichmäßig auf meinem Körper verteilten. Nun war ich noch schmutziger!

Dann aber kam von weither ein Klopfgeräusch, das sich schnell näherte, und der Duschkopf hustete nochmals, diesmal rotgrünen Schlamm. Endlich kam auch das Wasser: Es hatte die gleiche rote Farbe wie meine Hosen und roch auch nicht viel besser, aber das ging nur so lange, bis erst mal der Dreck und der Rost aus der Leitung gespült waren. Je länger ich duschte, desto perfekter wurde das Reinigungserlebnis, außer dass natürlich die Warmwasserzufuhr im Hotel nicht funktionierte, doch ich hatte schon so lange keine warme Dusche mehr gehabt, dass ich wahrscheinlich gar nicht gewusst hätte, was ich damit hätte anfangen sollen.

Die nächste Priorität war natürlich, so schnell wie möglich etwas zu essen aufzutreiben. Ich ging also auf den lokalen Markt, aber da lief rein gar nichts – von den mehreren Hundert auf dem Betonboden markierten Standplätzen waren ganze drei besetzt. An einem dieser drei Stände saß eine alte Frau hinter einem kleinen Stapel von grünen Limonen. An einem anderen bot ein Mann Fisch in Konservenbüchsen an, zu zwei- bis dreimal höheren Preisen als in Europa. Am dritten Stand gab es Zehn-Kilo-Säcke Mehl mit dem Aufdruck «Geschenk des Volkes der Vereinigten Staaten von Amerika – Nicht verkäuflich» zu kaufen, ebenfalls zu Rekordpreisen.

Juba war das Verwaltungszentrum einer Gegend von der Größe Frankreichs, und die Stadt hatte eine Einwohnerzahl von immerhin einer halben Million Menschen. Über den Markt, auf dem ich mich befand, lief in normalen Zeiten der größte Teil der Nahrungsmittelversorgung dieser Stadt ab – und nun waren ein paar Limonen und gestohlene Hilfsgüter alles, was es hier zu kaufen gab. Eine bessere Illustration dafür, dass in Juba Hungersnot herrschte, ließ sich wohl kaum noch finden.

Ein Eckensteher zeigte mir den Weg zu einem Restaurant, das trotz der Nahrungsmittelknappheit geöffnet war, und eine halbe Stunde später saß ich schon vor einer warmen Mahlzeit: ein Viertel eines autoreifenzähen Hühnchens und ein voller Teller mit in Kokosöl gebratenen Süßkartoffeln. Auch das begriff ich schnell: Die Hungersnot galt nur für die Armen, und obwohl ich mich ein wenig schuldig fühlte, überwog doch meine Erleichterung, nicht zu ihnen zu gehören. Ich bin sicher, dass Sie, liebe Leserin und lieber Leser, wenn Sie einmal in eine Hungersnot geraten, mehr innere Größe und zwischenmenschliche Solidarität an den Tag legen werden als ich. In mir jedenfalls hatte das tagelange Kohldampfschieben auf dem Lastwagen Saiten zum Klingen gebracht, von denen ich gar nicht wusste, dass sie zu mir gehörten: Ich dachte nur noch an mich selbst und meinen knurrenden Magen.

Nach dem Essen bestellte ich eine Flasche Bier, aber das war ausgegangen. Der Kellner beschrieb mir jedoch den Weg zu einer Bar, in der «Lokalbier» ausgeschenkt wurde, und ich ging hin.

Die Bar war eine recht urige Angelegenheit mit Strohdach und Lehmboden, aber alles sah gut gemacht und sauber aus. Das Bier kam aus großen Tonkrügen und wurde in wirklich pittoresken halbierten Kürbisschalen ausgeschenkt. Gläser indes gab es keine. Einen Kühlschrank hatten sie selbstverständlich auch nicht, und so war das Bier eben lauwarm.

Auch war es trüb, das sah ich sofort – offensichtlich tat man sich hier schwer mit dem Filtrationsvorgang. Die

Hauptsache jedoch stimmte: der Alkoholgehalt. Ich war der einzige Kunde in der Bar, und die zwei alten Frauen, die den Laden führten, hielten sich im Hintergrund. Die Kürbisschalen waren mir auf die Dauer zu kompliziert, und so bestellte ich einen kleinen Kübel voll, mit dem ich mich hinsetzte, um ein wenig nachzudenken.

Mir war schon in Wau klar geworden, dass ich einen großen Fehler gemacht hatte, als ich den Beamten im Außenministerium in Khartum nicht ernst genommen hatte. Hier unten im Südsudan ging's wirklich nicht wie in der Toskana zu. Aber ich war auch optimistisch: Bestimmt hatte ich nun das Gröbste hinter mir. Schlimmer konnte es ja kaum noch werden. Ich wusste nicht genau, wie weit es bis zu den Nilquellen noch war, aber noch ein paar Hundert Kilometer, und ich würde in Uganda sein, der Schweiz Afrikas, wie jemand dieses Land einmal genannt hat. Bestimmt würde ich mich dort wie zu Hause fühlen!

Das Bier hatte einen leicht säuerlichen Beigeschmack, aber es war wie immer. Je mehr man trank, desto besser schmeckte es. Als der Kübel leer war, bestellte ich einen zweiten, und langsam wurde mir warm ums Herz. Irgendwie war dieses Juba in all seiner Heruntergekommenheit doch gar nicht so schlecht. Von einer scheinbar endlosen Wildnis umgeben, von Rebellen belagert, von Krankheiten angefochten, von der Hungersnot gepiesackt, und trotzdem feierte der menschliche Erfindergeist auch hier seine Triumphe. Es gab keine Elektrizität, die Wasserversorgung funktionierte auch im Stadtzentrum nur sporadisch, und trotzdem schaffte man es hier doch, Bier zu brauen – Bier, das einem zu Kopf stieg, das einem die Gedanken wohligwollknäuelartig verdichtete und das einem in die Knochen fuhr ... und das nicht zu knapp.

Ich wurde plötzlich neugierig. Wie die das wohl anstellten, ging es mir gerade durch meinen beduselten Kopf, als der Sohn des Hauses durch die Hintertür eintrat. Er sprach ein bisschen Englisch, und ich nutzte die Gelegenheit, ihn zu fragen, wie das mit dem Bierbrauen hier in Juba eigentlich vor sich ging. Mit Thermostaten kontrollierte Druckbottiche hatten sie ja wohl kaum.

Der Junge hatte nichts dagegen, mich in der Brauerei herumzuführen. Hinter einem Bambusvorhang standen einige alte Dieselfässer mit Holzdeckeln. Darin war offensichtlich Bier in diversen Gärstadien. Durch einen zweiten Vorhang kamen wir in die Mälzerei. Hier saßen drei alte Frauen auf niedrigen Schemeln um ein hölzernes Gefäß herum. Sie waren damit beschäftigt, Hirse zu kauen, und hin und wieder spuckte eine von ihnen einen Mund voll gekauter Hirse in einen flachen Behälter am Boden. Dann wurde dem Ganzen frisches Nilwasser zugesetzt. Diese Mischung wurde schließlich zugedeckt und in die Sonne gestellt. Auch setzte man ein wenig Zucker zu, um den Gärungsprozess etwas länger in Gang zu halten. Schlussendlich wurde das Gebräu dann durch einen Nylonstumpf gefiltert, eine erst kürzlich eingeführte Innovation und der technologisch am weitesten fortgeschrittene Teil des ganzen Brauprozesses.

So ging das also mit dem Bierbrauen in Juba! Ich musste dann aber dringend gehen, denn mir wurde plötzlich ganz entsetzlich übel.

Juba war auch in seinen besten Zeiten nie viel mehr gewesen als ein halbzivilisierter Außenposten mitten in der riesigen Wildnis, durch die wilde Dinka-Stämme mit ihren Viehherden kamen und durch die sich der Nil zog, in dem Flusspferde und Krokodile einander auch in Stadtnähe «Gute Nacht» sagten. Mittlerweile fast vollständig von der Außenwelt abgeschnitten, entwickelte sich die Stadt mit jedem Tag ein klein wenig mehr in Richtung Wildnis zurück, und das bisschen Infrastruktur, das noch funktionierte, war völlig überstrapaziert durch den Bürgerkrieg und die zahllosen Flüchtlinge. Es mangelte hier an allem, schlichtweg an allem.

Je mehr ich über Juba in Erfahrung brachte, desto klarer wurde der Gedanke in meinem Kopf: Ich musste alles daransetzen, um aus dieser Stadt wieder rauszukommen, je schneller, desto besser. Das Wie gestaltete sich allerdings recht schwierig: Jubas Hauptversorgungslinie war immer die Straße nach Uganda gewesen, aber die war kürzlich geschlossen worden, weil in Uganda scheinbar ebenfalls ein Krieg ausgebrochen war. Und so sackte die Treibstoffversorgung in Juba vollständig in sich zusammen: Die ohnehin wenigen Tankstellen in der Stadt waren geschlossen worden, und Dieselöl war nur noch auf dem Schwarzmarkt zu bekommen, kanisterweise und zu wahren Fantasiepreisen. Der Verkehr war dadurch in Juba bereits völlig zum Erliegen gekommen.

Die Fähre nach Khartum war nach wie vor außer Gefecht. Das Gerücht ging um, dass die Rebellen den Kahn in die Luft gesprengt hatten. An Plätze für die zweiwöchentlichen Flüge in die Hauptstadt war ebenfalls nicht ranzukommen. Jeder einzelne Platz war vom Militär in Beschlag genommen worden, um verwundete Soldaten aus- und Munition einzufliegen.

Übrig blieben ein paar Kleinflugzeuge, die in unregelmäßigen Abständen den langen Flug nach Nairobi riskierten. Die wenigen zur Verfügung stehenden Plätze wurden schlichtweg an die Meistbietenden versteigert – zu Preisen, die für sudanesische Verhältnisse ein Vermögen darstellten.

Die langsam bei mir einsetzende Panik kam schließlich vollständig zum Ausbruch, als mir der Hotelangestellte erzählte, in einem der Flüchtlingslager am Stadtrand sei die Cholera ausgebrochen, und auch im unteren, ärmeren Teil von Juba habe die Krankheit angefangen, erste Opfer zu fordern. Ich hatte zu Hause einmal in einem Dokumentarfilm etwas über die Cholera mitbekommen. Die drastischen

Bilder davon, wie diese Krankheit einen erwachsenen Menschen innerhalb von ein paar Tagen buchstäblich fertig machte, kamen mir jetzt wieder in den Sinn.

Ich beschloss, mir ein Flugticket zu beschaffen, ganz gleich, wie viel es kostete. Besser übers Ohr gehauen werden und zu leben, als mit dem Geld in der Tasche in Juba elendiglich zu verrecken!

Wie üblich im Sudan war das mit dem Flugticket jedoch nicht so einfach. Der Mann, der die Tickets feilbot, akzeptierte nur Bargeld – ich hingegen hatte fast nur noch Travellerschecks in der Tasche. Alles, was ich an Lokalwährung hatte, genauso wie meine kleine Dollarreserve, waren auf der unerwartet langen Reise von Assuan nach Juba draufgegangen.

Ich suchte eine an der Hauptstraße gelegene Bank auf – ein großes, halbdunkles Büro nicht nur ohne Computer, sondern auch ohne Telefone. Außer all dem, was diese Stadt ansonsten nicht war – ein Finanzzentrum war Juba jedenfalls auch nicht.

Der Manager und seine zwei Gehilfen schienen ihren Augen kaum zu trauen: War ich ... ein Kunde? Ein richtiger Kunde? Man war sehr freundlich zu mir und sehr höflich – was jedoch meine Travellerschecks anging, so musste man leider bedauern. Weder der Manager noch seine zwei Gehilfen hatten je solche Travellerschecks gesehen. So gerne man mir persönlich auch geholfen hätte – es war leider nicht möglich, meine Schecks einzuwechseln – und schon gar nicht in Höhe der fünfzehn- bis achtzehnhundert Dollar, die ich so dringend gebraucht hätte, um mit einem Kleinflugzeug aus Juba rauszukommen.

Nein, nicht einmal hundert Dollar wollten sie für mich wechseln – für die Bankangestellten waren meine Travellerschecks nichts als bunt bedrucktes Papier. Ärgerlich erkundigte ich mich, wo die nächste Bank sei. Nun, die nächste Bank war – in Wau, wo ich gerade hergekommen war: mehr als tausend Kilometer entfernt, eine zehntägige Fahrt mit dem Lastwagen. Nur fuhren im Moment natürlich gar keine Lastwagen.

Ich diskutierte mit den Bankangestellten herum, versuchte es mit einem Bakschisch, fing schließlich an rumzuschreien – aber es war alles zwecklos.

Zurück im Hotel setzte ich mich auf mein Bett und hielt mit mir selbst eine melancholische Lagebesprechung: Ich hatte noch ganze dreizehn sudanesische Pfund in der Tasche – nicht einmal genug, um auch nur die Hotelrechnung für eine Woche zu bezahlen; nicht mal ein Drittel von dem, was eine Fahrt zurück nach Wau gekostet hätte, die Verpflegung nicht inbegriffen, und immer unter der Voraussetzung, dass irgendwo überhaupt ein Lastwagen aufzutreiben war.

Ich weiß nicht, wie lange ich da saß und vor mich hin brütete. Jedenfalls kam ich zu der Entscheidung, dass ich rausmusste aus Juba, kostete es, was es wollte.

Am nächsten Morgen schlich ich noch vor Tagesanbruch aus dem Hotel. Die Straßen waren leer. Nur auf einem Friedhof, an dem ich vorbeikam, waren ein paar Leute schon fleißig dabei, Gräber auszuheben. Jemand hatte mir gesagt, dass das Militär auf der Straße nach Uganda eine Barrikade errichtet hatte und dass die Soldaten den Befehl erhalten hatten, niemanden passieren zu lassen.

Zu Fuß war diese Straßensperre jedoch einfach zu umgehen. Statt die Brücke zu passieren, wo die Soldaten postiert waren, folgte ich einfach dem Nil, bis ich nach einer guten Stunde zu einem Dorf kam. Dort paddelte mich ein Junge für ein Trinkgeld auf die andere Nilseite.

Hier schlängelte sich ein kleiner Pfad durch das hohe Gras, und ich folgte ihm, bis ich zu einer schmalen Schotterstraße kam: Es war die Straße nach Uganda.

Höher und höher stieg die Sonne am Himmel, und bald war meine Tasche ungewohnt schwer. Es wurde heiß und immer heißer, die staubige Straße vor mir schien sich hin und her zu bewegen in der Hitze. Das Schwirren von Myriaden von Insekten in dem hohen Gras auf beiden Seiten der Straße unterstrich nur noch meine Einsamkeit. Eine Stunde war ich auf der Straße nach Uganda gelaufen, und die Euphorie, es aus Juba herausgeschafft zu haben, ließ nach und machte langsam der Einsicht Platz, dass auch dieser Abschnitt meiner Reise kein Zuckerschlecken werden würde.

Mein Plan war, das zweihundert Meilen entfernte Gulu in Uganda wenn nötig zu Fuß zu erreichen. Die Gerüchte, die seit kurzem aus Uganda kamen, waren zwar auch nicht gerade ermutigend, aber all das war noch Gold gegen die Aussicht, hungernd in Juba herumzusitzen und womöglich an der Cholera zu krepieren.

Ich stapfte tapfer weiter, hin und wieder einen Schluck aus meiner Wasserflasche nehmend. Weit vor mir auf der Straße tauchten drei halbnackte Eingeborene mit geschulterten Hacken auf, aber sie verschwanden im Busch, lange bevor ich sie einholte.

Am frühen Nachmittag musste ich mich setzen, mir verschwamm alles vor den Augen. Die Hitze war fürchterlich, ich konnte einfach nicht mehr weitergehen. Mit dem Rücken gegen einen Baum gelehnt schlief ich eine Stunde. Als ich wieder aufstand, protestierten meine Füße schrill: Sie waren die einzigen Teile meines Körpers gewesen, die das endlose Herumsitzen in Eisenbahnen und auf Lastwagen genossen hatten, und sie waren jetzt nicht in Stimmung für weitere Geländemärsche.

Nach einer halben Ewigkeit hörte ich ein leises Brummen hinter mir, das langsam lauter wurde. Ein Lastwagen kam von Juba her über die Straße geholpert – ich traute meinen Augen kaum. Ich versuchte, ihn anzuhalten, und er verlangsamte auch prompt seine Geschwindigkeit. Die drei Männer in der Fahrerkabine und die Menschentraube auf der

Ladefläche musterten mich neugierig, aber der Lastwagen hielt nicht an, sondern fuhr langsam an mir vorbei. Zweihundert Meter weiter stoppte er dann doch. Der Fahrer lehnte sich aus dem Fenster und rief mir winkend etwas zu.

Das Glück hatte mich also doch nicht verlassen! Ich bedauerte die hässlichen Gedanken, die sich schon in meinem Kopf geregt hatten. Der Fahrer hatte es sich offensichtlich erst überlegen müssen, ob er mich mitnehmen wollte. Schließlich waren die Zeiten schlecht hier, da überlegt man sich besser zweimal, mit wem man sich einlässt.

Ich humpelte dem Lastwagen nach, so schnell ich konnte, und hatte sein hinteres Ende schon fast in Griffweite, als der Fahrer plötzlich aufs Gas trat und mich in einer Wolke von Straßenstaub und Abgasen stehen ließ. Die Leute, die auf der Ladefläche saßen, hielten sich die Seiten vor Lachen. Was für ein toller Streich, den der Fahrer mir da gespielt hatte!

Mir hingegen kamen vor Wut beinahe die Tränen, während ich dastand und zusah, wie der Lastwagen immer kleiner wurde. Schließlich verschwand auch die Staubwolke, die er hinter sich herzog, am Horizont.

Dann ging die Sonne unter, und es wurde sehr schnell sehr, sehr dunkel. Weit und breit war keine menschliche Behausung in Sicht, und ich musste die Nacht unter einem Baum verbringen. Ich hatte in meinem ganzen Leben noch nie allein draußen übernachtet. Selbst das kleinste Geräusch machte mich nervös, trotz des kleinen Feuers, das ich angefacht hatte, um die Löwen fern zu halten.

Mein Wasserbehälter war leer. Mich schauderte beim Gedanken, was der nächste Tag wohl bringen würde.

Schon im ersten Morgengrauen war ich wieder auf den Beinen. Ich wollte so weit wie möglich kommen, bevor es wieder heiß wurde. Ich war durstig, und bald darauf schrecklich durstig. Zweifel regten sich in mir: So würde ich es nie bis Gulu schaffen. Und was, wenn ich es überhaupt nirgendwohin mehr schaffte?

Gegen Mittag war ich fix und fertig. Die Tropensonne hatte mir zuerst die Flüssigkeit aus den Poren und dann scheinbar auch das Mark aus den Knochen gesogen. Ich konnte nicht mehr und setzte mich unter einen Busch am Straßenrand, der Dinge harrend, die da kommen sollten.

Und glücklicherweise kamen sie – in Form eines Lastwagens. Ich rappelte mich auf und streckte meine Hand aus, auf die gewinnendste Art und Weise, die ich mir überhaupt vorstellen konnte. Dazu lächelte ich so attraktiv, wie es mir mit vielfach aufgesprungenen Lippen eben noch möglich war.

Und der Lastwagen hielt – direkt vor mir! Der Fahrer schaute zum Fenster heraus und fragte mich in sehr gutem Englisch: «Was machst du denn hier? Hast du sie denn noch alle?»

Ich erklärte es ihm. Er schüttelte nur den Kopf und sagte: «Komm, steig hinten auf. Hier kannst du doch nicht bleiben!» Und damit rannte er bei mir offene Türen ein.

Auf der Ladefläche standen ein paar angebundene Möbelstücke, und drei Schuljungen und ein Mann saßen auf einer zusammengerollten Plane. Sie waren sehr nett und streckten mir wortlos ihren Wasserkanister hin, als sie sahen, in welchem Zustand ich war. Der Mann sprach ebenfalls Englisch, wir konnten uns problemlos verständigen. Er war vollkommen niedergeschlagen: Die vier Leute auf dem Lastwagen waren alles, was noch übrig war von seiner vor kurzem noch zwölfköpfigen Familie. Seine Mutter, seine Frau und sechs seiner Kinder waren alle innerhalb von wenigen Wochen dahingerafft worden – von der Cholera. Die Dinge standen miserabel in Juba. Ich konnte ihm nur beipflichten.

Die Straße nach Uganda war in einem exzellenten Zustand – für sudanesische Verhältnisse. Die Oberfläche aus gewalztem Schotter war noch nicht ganz abgetragen, und auch die Erosionsschäden waren noch nicht so gravierend, dass man Schritttempo fahren musste. Wir kamen gut voran und erreichten noch vor dem Abend Ngangala, wo ein paar Hütten und eine Polizeigarnison die letzte Abzweigung vor der Grenze zu Uganda markierten. Es war eine auf meiner Karte nicht eingezeichnete Buschpiste in Richtung Südostsudan. Die Straße nach Uganda war provisorisch mit Baumstämmen verbarrikadiert worden. An einem der Stämme hing ein Schild: «Please report to Police» – «Bitte bei der Polizei melden».

Wir stiegen vom Lastwagen und gingen zur Polizeistation, wo man uns erst mal warten ließ, weil der zuständige Leutnant gerade dabei war, ein Nickerchen zu halten. Nach einer halben Stunde war es dann so weit: Der Leutnant trat gähnend und sich kratzend ins Wachbüro, und es galt, die üblichen sinnlos verkomplizierten Formulare auszufüllen.

Kaum ein Wort wurde gesprochen, bis der Leutnant und ein paar Soldaten mit uns nach draußen gingen, um den Lastwagen zu inspizieren. Wie sich herausstellte, bestand der Sinn der Inspektion darin, auf dem Lastwagen etwas zu finden, was ihnen gefiel, damit sie es sich unter den Nagel reißen konnten. Nach kurzem Suchen fanden sie ein Fahrrad zwischen den Möbeln versteckt, und das gefiel ihnen und sie zerrten es hervor. Aber dann gab der Lastwagenfahrer dem Leutnant ein wenig Geld und kaufte damit sozusagen sein eigenes Fahrrad zurück – das war ihnen auch recht.

Nun war die Inspektion beendet, und alle Reisenden konnten ihre Fahrt nach Uganda fortsetzten – alle außer mir.

Mir gegenüber war der Leutnant voller Fragen: Warum hatte ich kein Ausreisevisum? Wo war meine Sondererlaubnis, die Straße nach Uganda benutzen zu dürfen? Wie war ich an der Straßensperre in Juba vorbeigekommen?

Er sah mich lange und prüfend an.

Ich war ein Weißer und daher nach gängiger sudanesischer Auffassung reich ... Er, der Leutnant, wollte ja nicht stur sein, aber eine kleine Sondergebühr ... Der Leutnant wartete.

Ich wusste genau, dass er auf ein Bestechungsgeld hinauswollte, aber was konnte ich denn tun? Ich hatte ja nichts, womit ich ihn hätte bestechen können. Schlussendlich zeigte ich auf mein Gepäck: «Suchen Sie sich was aus. Das ist alles, was ich habe.»

Er stocherte ein wenig in meiner Tasche herum und verzog angewidert das Gesicht. Die mangelnde Attraktivität des Inhalts meiner Tasche schien ihn persönlich zu enttäuschen, ja fast zu beleidigen.

Aber weil ich ein Fremder war und vielleicht nicht ganz im Bilde darüber, wie die Dinge hierzulande abliefen, war der Leutnant trotzdem so freundlich, mir eine letzte Chance zu geben. Er drückte sich ganz klar aus, mir zuliebe, und es war unmöglich, ihn falsch zu verstehen:

Den Plunder in meiner Tasche konnte ich behalten. Es war Bargeld, das er wollte ... nicht viel, vielleicht so dreißig oder vierzig Dollar – dann würde er mir persönlich die fehlenden Papiere ausstellen. Wenn's absolut nicht anders ging, würde er sogar Lokalwährung nehmen: sechzig sudanesische Pfund oder mindestens fünfzig, mir fehlten doch schließlich wichtige Papiere ...

Ich sagte, dreizehn sudanesische Pfund seien alles, was ich noch hätte.

Nun war der Leutnant endgültig beleidigt: Was, dreizehn Pfund? Wie war ich denn den ganzen weiten Weg aus der Schweiz hergekommen ohne Geld? Ich wollte ihn doch wohl nicht für dumm verkaufen, oder wie? Die Zeit, in der man sich im Sudan von Weißen hatte für dumm verkaufen lassen, sei schon lange vorbei.

Ich versuchte ihm das Problem mit den Travellerschecks

zu erklären, und der Leutnant inspizierte sie schweigend. Irgendwie konnte ich noch von Glück reden, dass er sie als wertlos ansah, sonst hätte er sie mir womöglich abgenommen.

Aus zusammengekniffenen, kalten Augen starrte mich der Leutnant an. Man konnte förmlich sehen, wie es in seinem Kopf arbeitete. Ich kam mir ungeheuer verletzlich vor unter seinem Schlangenblick. Alles, aber auch wirklich alles schien möglich zu sein, hier in Ngangala!

Schließlich wandte sich der Leutnant mit einem Achselzucken von mir ab: Er hatte Besseres zu tun, als sich mit Geschmeiß wie mir herumzuschlagen. Über die Schulter hinweg rief er mir noch zu, dass ich in Ngangala zu bleiben hätte, bis die Straße nach Uganda offiziell wieder eröffnet sei – nach der Regenzeit wahrscheinlich, in ein paar Monaten. Es sei zu meinem eigenen Besten, fügte er noch sarkastisch hinzu. Man wolle doch schließlich verhindern, dass mir in Uganda ein Leid zustieß.

Die guten Leute, mit denen ich bis Ngangala hatte mitfahren dürfen, verabschiedeten sich mit Bedauern und fuhren weiter. Und was blieb mir übrig, als mich neben der Straßensperre niederzulassen, zur großen Erbauung der Dorfbewohner. Die Trockenzeit war beinahe zu Ende, und es gab kaum Arbeit auf den Feldern. So hatten sie alle genügend Zeit, um mich zu bestaunen. Ich kam mir ein wenig vor wie ein Tier im Zoo. Wenn sie mir nur hin und wieder ein paar Nüsse oder Karottenstückchen hingeworfen hätten, dann hätte ich ihnen sogar einen Handstand vorgeführt, denn ich war langsam ganz extrem hungrig. Aber niemand warf mir Nüsse zu. Die Dorfbewohner hatten ja selbst nichts zu beißen.

Am zweiten Tag meiner Zoo-Erfahrung an der Straßensperre in Ngangala kam ein Lastwagen voller Flüchtlinge aus Uganda angefahren, und mit ihm kamen die letzten Neuigkeiten aus Gulu. Ich traute meinen Ohren kaum: Eine Söldnertruppe des gestürzten Diktators hatte sich im Ort verschanzt und bereitete sich auf das letzte Gefecht gegen die Invasoren aus Tansania vor. Einer der Flüchtlinge übersetzte den Leuten auf dem Lastwagen meine Idee, nach Gulu reisen zu wollen, um dort meine Travellerschecks einzulösen. Und während die meisten mich nur verständnislos ansahen, schlugen einige die Hände über dem Kopf zusammen und lachten mich schallend aus. Ein Halbwüchsiger schrie mir immer wieder zu: «You crazy, man, you crazy! You crazy, man, you crazy!»

Ein Mann stieg vom Lastwagen und kam zu mir herüber. Er war bis vor kurzem noch Direktor der High School in Gulu gewesen und setzte mich in ein paar kurzen, aber unvergesslichen Sätzen ins Bild darüber, wie die Dinge in Gulu momentan standen. Die Söldner hatten seine Schule niedergebrannt. Ein paar Schüler, die dagegen protestiert hatten, waren kurzerhand über den Haufen geschossen worden. «Gulu very bad!», rief er mir noch zu, als er wieder auf den Lastwagen stieg. «Gulu finished!»

12. Ein Glaubensdisput mitten in der Wildnis

Ein Tag ging vorbei in Ngangala; zwei Tage, drei Tage gingen vorbei. Am Abend des dritten Tages war ich am Ende. Ich war so verzweifelt, dass ich anfing zu beten. Das war etwas, das ich schon lange nicht mehr getan hatte: «Gott, kannst du nicht irgendetwas tun für mich – ich mach's hier nicht mehr lange. Ich werde alles tun, alles, was du willst, aber bitte hilf mir, aus diesem Loch hier rauszukommen.»

Es war vielleicht nicht das theologisch ausgefeilteste Gebet, aber irgendwie wirkte es! Ich war kaum aufgewacht am nächsten Morgen, als ein Kipplaster mit fünfzehn oder zwanzig Fässern auf der Ladefläche die Straße von Uganda heruntergerumpelt kam. Ich dachte, der Lastwagen würde zurück nach Juba fahren, aber ich hielt ihn trotzdem an, denn im Vergleich mit Ngangala kam mir mittlerweile auch Juba fast wie ein verlorenes Paradies vor. Wenigstens würde ich in Juba beim Verhungern Gesellschaft haben, statt hier in diesem Kaff langsam allein vor mich hin zu verwittern.

Zu meinem großen Erstaunen war der Kipplaster jedoch nicht auf dem Weg nach Juba, sondern war unterwegs in Richtung Südostsudan, also dorthin, wo in scheinbar unerreichbarer Ferne irgendwo die Grenze zu Kenia lag. Das Fahrzeug gehörte einer Ölgesellschaft, die in der Gegend trotz der Kriegswirren nach neuen Vorkommen bohrte. Und der Laster brachte Dieselöl zu einer abgelegenen Bohrstelle. Obwohl da auf meiner Karte gar keine Straße eingezeichnet war und der Weg nach Kenia um ein Vielfaches länger war als der Weg nach Uganda, entschloss ich mich, es mit dieser Route zu versuchen. Im Tausch gegen zwei Hemden, einen Plastikkamm und zwei Paar Wollsocken erklärte sich der

Fahrer bereit, mich bis zu einer Ortschaft namens Torit und von dort den halben Weg bis nach Nagichot mitzunehmen.

Ich hatte keine Ahnung, wie die Welt dort aussah, aber ich dachte mir, schlimmer als Ngangala würde es wohl nicht sein, und kletterte also auf die Ladefläche. Wir fuhren los, bevor sich auch nur einer der Polizisten blicken ließ.

Ich hatte die ganze Ladefläche für mich allein und saß hoch oben auf einem der aufrecht gestellten Dieselfässer. Die Aussicht war großartig, besser als in jedem Panoramabus. Die zwei, drei Dörfer, durch die wir kamen, schienen sowohl vom Bürgerkrieg als auch von der Zivilisation unberührt.

In Torit hielt der Lastwagen kurz an, und ein halbes Dutzend halbnackter, mit Bogen und Speeren bewaffneter Eingeborener stieg auf. Nach Torit war die Piste mit kniehohem Gras zugewachsen und streckenweise gar nicht zu erkennen. Der Laster schüttelte und bockte durch das holprige Gelände. Es dauerte nicht lange und durch das ständige Gerüttel hatten sich ein paar der Fässer aus ihren Verankerungen gelöst und fingen an, gegeneinander zu stoßen und sich aneinander zu reiben.

Das ging einige Stunden lang so, bis schließlich eines der Fässer anfing zu lecken. Schon bald war ich von einem penetranten Treibstoffdunst umgeben, während das Öl zu unseren Füßen in der Kipperwanne herumlief. Die einzige Möglichkeit, das Problem zu beheben, bestand darin, alle Fässer abzuladen und dann die Wanne zu kippen – aber mitten in der Wildnis war das natürlich ein aussichtsloses Unterfangen.

Halb benommen von dem Dieselgeruch dämmerte ich vor mich hin, bis mein Blick plötzlich auf einen der Eingeborenen neben mir fiel, der sich in aller Seelenruhe daran machte, seine Pfeife anzuzünden. Ich versuchte ihn daran zu hindern, schließlich saßen wir auf mehreren Tonnen hoch brennbarem Material! Aber der Eingeborene verstand gar nicht, was ich von ihm wollte, und als ich ihm die Pfeife schließlich wegnehmen wollte, wurde er böse.

Ich hämmerte gegen das Dach der Fahrerkabine, um den Fahrer zu alarmieren. Er hielt kurz und schaute sich die Bescherung an. Dass offene Flammen in Gegenwart von Treibstoffdämpfen gefährlich waren, schien ihm nicht bekannt zu sein. Er zuckte bloß mit den Schultern, so als wollte er sagen: «Du kannst ja zu Fuß gehen, wenn es dir nicht passt!»

Ich fragte mich tatsächlich, ob es nicht das Gescheiteste wäre abzusteigen, aber ich hatte keine Lust, mich mit meiner schon wieder leeren Wasserflasche auf eine Wanderung durch diese Einöde um uns herum zu begeben, die einem nicht einmal die geringsten Orientierungspunkte bot. Der Zustand der Piste zeigte deutlich, dass hier nur sehr, sehr wenig Verkehr durchkam. Die Chancen, noch zu meinen Lebzeiten irgendwohin mitgenommen zu werden, schienen minimal zu sein. Lieber ein Ende mit Schrecken als ein Schrecken ohne Ende.

Aber der Mann zündete seine Pfeife an und rauchte sie fertig, und nichts passierte. Kurze Zeit später stiegen die Eingeborenen vom Lastwagen ab, mitten im offenen Grasland. Es war schwierig, sich auszumalen, was sie ausgerechnet da wollten. Ein paar Stunden später hielt der Lastwagen wieder an, diesmal vor dem Eingang eines sauber und solide aussehenden Backsteingebäudes am Rand eines großen Dorfes: eine Missionsstation – mit Schule, Apotheke und Kirche! Ich traute meinen Augen kaum.

Von noch größerem Interesse war jedoch die Tatsache, dass diese Station eine Küche hatte, in der ich kurze Zeit später meine erste richtige Mahlzeit seit dem Gummihähnchen in Juba vorgesetzt bekam.

Während ich noch aß, setzte sich der Missionar zu mir, der diese Insel des Überflusses mitten in der endlosen

Wildnis verwaltete, und stellte sich vor: Sein Name sei John, sagte er, und er komme aus Oklahoma City, USA.

Wir unterhielten uns ein wenig, ich erzählte ihm von den Zuständen in Juba und was ich über Gulu gehört hatte, und er schüttelte nur traurig den Kopf.

Dann erwähnte er in einem Nebensatz, dass seine Leute dabei waren, einen Lastwagen mit Versorgungsgütern für eine ihrer Außenstationen zu beladen, und dass der Laster auf dem Weg dorthin auch durch Kapeuta fahren würde. Ich horchte auf: Kapeuta war auf meiner Karte eingezeichnet. Es lag recht nahe an der Grenze zu Kenia.

Auf meine Frage hin bestätigte der Missionar, dass es normalerweise gar nicht so schwierig war, von Kapeuta aus nach Kenia zu gelangen, obwohl es dabei fast zweihundert Kilometer straßenloses Niemandsland zu durchqueren galt. Das Problem war, dass die Regenzeit kurz vor der Tür stand und die ansonsten trockenen Flussläufe in der Gegend anfingen, Wasser zu führen. Die mögliche Gefahr, wochenlang zwischen Hochwasser führenden Flüssen stecken zu bleiben, brachte momentan den ganzen Verkehr zum Erliegen.

Der Gedanke, zwei oder drei Monate in einer Missionsstation festzusitzen, reizte mich eigentlich nicht, und ich fragte den Missionar, ob er mir nicht einen Platz auf dem Laster beschaffen konnte.

«Wenn Sie darauf bestehen; aber überlegen Sie es sich gut. In Kapeuta hungern die Leute schon seit Monaten, die letzte Ernte war miserabel ... Natürlich kann man mit genug Geld immer etwas zu essen auftreiben ...» Er schaute mich kritisch an. «Und dann sind da noch die Rebellen. Ich sage Ihnen: Kapeuta ist nicht gerade die französische Riviera. Es könnte sehr schwierig für Sie werden, wenn Sie da für längere Zeit hängen bleiben.»

Ich hörte indes nur eines: Ich war offensichtlich gerade dabei, wieder ein Stück weiterzukommen. «Machen Sie sich keine Sorgen um mich, ich komme schon zurecht. Gott hat mir bis hierher geholfen, und ich bin sicher, er wird mir auch weiterhin helfen.»

Der Missionar wirkte überrascht: «Wie meinen Sie das, Gott hat Ihnen geholfen?»

Ich sagte: «Nun, als ich in Ngangala festsaß, betete ich, dass Gott mir weiterhelfen möge – und prompt ist der Lastwagen aufgetaucht, der mich bis hierher gebracht hat. Es war keine sehr erbauliche Fahrt, aber immerhin. Ich hab's geschafft, und wenn Sie mir helfen, werde ich's auch noch bis nach Kapeuta schaffen. Von da komme ich schon irgendwie nach Kenia, davon bin ich überzeugt.»

Der Missionar war ganz Ohr: «Es freut mich außerordentlich zu hören, dass Sie auch Christ sind. Darf ich fragen, welcher Kirche Sie zu Hause angehören?»

Damit brachte er mich nun allerdings in Verlegenheit: «Nun, ähm, reformiert, irgendwie. Also, ich gehe natürlich nicht regelmäßig in die Kirche ... eher selten ... die letzten paar Jahre eigentlich gar nicht.»

Aber er ließ sich nicht so leicht beirren: «Aber den Herrn Jesus haben Sie doch als Ihren Erlöser angenommen, oder ...?»

Ich hatte keine Ahnung, wovon er sprach: «Mehr oder weniger ... zum Teil ... bestimmt. Aber was meinen Sie denn damit?»

«Schauen Sie, ich bin bestimmt der Letzte, der Ihnen etwas ausreden will, an das Sie glauben, aber ... nun, es ist recht außergewöhnlich, wenn Gott anfängt, Gebete zu erhören, einfach so aus dem Blauen heraus. Natürlich erhört er Gebete, aber normalerweise geschieht das doch aus einer persönlichen Beziehung mit ihm heraus.»

Ich hatte wirklich keine Ahnung, wovon er sprach. «Wie bitte?»

«Die Sünde trennt uns von ihm – außer wenn wir durch Christus mit ihm ins Reine kommen, wissen Sie das denn nicht? Wenn Sie das nicht wissen und Gott trotzdem Ihre Gebete erhört ... nun, das ist schon ... recht außergewöhnlich.»

Der Missionar lächelte immer noch, aber gleichzeitig runzelte er jetzt auch die Stirn.

Ich verstand nicht, worauf er hinauswollte, und die Unterhaltung begann langsam, mir unangenehm zu werden. Ein theologischer Disput war so ziemlich das Allerletzte, was ich in meiner momentanen Situation brauchen konnte. Ich hatte mit meiner Bemerkung doch nur ein wenig «Gut Wetter» machen wollen, um sicherzugehen, dass das mit meinem Platz auf dem Lastwagen nach Kapeuta auch in Ordnung ging.

Zum Glück wechselte der Missionar von sich aus das Thema. «Hören Sie, ich muss zurück auf die Krankenstation. Der Lastwagen fährt nach dem Mittagessen. Ich rate Ihnen, hier zu bleiben, aber wenn Sie unbedingt mitwollen, werde ich mit dem Fahrer sprechen. Die Entscheidung liegt bei Ihnen.»

«Oh, ich habe mich bereits entschieden. Ich fahre! Machen Sie sich um mich keine Sorgen, ich schaff das, ganz bestimmt.»

Der Missionar ging in einen Nebenraum und kam ein paar Augenblicke später mit einer kleinen Pappschachtel zurück: «Hier, ich möchte Ihnen das mit auf den Weg geben. Sie sehen aus, als könnten Sie ein paar Zusatzproteine vertragen.»

Ich blickte in die Schachtel, sie enthielt unbezahlbare Schätze: drei Hirsebrot-Rollen, eine Konservenbüchse mit grünen Bohnen, zwei große Büchsen Makrelen und – als Kronjuwel sozusagen – eine Büchse mit gezuckerter Kondensmilch. Ich traute meinen Augen kaum!

Der Missionar fügte hinzu: «Leider kann ich Ihnen nicht mehr geben, wir haben selbst die größten Probleme mit dem Nachschub.» Er stellte die Schachtel vor mir auf den Tisch. «Wir werden hier für Sie beten, mein Freund. Passen Sie gut auf sich auf!» Dann verschwand er.

Kurze Zeit später saß ich wieder auf einem Lastwagen. Die Strecke nach Kapeuta betrug kaum zweihundert Meilen Luftlinie, aber wir mussten einen großen Umweg machen, weil ein Fluss schon Hochwasser führte, denn weiter südlich hatte der Regen bereits eingesetzt. Dann gab es einen Stopp, weil der Fahrer Probleme mit dem Bremspedal hatte. Danach machte er wieder einen Umweg, diesmal um Banditen auszuweichen, die in der Gegend offenbar ihr Unwesen trieben.

Die Piste, auf der wir dahinfuhren, war manchmal über längere Strecken hinweg überhaupt nicht mehr von der Wildnis zu unterscheiden: Vögel nisteten dort, Hyänen stritten sich um einen toten Büffel und Paviane tollten vor uns im Gras herum. Hier war unsere Piste wohl auch zu ihren besten Zeiten nie mehr als ein Feldweg gewesen.

Die zwei Lastwagenfahrer wechselten sich am Steuer ab, sie waren beide nervös und ungeduldig, die Tour hinter sich zu bringen, bevor der große Regen anfing. Weil ich meine Finger nicht davon lassen konnte, schmolzen die Vorräte, die mir der Missionar mitgegeben hatte, schnell dahin. Schon am zweiten Tag hatte ich alles aufgegessen.

Mitten in der Nacht riss mich einer der Fahrer aus dem Schlaf und deutete mir an, ich solle absteigen. «Kapeuta! Kapeuta!», flüsterte er, auf ein paar Lehmhütten zeigend, die hinter uns im Mondschein lagen. Aus irgendeinem Grund wollten sie nicht ins Dorf hineinfahren, und ich musste die letzten paar Hundert Meter zu Fuß gehen. Ich verbrachte den Rest der Nacht unter dem großen Baum auf dem Dorfplatz, bis sich gegen Morgen ein junger Hund, der mir über das Gesicht leckte, zu mir gesellte. Kurze Zeit später fing es dann an, wie aus Eimern zu gießen, und ich war innerhalb von wenigen Sekunden klatschnass.

Laut schimpfend flüchtete ich in die Polizeistation, in das einzige Gebäude im Dorf, bei dem die Tür offen stand, oder besser gesagt: das gar keine Tür hatte. Nur der Koch und sein Gehilfe waren schon wach, sonst schliefen noch alle. Überall lagen Soldaten: auf den Tischen, auf dem Boden, selbst in den Fächern von zwei großen Wandregalen. Die Soldaten sahen völlig heruntergekommen aus, und nach meinen eigenen Erfahrungen in Ngangala begriff ich jetzt, warum die Lastwagenfahrer darauf bestanden hatten, mich am Dorfrand abzusetzen. Dieser Art von Soldateska war nicht zu trauen.

Ich täuschte mich nicht: Wie ich herausfand, waren die Soldaten schon seit mehreren Wochen auf halbe Ration gesetzt und litten selbst Hunger. Das Einzige, was ich während meines Aufenthaltes in Kapeuta aus ihnen herausholen konnte, waren ein paar Hände voll Heuschrecken, die von einigen Soldaten kübelweise gesammelt wurden. Auf einem Stück Blech über kleinem Feuer geröstet, schmeckten die Insekten irgendwie nach gebratenen Crevetten in einer Sauce, die mit einem Hauch von verbranntem Plastik gewürzt war.

Es war nicht zu übersehen, dass die Dorfbewohner von Kapeuta den Soldaten gegenüber feindlich gesinnt waren. Keiner der Eingeborenen betrat die Polizeistation, und keiner sprach auch nur ein Wort mit einem der Soldaten. Die Soldaten ihrerseits verbrachten die meiste Zeit in der Station, und wenn sie sie verließen, dann nur in Gruppen von mindestens vier Mann – immer voll bewaffnet. Ich strich jeweils morgens und abends im Dorf herum, auf der Suche nach irgendetwas Essbarem, aber die wenigen Straßen, die es gab, waren menschenleer, und überall waren die Türen zugesperrt. Das einzige Geschäft, das ich konkret abschließen konnte, war der Tausch meines Rasierers gegen einen kleinen Papierbeutel voll mit schmutzigem Salz. Dieses Salz bereicherte fortan meine tägliche Ration von zwei Litern Brunnenwasser.

Mit jedem Tag hingen mehr Wolken über Kapeuta, und die Gewittertätigkeit nahm zu – und noch immer war weit und breit kein einziges Auto, kein einziger Lastwagen zu sehen.

Die Wahrscheinlichkeit, wegen der Regenzeit in Kapeuta festzusitzen, stand mir immer drohender vor Augen. Und ich begann daran zu zweifeln, dass ich es hier noch lange machen würde. Ich war mittlerweile doch sehr dünn geworden. Es war nur noch eine Frage der Zeit, bis eine der exotischen Krankheiten, die hier überall grassierten, mir den Rest geben würde. Ich hatte einfach keine Energie mehr und schlief die meiste Zeit, von fantastischen und teilweise verrückten Träumen heimgesucht. Angst hatte ich keine mehr, dazu war ich viel zu apathisch.

Auf der Veranda der Polizeistation meinem Ende entgegenvegetierend, verpasste ich um ein Haar meine Rettung: Drei Landrover voller Soldaten der kenianischen Armee waren aufgetaucht. Die Soldaten hatten am anderen Ende des Dorfes ihr Lager aufgeschlagen. Ich kratzte alles, was ich noch an Energie und Grips hatte, zusammen und wankte zu ihnen hinüber. Es gab nur noch eine Alternative: Entweder konnte ich den Soldaten aus Kenia etwas zu essen und eine Mitfahrmöglichkeit abschwatzen – oder ich würde innerhalb von ein paar Tagen kläglich in Kapeuta verrecken.

13. Kämpfe im Kopf, Feste in Mombasa

Die Soldaten aus Kenia waren wohl die bestgenährten und fröhlichsten Leute, die ich seit langer, langer Zeit getroffen hatte. Sie fanden es ungeheuer lustig, wie meine mittlerweile drei bis vier Nummern zu großen Kleider an mir herumschlotterten. Viel wichtiger war jedoch, dass sie mich zum Abendessen einluden. Eine reichhaltige rote Sauce aus Schafseingeweiden und Tomaten wurde auf einen Teller mit dampfender Ugale gehäuft. Ich kämpfte mit den Tränen. Vielleicht war ich ja wirklich noch mal davongekommen.

Die Gegend um Kapeuta war eines der vielen Gebiete in Afrika, durch die die Kolonialmächte vor hundert Jahren willkürlich Grenzen gezogen hatten, die mit den tatsächlichen Gegebenheiten aber wenig bis gar nichts zu tun hatten. Wir befanden uns mindestens hundert Kilometer tief in sudanesischem Territorium, aber in Wirklichkeit war der ganze Landstrich ein gesetzloses Niemandsland, in dem Rebellen, wilde Nomadenstämme, Viehdiebe und Wilderer ihr Unwesen trieben und über das weder die sudanesische noch die kenianische Regierung wirklich Kontrolle ausübten. Seit der Krise in Uganda hatte sich die Lage noch verkompliziert. Mittlerweile hatten die Invasoren aus Tansania die Truppen des Diktators Idi Amin auf breiter Front in die Flucht geschlagen, und einige versprengte Einheiten waren in die Gegend um Kapeuta eingesickert. Es war wahrscheinlich eine dieser Einheiten, die das Feuer auf die Patrouille aus Kenia eröffnet hatte. Diese hatte es dann vorgezogen, bis nach Kapeuta durchzufahren und von dort auf einem anderen Weg zu ihrer Basis in Kenia zurückzukehren. Der Anführer der Patrouille lachte, als ich ihn fragte, ob ich mitfahren dürfe: Von ihm aus gerne, sagte er, solange ich mir nicht in die Hosen machte, wenn auf dem Heimweg wieder auf uns geschossen würde.

Am nächsten Morgen fuhren wir früh von Kapeuta ab. Was anfänglich wenigstens noch wie eine miserable Straße aussah, versandete buchstäblich, kaum dass Kapeuta außer Sichtweite war.

Und dennoch hatte ich es seit Monaten nicht mehr so feudal gehabt. Die Landrover hatten nicht nur gepolsterte Bänke, sondern auch noch geradezu dekadente kleine Plastikgriffe, an denen man sich festhalten konnte, wenn es zu holprig wurde.

Die Militärfahrzeuge waren fast neu. Sie waren nicht überladen und hatten deshalb auch keine Pannen. Man reichte filtriertes Wasser zum Trinken herum, und die Fahrt war für mich gratis. Vielleicht war ich ja in Kapeuta gestorben, ging es mir plötzlich durch den Kopf, und ich war jetzt schon im Autostopperhimmel.

Zum Mittagessen wurde angehalten, und ein großer Topf voll Hühnerfrikassee erschien von irgendwoher. Als Ehrengast gab man mir den Kopf des Huhns. Er schmeckte absolut köstlich, obwohl natürlich kaum was dran war.

Ein einziges Mal kreuzten wir die Spuren eines anderen Fahrzeuges in der roten Erde, ansonsten war nirgendwo auch nur eine Andeutung menschlichen Lebens zu sehen. Gegen Abend, als wir über die Grenze nach Kenia fuhren, wurden die Soldaten ausgelassen. Zuerst begannen sie zu singen, dann veranstalteten die Männer auf dem Landrover vor uns ein kleines Schützenfest. Als Zielscheibe diente ein Strauß, der von unserem Herannahen aufgescheucht worden war und nun schnurstracks vor uns herrannte. Die Soldaten jagten ihm Salve über Salve hinterher, und ein-, zweimal flogen ein paar Federn, aber der Vogel selbst wurde, glaube ich, nicht getroffen. Er schaffte es schließlich sogar, den Landrover abzuhängen, als dieser in dichter werdendem Gebüsch abbremsen musste.

In der Militärgarnison in Lokichokkio quartierte man mich in einer wackligen Wellblechhütte am Rande der Siedlung ein, wo ich auf die Abfahrt des Versorgungslastwagens nach Lodwar warten musste. Es gab keine Bank, so dass ich meine Travellerschecks noch immer nicht einlösen konnte, aber im Vergleich zu den sudanesischen Verhältnissen herrschte hier geradezu Überfluss. In weniger als einer Stunde gelang es mir, nicht nur einen Teller voll kalten Reis, sondern auch zwei nur oberflächlich an der Schale angefaulte Mangos und einen Becher voll frischer, noch warmer Ziegenmilch zusammenzubetteln.

Auch die Reise nach Lodwar war beinahe traumhaft komfortabel. Es gab nicht nur eine richtige – wenn auch selbstverständlich nicht geteerte – Straße, sondern ich hatte auch die ganze Ladefläche des Lasters für mich allein, inklusive einer zusammengefalteten Abdeckplane zum Draufsitzen und zwei Stangen altes Hirsebrot, an denen ich herumknabbern konnte.

Und Lodwar? Nun, Lodwar erschien mir als das Allergrößte. Zu jeder anderen Zeit hätte ich dieses kleine Kaff am Rande der von Dornbüschen übersäten Turkana-Ebene keines zweiten Blickes gewürdigt, aber jetzt stolperte ich die – asphaltierte! – Hauptstraße entlang, und mir gingen beinahe die Augen über. Da waren ein halbes Dutzend richtiger Läden, in denen man alles kaufen konnte, was das Herz begehrte, selbst etwas zu essen. Und, ja, ich fand – eine Bank! Lodwar hatte eine richtige Bank, in der man meine Travellerschecks ohne weiteres in Lokalwährung umwechselte.

Alle meine Sorgen hatten nun ein Ende! Ich mietete mich im besten Zimmer des einzigen Hotels in Lodwar ein. Der

Raum war zwei mal drei Meter groß, hatte ein einziges schuhkartongroßes Fenster, einen nackten Betonboden, und als einzige Dekoration hing ein kleiner, ungerahmter Spiegel an der Wand. Ich erkannte mich selbst kaum wieder, als ich mich in diesem Spiegel anschaute: Beinahe wie aus einem KZ entronnen, so sah ich aus.

Sobald ich wieder einigermaßen bei Kräften war, reiste ich weiter: per Autostopp nach Eldoret und von dort nach Kisumu am Victoriasee. Zu den Nilquellen war es nun nicht mehr weit, ich musste nur noch irgendwie Uganda durchqueren. Dort ging es jedoch momentan hoch her. Die nahe gelegene Grenze war geschlossen worden und wurde streng bewacht.

Ich beschloss, meine Reise zu den Nilquellen für ein paar Wochen zu unterbrechen, und eine Woche später saß ich schon in einem Strandhotel in der Nähe von Mombasa.

Während ich da so am Strand herumtrödelte, Muscheln suchte und bodysurfte, reiften fast wie von selbst einige Gedanken in mir. Ich konnte mich des Eindrucks einfach nicht erwehren, dass mein Entrinnen aus dem Sudan mehr als nur Glück gewesen war. Irgendwie war ich tief in meinem Inneren davon überzeugt, dass mein verzweifeltes Gebet in Ngangala eine Kette von Ereignissen in Gang gesetzt hatte, die sich mit keiner Wahrscheinlichkeitsrechnung der Welt erklären ließ. Jedes Glied in dieser Kette konnte man separat betrachtet ohne weiteres als Zufall erklären. Aber all diese Zufälle hatten so nahtlos zusammengewirkt, um mich noch vor dem großen Regen aus dem Südsudan herauszubringen, dass es mir einfach unwahrscheinlich vorkam, dass hier wirklich der Zufall am Werk war.

Zuerst war da der Kipplaster mit den Ölfässern. Ich hätte es ohne ihn nie geschafft, aus Ngangala rauszukommen.

Dann die Begegnung mit dem Missionar. Vielleicht war er

der einzige Mensch in einem Umkreis von Hunderten von Kilometern, der nicht nur willig war, mir weiterzuhelfen, sondern der auch die Möglichkeiten dazu hatte. Ich hatte auf der ganzen Fahrt bis nach Kapeuta keinen anderen Lastwagen auch nur von weitem gesehen. Und ohne die Nahrungsmittel, die mir der Missionar gegeben hatte, wäre ich garantiert in Kapeuta vor Hunger zusammengeklappt.

Und schließlich die Soldaten aus Kenia, deren Anwesenheit auf sudanesischem Territorium doch hochgradig irregulär war. Ohne sie wäre ich unweigerlich in Kapeuta verrottet, und niemand hätte sich auch nur im Geringsten darum geschert.

Ja, der Fall war sonnenklar für mich: Da waren einfach ein, zwei Zufälle zu viel. Irgendjemand, irgendetwas hatte mir geholfen! Ich drückte es nie in Worten aus, aber tief in meinem Inneren war ich davon überzeugt, dass ich Gott meine Rettung zu verdanken hatte.

Doch dann passierte etwas Eigenartiges. Mitten in dem warmen Gefühl der Dankbarkeit tauchte plötzlich ein Haken auf, und noch dazu ein ganz hässlicher Haken. Ich konnte mich noch genau erinnern: Ich hatte Gott in meinem Gebet versprochen, alles zu tun, was er von mir wollte, wenn er mir nur aus der Patsche half. Ich hatte mir eigentlich nicht viel dabei gedacht in dem Moment, in dem ich das gesagt hatte, es war mir eben so rausgerutscht.

Und das war der hässliche Haken im warmen Gefühl meiner Dankbarkeit. Ich hatte plötzlich den Eindruck, dass Gott tatsächlich etwas von mir wollte – und ich glaubte sogar genau zu wissen, was es war. Eine ganze Woche lang wurde ich den Eindruck einfach nicht los, dass Gott von mir wollte, ja, von mir verlangte ... dass ich meine Reise in Mombasa abbrach und zurück nach Hause flog.

Damit wir uns recht verstehen: Mir ist da kein Engel erschienen, der mir was ins Ohr geflüstert hat. Es wurde auch kein Wort vom Himmel herabgesprochen. All das war gar nicht nötig – der Gedanke stand einfach unvermittelt da, mitten in meinem Kopf, still und klar, einfach unübersehbar:

Ich hatte versprochen, zu tun, was Gott von mir verlangte, wenn er mir nur aus der Patsche half. Nun hatte er mir geholfen, und er verlangte von mir, dass ich nach Hause flog und mich der Situation dort stellte.

Wie Sie sich wahrscheinlich vorstellen können, liebe Leserin, lieber Leser, wurde mir bei diesem Gedanken außerordentlich mulmig zu Mute. Zu Hause, da war doch immer noch Silvios Rocker-Gang. Es war erst ein halbes Jahr verstrichen seit dieser Geschichte mit der schönen Frau – so kurz war das Gedächtnis dieser Prügelrocker einfach nicht.

Angst stellte sich ein, wie sie es immer da tut, wo kein echter Glaube ist. Wie konnte Gott mir in einem Monat das Leben retten und mich im nächsten Monat dahin zurückschicken, wo diese ... Typen auf mich warteten, um mich kurz und klein zu schlagen?

Aus der Angst entstanden schließlich auch die Zweifel: Was, wenn ich mir das alles nur einbildete? Was, wenn diese Gedanken irgendwas Tiefenpsychologisches zu bedeuten hatten und beispielsweise durch einen Schuldkomplex entstanden waren? Und vielleicht hatte ich ja auch ganz einfach zu viel Bongo geraucht?

Meine Zweifel wurden größer, und bald waren es nicht mehr nur Zweifel, sondern zwei vollständig ausgebildete, einander widersprechende Realitäten, die da nebeneinander in meinem Kopf existierten.

In der einen Realität hatte ich ein Erlebnis mit Gott gehabt. Ich hatte ihn um Hilfe gebeten. Er hatte mir geholfen. Nun stand ich unter der moralischen Verpflichtung, meinen Teil dazu beizutragen und zu handeln. Ich hätte ja wirklich auch alles gemacht, ja, alles hätte ich gemacht – außer nach Hause zu fliegen und diese Suppe auszulöffeln ...

In der anderen der zwei Parallelrealitäten in meinem Kopf gab es keinen Gott. Mein Entrinnen aus dem Sudan war eine Kette von glücklichen Umständen, nicht mehr. Nicht, dass ich das de facto wirklich glaubte, aber das Reizvolle an dieser Realität war, dass es in ihr nicht die Verpflichtung gab, dieser ... Eingebung zu folgen und nach Hause zu fliegen. In dieser Realität konnte ich einfach weiterreisen, als wenn nichts geschehen wäre.

Dank einer Tüte erstklassigen Kisumu-Grases (das ist Marihuana aus dem Kisumu-Gebiet) und jeder Menge Bier der Marke «Elephant» (wahrscheinlich so benannt, weil man davon einen Brummschädel in Elefantengröße bekam) schaffte ich es volle zwei Wochen lang, auf der Grenzlinie zwischen diesen beiden Realitäten hin und her zu balancieren, ohne mich für die eine oder die andere von ihnen zu entscheiden.

Einerseits war mir eigentlich klar, dass ich Gott doch nicht irgendwelche Versprechen machen und sie dann einfach nicht einhalten konnte!

Aber zurück nach Hause fliegen, wo Silvios Freunde auf mich warteten, das konnte ich eben noch viel weniger!

Hin und her ging's in meinem armen Kopf. Schließlich wurde der innere Druck so groß, dass ich es nicht mehr länger aufschieben konnte. Ich musste mich jetzt entscheiden. Und so entschied ich mich also.

Mein Herz schlug heftig, ich hatte keine Ahnung warum.

Und ich entschied mich – natürlich für die Realität, in der alles nur Zufall war.

Ich hatte einfach keine Lust, mich wegen einer Eingebung von einer Bande von Kriminellen in Grund und Boden stampfen zu lassen. Ich bin überzeugt, Sie verstehen das, liebe Leserin und lieber Leser. Ganz im Ernst, wie hätten Sie sich denn in meiner Lage entschieden?

Es gibt bestimmt Leute, die nicht einverstanden sind, wenn ich sage, dass ich bis hierhin gekommen war in meinem Leben, ohne zu wissen, was Sünde ist. Aber jetzt war sie plötzlich da, die Sünde – die richtige Sünde, die Sünde gegen den Geist.

Und dann zog sich plötzlich etwas von mir zurück, als wäre es enttäuscht über meine Entscheidung – und es nahm Empfindungen mit sich, die ich bisher als gegeben angenommen hatte: das Gefühl, irgendwohin zu gehören, zum Beispiel. Plötzlich fühlte ich mich durch meine Entscheidung der endlosen Straße preisgegeben. Und ich fühlte mich je länger je mehr allein – so einsam, wie ich mich in meinem ganzen Leben noch nie gefühlt hatte.

Ich durchschaute damals noch nicht, dass diese «andere» Realität, die ich da gewählt hatte, nichts weiter als eine Lüge war. Und ich wusste damals auch noch nicht, dass man sein Leben nicht auf Lügen aufbauen sollte, selbst wenn es sich scheinbar ausgezeichnet leben ließ in dieser Realität – wenigstens für eine Weile.

Nach meiner monatelangen Odyssee durch lauter Gegenden, in denen es nie irgendwelche Partys gegeben hatte und in denen die Frauen hinter Schloss und Riegel gehalten wurden, war ich nun schließlich in Mombasa gelandet, wo man die Feste feierte, wie sie fielen – und sie fielen hageldicht.

Mombasa! Ich traute meinen Augen kaum, als ich mich vorsichtig ins örtliche Nachtleben hineintastete, zunächst hauptsächlich, um den ungewohnt tiefschürfenden Gedanken in meinem Kopf zu entfliehen. In drei Dutzend Bars und Diskotheken wurde getanzt, gesungen und gelacht, bis die Leute von den Barhockern fielen. Und da ich mich nun einmal entschieden hatte, dass mein Entrinnen aus dem Sudan nichts als Glück und Cleverness war und dass überhaupt alles auf diesem Planeten nur Zufall war, gab es für mich jetzt kein Halten mehr. Ich stürzte mich Hals über Kopf in den Trubel.

Erstklassiges Essen, eiskaltes Bier, Rock'n'Roll aus Zaire, freundliche und unkomplizierte Mädchen – all das stand einem hier zur Verfügung, man musste nur zugreifen. Jetzt war einfach nicht die Zeit für metaphysische Betrachtungen, sagte ich zu mir selbst. Jetzt war Zeit zu feiern – zu feiern, dass ich überhaupt noch am Leben war.

Zwei Monate gingen so ins Land, und ich war immer noch in Mombasa. Das ausschweifende Leben, das ich führte, war mir längst schon langweilig geworden, als ich Benson traf. Benson war ein südafrikanischer Hippie, komplett mit Bart und schulterlangem Haar, und er war auf dem Weg zurück von Indien, wo er einige Zeit bei einem Guru verbracht hatte.

Benson machte sich nichts aus dem Nachtleben Mombasas. Er schien sich überhaupt nur für zwei Dinge zu interessieren: die große Platte dunkelgrünen Haschischs, die er aus Kaschmir mitgebracht hatte, und seine esoterischen Studien.

Ich teilte sein Interesse für seine Platte aufs Lebhafteste, während mir sein ewiges Gerede über das Dharma, das Karma und die Lehre der Vedanta bald fürchterlich auf die Nerven ging. Hauptsächlich, um selbst auch mal zu Wort zu kommen, erzählte ich Benson von meinen Erfahrungen im Sudan und erwähnte beiläufig, dass ich zu dem Schluss gekommen war, das menschliche Schicksal sei aus lauter Zufällen zusammengeschustert.

Benson reagierte darauf mit ungewohnter Heftigkeit: «Von Zufällen kann doch gar keine Rede sein, Mann! Glück, Unglück – das gibt's nicht. Ich hab da früher auch mal dran geglaubt, aber das stimmt doch nie und nimmer! Das Karma ist entscheidend, Mann, das Karma! Die guten

Schwingungen in dir ziehen gute Erfahrungen an, und die schlechten halt eben schlechte! So einfach ist das ... Und je schlechter die Schwingungen in dir sind, desto weniger harmonierst du mit dem Universum, und daher kommen alle deine Probleme, Mann! Und die schlechten Schwingungen kommen davon, dass du etwas falsch gemacht hast.»

Benson behauptete, sein Guru in Indien habe da eine Technik entwickelt, mit der man seine schlechten Schwingungen ein für alle Mal loswerden und manchmal sogar auf höhere Bewusstseinsebenen vorstoßen konnte.

Natürlich glaubte ich von alledem kein Wort. «Eine höhere Bewusstseinsebene, so nennt man das jetzt also? Komm schon, Benson, den lieben langen Tag kiffen kann ich auch ohne Guru.»

Benson wurde ärgerlich: «Du verstehst das nicht, Mann! Du hast's kaum durch den Sudan geschafft, und nun willst du nach Uganda. Die waten knöcheltief im Blut, da oben. Bist halt immer noch ein bisschen grün hinter den Ohren, aber du wirst schon sehen: Die schlechten Schwingungen in Uganda ziehen an den schlechten Schwingungen in dir. Wie ein Magnet ist das. Geh da nur hin, wirst schon sehen, was dann passiert.»

In diesem Punkt hatte er allerdings Recht, der Benson, mit dem, was er da über Uganda sagte. Wann immer ich die «Nairobi Times» las, es stand jedes Mal etwas drin über ein Massaker hier, eine Gräueltat da, ein paar Dutzend Tote hier und ein paar Hundert Tote dort. Uganda war in die finsterste Barbarei abgestürzt, wenn auch nur die Hälfte von dem stimmte, was da in der Zeitung stand.

Ich wartete und wartete, aber die Nachrichten aus Uganda wurden nicht besser. Es dauerte eine Weile, aber schließlich hatte ich es begriffen: Unter den gegebenen Umständen war es schlicht und ergreifend Wahnsinn, in diesem Land herumreisen zu wollen.

Dann eines Abends, nach ungefähr der neunten Wasserpfeife, hatte ich plötzlich eine Idee: Warum sollte ich mich eigentlich derart auf Afrika versteifen? In Tat und Wahrheit konnten mir die Nilquellen doch gestohlen bleiben! Kaschmir, wo Benson gewesen war, hörte sich doch irgendwie auch ganz interessant an. Warum sollte ich nicht mal bei Bensons Guru vorbeischauen und mir das mit den Schwingungen genauer erklären lassen? Es hörte sich zwar nach finsterstem Aberglauben an, aber vielleicht war da doch irgendwas dran?

Und falls nicht, gab es da ja immer noch das grüne Haschisch ... und an dem war definitiv was dran.

14. Pakistan – ein Land zum Durchreisen

Mit einer klein gefalteten Fünfzigdollarnote war es mir möglich gewesen, in den Besitz eines jener ganz seltenen billigen Tickets von Nairobi nach Djidda in Saudi-Arabien zu gelangen. Das Ticket war so billig, weil es von der saudischen Regierung subventioniert wurde. Der Zweck dieser Subvention bestand darin, armen Moslems aus Kenia eine Pilgerfahrt nach Mekka zu ermöglichen.

Der saudische Beamte in Djidda geriet innerhalb von kürzester Zeit völlig außer sich, als er sah, dass der Chartermaschine für Pilger ein Nicht-Moslem mit einem Schweizer Pass entstiegen war, und laut ins Telefon schreiend zitierte er den Agenten der Fluglinie in sein Büro. Bald war ein Riesenkrawall im Gange, der sich noch steigerte, als man herausfand, dass meine Anschlussmaschine ebenfalls auf einen subventionierten Flug gebucht war – auf einen, der pakistanische Pilger, die ihren Aufenthalt in Mekka schon hinter sich hatten, zurück nach Karachi bringen sollte. Mittlerweile waren vier oder fünf Saudis versammelt, die alle auf den armen Agenten einbrüllten, -knurrten und -fauchten, aber der blickte nur vor sich auf den Boden und zuckte hin und wieder mit den Schultern. Dem Büro ihrer Niederlassung in Nairobi war eben ein Buchungsfehler unterlaufen, was konnte er denn dafür?

In Amerika gibt es ein Sprichwort: «You always get what you pay for.» (Man kriegt immer genau das, wofür man bezahlt.) Ich hatte hundertfünfzig US-Dollar für einen interkontinentalen Flug bezahlt, Bestechungssumme inbegriffen, und ich bekam dafür – einen Flug nach Karachi.

Als ich in Karachi aus dem Flughafengebäude trat, wurde ich sofort von einem Dutzend Männer umringt, die mich alle mit ihren dreirädrigen Trishaws in die Stadt fahren wollten.

Ich setzte mich in eine Trishaw, die noch einigermaßen neu aussah, unter einen kleinen Stoffbaldachin, der mich irgendwie an den erinnerte, den der Papst an seinem Auto hat. Dieser Baldachin hier war nur kleiner und unendlich viel billiger gemacht. Der Fahrer grinste mir mit vom Betelnusskauen blutrot gefärbten Zähnen zu, spuckte in hohem Bogen etwas absolut grässlich Aussehendes auf den Gehsteig und fuhr los.

Langsam, aber stetig beschleunigend, brausten wir bald mit achtzig oder neunzig Sachen dahin – wie mir schien, viel zu schnell für das wacklige Gefährt. Bald fuhren wir auf eine große Kreuzung zu, in deren Mitte eine einzige Ampel hing, allerdings so hoch oben, dass auf den ersten Blick nicht ganz klar wurde, ob ihre Signale an den Straßenverkehr gerichtet oder für die Flugzeuge bestimmt waren, die auf dem nahe gelegenen Flugplatz starteten und landeten.

Wir tuckerten dicht hinter einem riesigen Lastwagen her, und ein weiterer Lastwagen rumpelte teilweise neben diesem, aber auch neben uns dahin – so nah, dass ich ihn ohne weiteres mit der Hand hätte berühren können. Von rechts wurden wir von einer ganzen Gruppe kleiner schwarzer Taxis eingekeilt, die Stoßstange an Stoßstange immer mehr auf unsere Spur herüberdrifteten.

Der Fahrer hielt diese Gelegenheit für günstig, um sich umzudrehen und ein Gespräch mit mir anzufangen:

«Willkommen in Karachi, Sir. Haben Sie Whisky dabei?»

Ich stieß hervor, nein, ich hätte keinen Whisky, und ob er vielleicht so gut sein würde, nach vorne zu schauen und sich auf den Verkehr zu konzentrieren. Aber er war nicht so leicht abzuwimmeln: «Keinen Whisky? Aus welchem Land kommen Sie denn?», fuhr er ungerührt in seinem schlechten Englisch fort und musterte mich dabei kritisch.

Ganz langsam wurde der Abstand zwischen den beiden Lastwagen ein wenig größer, und zu meinem Entsetzen drängelte sich mein Fahrer mit unserem Gefährt in die schmale Lücke hinein. Er hatte offensichtlich die Absicht, sie zu überholen!

Mit dem elektrischen Summer, der an der Lenkstange seiner Trishaw angebracht war, fing er jetzt an, lächerlich piepsende Hupgeräusche zu machen, die natürlich im Lärm der überschweren Lastwagenmotoren, die auf beiden Seiten neben uns donnerten, so wirkungslos untergingen wie Spatzengezwitscher zwischen zwei startenden Jumbojets.

Jetzt, da wir aus dem Windschatten der Lastwagen heraus waren, brachte der viel zu schwache Motor unseres Gefährts nicht mehr genug Kraft auf, um das angefangene Überholmanöver zu Ende zu führen, und so fuhren wir doch zwischen den Lastwagen weiter. Wenigstens waren wir so von beiden Seiten geschützt, während wir schlingernd und schaukelnd über die Kreuzung sausten, obwohl die Ampel mittlerweile auf Rot stand.

Die linke Spur stellte sich bald als der Anfang einer Ausfahrt heraus, die von dem Lastwagen zu unserer Linken auch benutzt wurde, während wir auf der rechten Spur geradeaus weiterfuhren. Unsere Trishaw rollte mit dem Vorderrad auf der Trennlinie zwischen den beiden Spuren, und da mein Fahrer eine geradezu pathologische Abneigung gegen jegliches Bremsen zu haben schien, brausten wir einfach weiter – bis die Trennlinie sich vor uns teilte.

Nun war auf keiner der Fahrspuren mehr Platz für unser Gefährt, und obwohl der Fahrer geradezu beängstigend nahe auf den Lastwagen zu unserer Rechten auffuhr, kam unser linkes Hinterrad von der geteerten Straße ab. Trotzdem ging die wilde Jagd mit Vollgas weiter, mit einem Hinterrad auf dem Teer und dem anderen auf dem Kies des unbefestigten Seitenstreifens.

Jetzt fing der Seitenstreifen auch noch an, sich zu bevölkern: Zelte und Stände tauchten auf. Hier wurden billige Kleinmöbel, alte Autobatterien, buntes Plastikgeschirr und allerhand Ramsch verkauft.

Dann tauchte vor uns eine Reihe von mit öligem Schmutzwasser gefüllten Schlaglöchern auf, die mein Fahrer mit großer Geschicklichkeit zu umfahren wusste – bis wir zu einer Pfütze kamen, die die ganze Kiesfläche einnahm. Hier gab es kein Ausweichen mehr, also hopste das linke Hinterrad der Trishaw durch das Schlagloch und verteilte dabei eine Fontäne von Dreckwasser über ein halbes Dutzend Passanten. Nachdem er beinahe noch einen kleinen Jungen überfahren hatte, der aus einem Bauchladen Zigaretten verkaufte, brachte der Fahrer endlich unser linkes Hinterrad wieder auf den Teer, indem er die Trishaw rücksichtslos in eine winzige Lücke zwischen zwei Autos zwängte – unter zornigem Hupen des Wagens hinter uns. Unser Vorderrad war kaum zwei Handbreit von der Stoßstange des Autos vor uns entfernt, aber mein Fahrer fand schon wieder die Muße, seine Obsession weiterzuverfolgen: «Sind Sie ganz sicher, dass Sie keinen Whisky haben, Sir?»

Karachi war auch sonst wirklich mörderisch, und ich reiste schon nach ein paar Tagen weiter – ungeduldig, endlich nach Kaschmir zu kommen. Mit einer Touristenkarte von der Größe (und der Genauigkeit!) eines Papiertaschentuchs, suchte ich mir einen Weg durch die unzähligen Dörfer und Städte der südpakistanischen Provinz Sindh und wechselte dabei bestimmt fünfzig Mal den Bus.

Ich nahm die Gelegenheit wahr, die auf dem Weg liegende Ruinenstadt Mohenjo-Daro zu besuchen, von der ich kurz vor meiner Abreise in einer Illustrierten gelesen hatte. Der Besuch stellte sich jedoch als totale Zeitverschwendung heraus. Außer unzähligen Ziegelsteinen, die in der glühenden Sonne vor sich hin backten, gab es absolut nichts zu sehen. Die Ziegelsteine waren in Haufen zu fünfzig-, hundert- und zweihunderttausend Stück aufgeschichtet. Die Mitte der Ruinenstadt wurde von einer Million Ziegelsteinen markiert. Hier hatte einst die Zitadelle Mohenjo-Daros gelegen, wenn man dem Schild, das daneben stand, Glauben schenken konnte. Neben der Zitadelle lag der Tempel – mit vielleicht einer halben Million Ziegelsteinen.

Ich bin irgendwie den Verdacht nie ganz losgeworden, dass Mohenjo-Daro nichts als ein groß angelegter Betrug war, der vielleicht vom pakistanischen Verkehrsbüro eingefädelt worden war. Mir erschien das Ganze nur als ein Trick, um den lokalen Tourismus anzukurbeln. In Wirklichkeit war Mohenjo-Daro nichts weiter als ein paar Dutzend Kipplaster-Ladungen von altem Bauschutt, die zu Haufen verschiedener Größe zusammengebaggert worden waren. Dann hatte wahrscheinlich jemand dem Professor irgendeiner finanzschwachen Universität ein paar Dollar in die Hand gedrückt. Und der Professor hat ihnen dann schriftlich bescheinigt, dass der Schutt tatsächlich fünftausend Jahre alt ist.

Als ich von Mohenjo-Daro aus weiter unter Pakistans mächtiger Sonne dahinreiste, von einem überfüllten Bus zum nächsten hechtend, drängte sich mir langsam, aber sicher die Erkenntnis auf: Es gab Länder, die man am besten gleich stracks durchquerte – und Pakistan, die Achselhöhle Asiens, wie jemand es einmal lieblos genannt hatte, war zweifelsohne ein solches Land.

Nach wochenlangen Verwicklungen wegen Problemen mit meinem Visum konnte ich endlich zwischen Lahore und Amritsar zu Fuß die Grenze nach Indien überschreiten – Busse oder Taxis gab es hier keine. Nach Amritsar folgte ich der Hauptstraße, die durch reiches Ackerland die ersten Ausläufer des Karakorum-Massivs hinaufführte.

Dann ging's per Bus weiter. Aber in der Nähe von Jammu ließ der Schaffner so unglaublich viele Leute zusteigen, dass ich es da drin einfach nicht mehr aushielt und die Fahrt auf dem Dachgepäckträger des Busses fortsetzte.

«Warum bin ich nicht schon eher darauf gekommen?», dachte ich, während ich es mir in der kühlen Nachtluft zwischen Koffern, Stoffballen, Kisten und der einen oder anderen tragbaren Motorhacke bequem machte. Nur die Insekten, die ständig auf meinem Gesicht aufprallten, störten die Idylle noch, aber auch dafür fand sich eine Lösung: Ich drehte mich kurzerhand um.

Mit dem Rücken zur Fahrtrichtung sitzend, hatte ich sie endlich gefunden, die perfekte Methode, in Indien zu reisen. Über mir funkelten Tausende von Sternen, und ihr Glitzern spiegelte sich überall im Wasser der Reisfelder zu beiden Seiten der Straße. Ich stopfte mir eine mächtige Chillum-Pfeife, und wie schon einmal auf meiner Reise wurde mir fast poetisch zu Mute – als plötzlich ein niedrig über die Straße hängender Ast voller Dornen gegen meinen Hinterkopf prallte. Mindestens ein Dutzend der langen Dornen gruben sich in meine Kopfhaut hinein und brachen ab. Ich konnte noch von Glück reden, denn wenn der Ast auch nur ein kleines bisschen dicker gewesen wäre, hätte es mich wahrscheinlich vom Bus gehauen.

Eine Weile lang lag ich benommen da. Als der Bus in einer kleinen Stadt anhielt, nahm ich meine Tasche und stieg halb kletternd und halb fallend von dem Dachgepäckträger herunter. Ein Krankenhaus gab es natürlich nicht in dem Ort, aber ein Polizist zeigte mir den Weg zu einer Arztpraxis.

Wie sich herausstellte, bestand diese Praxis aus einem einzigen hölzernen Stuhl, der unter einer schwachen Straßenlampe auf dem Gehsteig aufgestellt war, um Strom zu sparen. Ein zerbeultes kleines Metallbecken, eine alte Kombizange, wie man sie eigentlich eher bei einem Elektriker erwartet hätte, ein rostiges Klappmesser, eine ebenfalls rostige Schere, ein fettiger Kamm und ein halbblinder Spiegel, der an einem Haken auf der Rückseite des Stuhls hing, vervollständigten das Inventar der Praxis.

Der Arzt war sehr vielseitig, ein richtiger Renaissance-Künstler. Nicht nur, dass er all die Jobs machte, die Ärzte normalerweise erledigen, er zog auch Zähne, schnitt Haare und las Leuten ihr Schicksal aus der Hand sowie – und das war ein wirkliches Novum – von der Hornhaut ihrer Ellenbogen ab.

Er machte einen aufgeregten Eindruck. Trotz meiner Beule konnte ich ihm anmerken, was er dachte: Ich war ein Europäer und somit nach lokaler Definition praktisch automatisch ein Multimillionär! Und das in seiner Praxis! Das konnte nur ein Geschenk des Himmels sein!

Während er sich daran machte, die Dornen aus meinem Skalp zu entfernen, fing er an, einen Werbespot nach dem anderen abzuspulen: Zusätzlich zu all seinen anderen Qualifikationen war er – nach seiner Aussage – auch eine Autorität auf dem Felde der ayurvedischen Medizin.

Ich wusste natürlich überhaupt nicht, was ayurvedische Medizin ist. Davon hatte ich noch nie etwas gehört, und der Doktor erklärte nervös, das sei eine medizinische Wissenschaft, die auf zigtausendjähriger Erfahrung beruhe und mit der man jede Krankheit sofort und zuverlässig mit allen möglichen Salben, Pulvern und Kräutertränken heilen könne.

Was die Dornen in meinem Kopf anging, so war er allerdings wenig erfolgreich, der gute Doktor – ja, in mir stieg langsam der Verdacht auf, dass er ziellos in meiner Kopfhaut herumstocherte. Er hatte, wie mir schien, sogar überhaupt keine Ahnung, was das Entfernen von Dornen betraf, und dazu litt er auch noch ganz entsetzlich unter Mundgeruch, und den schnaufte er direkt auf die immer weiter auseinander klaffenden Wunden in meinem Hinterkopf. Das ging bestimmt zehn Minuten lang so, und ich konnte spüren, wie mir das Blut nur so in den Kragen rann. Aber die Dornen waren immer noch nicht draußen.

Nun begann der Doktor, von der Form und Größe meiner Nase Prophezeiungen über meine Zukunft abzuleiten. Er nannte dies die «Kunst der Physiognomik». Mit feierlicher Stimme gab er bekannt, es sei mir bestimmt, ein hohes Amt anzutreten, noch bevor ich dreißig Jahre alt sein würde.

Dann schlug er vor, ich sollte meinen Namen ändern, weil der, den ich momentan trug, das Böse speziell in Form von Magenkrankheiten anzog.

Als er von den Magenkrankheiten anfing, fiel bei mir der Groschen. Dieser Mann war gar kein Doktor, er war ein Quacksalber erster Ordnung. Das Einzige, was er mit einem richtigen Doktor gemein hatte, war, dass er aufs Geld aus war. Wie ein Auktionär gab er in regelmäßigen Abständen bekannt, wie viel seine Behandlung kostete: «Achtzehn Rupien, der Herr, schönen Dank, der Herr.» Dann wieder ein Werbespot, in dem es diesmal um seinen Nebenerwerb als Zahnarzt ging: «Und einundzwanzig Rupien, der Herr, schönen Dank, der Herr.» Als er mir auch noch ein dünnes Kupferarmband andrehen wollte, das angeblich den bösen Blick fern hielt, und nach einer weiteren Erhöhung seines Honorars («Wir stehen bei vierundzwanzig Rupien jetzt, der Herr, schönen Dank, der Herr»), sagte ich dem alten Narren endlich, er solle seine Finger von mir lassen, gab ihm sein Geld und wankte in die Nacht hinaus.

Natürlich war keines der Instrumente, die der «Doktor» bei seiner «Operation» verwendet hatte, desinfiziert gewesen. Die Löcher, die er in meine Kopfhaut gestanzt hatte, fingen beinahe sofort an, sich zu entzünden. Als ich drei Tage später in Srinagar ankam, war ich nahezu krankenhausreif.

15.
Der Guru von Pelham – die Weisheit des Ostens

Srinagar erinnerte mich fast ein wenig an zu Hause. Das im Vergleich zur Indus-Ebene erfrischend kühle Bergklima, der See, die weißen Gipfel rundherum, all das war ein bisschen wie am Zürichsee.

Ich mietete mich auf einem Hausboot ein und lag zwei Wochen lang flach, bis die Wunden an meinem Kopf wieder einigermaßen verheilt waren. Eine niemals enden wollende Prozession von Hausierern gab sich die Klinke meines Hausboots in die Hand. Sie boten Schuhe, Kleider und Kunsthandwerk an, kurzum: alles Mögliche.

Eines Morgens, ich saß gerade auf der Veranda vor meinem Frühstück, kam ein höchstens zwölfjähriger Junge in einem kleinen, flachen Boot über den See gepaddelt. Kaum in Rufweite, stand er in seinem Boot auf und fing an, mir verschiedene Waren anzupreisen: «Haschisch ... Marihuana ... Haschöl ... Opium ... Morphium ... Heroin ... Mandrax ... Quaaludes ... Tranquilizer ...» Ich kaufte ihm selbstverständlich nichts ab. Kinderarbeit sollte man einfach nicht unterstützen!

Und ganz abgesehen davon: Der Bootsvermieter hatte mich schon längst seinem Freund Akhbar vorgestellt. Anfänglich hatte ich geglaubt, Akhbar sei gekommen, um mir einen neuen Koffer zu verkaufen. Und da meine alte Tasche mittlerweile auf drei Kontinenten Unsägliches durchgemacht hatte und am Auseinanderfallen war, war ich sogar irgendwie ein wenig interessiert.

Akhbar breitete einige Muster seiner Handwerkskunst vor mir aus. Am Schluss seiner Vorführung stellte er schwungvoll ein kleines geflochtenes Handköfferchen auf den Tisch und sagte verschmitzt: «Schauen Sie sich den Koffer ruhig mal näher an. Aber ich glaube kaum, dass Sie sein Geheimnis entdecken werden.»

Ich betrachtete den Koffer von allen Seiten, aber ich konnte tatsächlich nichts Besonderes daran finden. Es war halt ein altmodischer Flechtkoffer mit einer Innenverkleidung aus schäbiger Kunstseide, Marke «Einmal runterfallen lassen und wegwerfen.» Für meine Zwecke jedenfalls vollkommen unbrauchbar.

Akhbar lachte: «Es ist mehr als ein Kilo Haschisch in dem Koffer versteckt. Sehen Sie das denn nicht? Schauen Sie noch einmal genau hin!» Ich sah ihn mir ganz genau an, aber ich konnte nichts finden. Der Koffer war leer. Für ein Versteck war nirgendwo Platz. «Soll das ein Witz sein?» Die Kaschmiris haben manchmal wirklich einen recht eigenartigen Humor.

Er schüttelte den Kopf und zog eines der dünnen Bambusröhrchen, aus denen der Koffer geflochten war, heraus. Dann schnitt er es mit einem Taschenmesser der Länge nach auf und kratzte eine grünlich-gelbe Substanz aus dem Hohlraum des zerschnittenen Bambusröhrchens heraus. Die Substanz krümelte er schließlich auf die Wasserpfeife, die allzeit bereit in der Ecke stand, und wir rauchten sie jetzt gemeinsam.

Nein, es war tatsächlich kein Witz! Das war erstklassiges Dope.

Akhbar sagte, die Kunst bestünde darin, die dünnen Zwischenwände in den Röhrchen mit einer angespitzten Fahrradspeiche herauszubohren und sie dann mit Haschisch zu füllen. Aus den so vorbereiteten Röhrchen wurde dann ein ganz normaler Koffer geflochten.

Und selbstverständlich war das Dope auch ohne Koffer zu haben. Ich verstand mich auf Anhieb ausgezeichnet mit Akhbar.

Benson hatte mir die genaue Anschrift seines Gurus mitgegeben, aber als ich die Adresse aufsuchte, war die Liegenschaft verlassen. Türen und Fenster waren mit Brettern zugenagelt. Von einem Nachbarn erfuhr ich, dass der Guru ausgezogen war, beziehungsweise dass die Leute in der Nachbarschaft ihn davongejagt hatten, weil er ein Götzendiener und ein Betrüger gewesen sei und weil einer seiner Jünger sich an einem Mädchen aus der Nachbarschaft vergriffen habe. In dieser Reihenfolge wurden mir die Ereignisse berichtet.

Ich fand bald heraus, dass der Guru nach Pelham umgezogen war – in ein kleines Dorf, das ein paar Busstunden von Srinagar entfernt war – und dass er dort einen neuen, größeren Ashram aufgemacht hatte.

Die Busfahrt über die engen und miserabel erhaltenen Bergstraßen nach Pelham war mehr als nur ein wenig Furcht erregend, aber die atemberaubende Aussicht am Ziel war eine großartige Entschädigung für die ausgestandene Angst. Pelham lag am Ufer eines kleinen Flüsschens, das sich durch ein enges Tal schlängelte. Die Berghänge entlang dieses Gewässers waren auf beiden Seiten bis weit hinauf mit Wiesen bedeckt, auf denen die Kühe grasten und kleine Jungen Herden von Schafen und Ziegen weideten. Im Norden von Pelham ging es zu den Ladakh-Ranges hinauf.

Die bereits schneebedeckten Bergzüge hatten etwas Strenges und Unergründliches und schienen einen Gedanken noch zu unterstreichen, auf den mich Akhbars Dope schon gebracht hatte: Wenn es wirklich irgendwo einen Zugang zu einer höheren Bewusstseinsebene gab, so war Kaschmir ebenso gut dafür geeignet wie jeder andere Ort auf der Welt.

Natürlich gab es keine Elektrizität in Pelham, und im einzigen Gasthaus des Ortes kam das fließende Wasser durch

eine Leitung aus ausgehöhlten Baumstämmen, die einen Steintank im Hof füllte. Das Gasthaus war fast vollständig von Anhängern des Gurus belegt, und ich hatte Glück, im letzten noch freien Zimmer im oberen Stock unterzukommen. Mein Nachbar war ein leicht exzentrischer Hippie, den man mir als «Lyle» vorstellte, den aber alle «George» nannten. Ich fand auch bald heraus, warum: Lyle litt unter der Vorstellung, George Harrison zu sein. Als zusätzliche Verwicklung – und ich fürchte, nun wird es ein wenig kompliziert – war Lyle nicht damit zufrieden, den anderen Gästen vorzumachen, dass er der Beatle George Harrison sei. Er bestand zudem noch darauf, George Harrison zu sein, der sich *inkognito* in Pelham aufhielt, um seinen Fans und der Presse zu entkommen – all das, obwohl sich mittlerweile eigentlich schon lange kein Mensch mehr für den echten George Harrison interessierte.

So hatten wir ihn also bei uns, Lyle, der definitiv nicht George Harrison war, aber so tat, als sei er George Harrison, der nicht George Harrison sein wollte – eine wirklich schwierige Rolle, selbst wenn man nicht von früh bis spät so bekifft war wie Lyle.

Die anderen Leute im Gasthaus vergaßen ständig, wer er war (oder genauer: wer er vorgab zu sein und zugleich nicht zu sein), und so war Lyle gezwungen, ständig kleine «Ausrutscher» in seine Konversation einzubauen, um die Illusion überhaupt am Leben zu halten. Also fing er oft einen Satz an mit «Als wir Abbey Road aufnahmen ...» oder «Während wir in Amerika auf Tournee waren ...» – nur um sich dann mit gespielter Verlegenheit mitten im Satz zu unterbrechen, weil er sich beinahe verraten hätte.

Jeden Abend klimperte Lyle vor dem offenen Feuer im Aufenthaltsraum des Gasthauses ein wenig auf seiner Gitarre herum – nicht besonders gut und mit einem recht begrenzten Repertoire. Aber weil ja weder Fernseh- noch Radiowellen bis in dieses Bergtal vordrangen, wurden seine Vorstellungen trotzdem geschätzt.

Lyles Lage wurde jedoch bis ins Unhaltbare verkompliziert, als eines Tages Lucien, ein Frankokanadier, in Pelham auftauchte. Wie es der Zufall wollte, war Lucien Berufsmusiker – und ein sehr, sehr talentierter Gitarrenspieler noch dazu, der ohne Zweifel auch dem wirklichen George Harrison noch ein paar Tricks hätte beibringen können.

Lucien war einer jener todernsten Menschen, die einfach keine Antenne für Humor haben. Als ihm jemand Lyle augenzwinkernd als George Harrison vorstellte, der sich in

Pelham vor seinen Fans versteckte, nahm Lucien das ohne weiteres ernst.

Zu Hause in Kanada hatte Lucien hin und wieder in Aufnahmestudios als Backup-Musiker gearbeitet, und es war köstlich zuzuhören, wenn er anfing, mit Lyle über Aufnahmetechnik zu diskutieren. Lyle, der offensichtlich in seinem ganzen Leben noch nie in einem Studio gewesen war, hatte plötzlich Schwierigkeiten mit seinem Gedächtnis und brachte auch die einfachsten Dinge durcheinander. Schließlich verstauchte er sich die Hand, gleich nachdem sich Lucien seine Gitarre ausgeliehen und ein paar Kostproben seines Könnens zum Besten gegeben hatte. Von da an blieb das Instrument auf seinem Zimmer.

Lucien erzählte mir, er verbringe jedes Jahr einen Monat bei «Seiner Weisheit». Ich dachte zuerst, er würde vom Papst in Rom sprechen, aber damit lag ich falsch. Er meinte den Guru. Lucien war ein langjähriger Anhänger des Gurus und hatte als solcher einen direkten Draht zu ihm. Lucien war derart beeindruckt von dem Krümel von Akhbars Dope, den ich ihm gegeben hatte, dass er mir innerhalb von wenigen Tagen einen Termin beim Guru verschaffte. Ich fand das toll, weil es mir den zweiwöchigen Meditationskurs ersparte, den normalerweise jeder absolvieren musste, der sich mit «Seiner Weisheit» auch nur unterhalten wollte. Ich hätte das sowieso nie geschafft, stundenlang nur rumzusitzen und Mantras zu singen.

Ich traf «Seine Weisheit» nur ein einziges Mal. Er trug ein wallendes rotes Gewand und war ein wenig übergewichtig. Er sprach sehr schnell. Ich konnte ihm kaum folgen, als er mir die wichtigsten seiner Theorien auseinander setzte. Es ging dabei um irgendwelche Nervenzentren im Rückgrat, im Gehirn und in den Händen und um unsichtbare Kraftlinien, die durch den Körper verliefen. Wenn diese Kraftlinien mit den Kraftlinien im Universum nicht harmonierten, geriet man in Schwierigkeiten. Ich fand das alles sehr interessant, bis er mir eine Illustration dieser Nervenzentren in einem seiner Bücher zeigte. Was da stand, ließ sich überhaupt nicht mit dem wenigen vereinbaren, was ich in der Schule über menschliche Anatomie gelernt hatte.

Der Guru sagte, die westliche Wissenschaft sei eben noch nicht in der Lage, diese Nervenzentren zu identifizieren – er, der Guru, sei weltweit der Einzige, der darüber Bescheid wisse. Sein Vorgänger habe ihn eingeweiht, und der habe es wiederum von seinem Vorgänger gelernt. Und so reiche das Wissen immer weiter zurück, wie eine Kette, bis zu irgendeiner Hindu-Gottheit im Jahre 158 000 vor Christus – oder so ähnlich.

Als ich ihn nur mit großen Augen anschaute, betonte er nochmals: Er sei gerade dabei, mir göttlich offenbartes Wissen weiterzugeben, und eine gewisse Ehrfurcht sei da doch angebracht. Es zieme sich einfach nicht, dieses Wissen wegen ein paar Schulbüchern in Frage zu stellen.

Dann fuhr er fort, wo ich ihn unterbrochen hatte: Jeder Mensch habe seine eigenen geistigen Energien, und diese Energien seien bei den meisten Menschen negativer Art. «Schlechtes Karma» nannte er das. Und schlechtes Karma bedeute schlechtes Leben. Und um dieses schlechte Karma loszuwerden, das ihr Leben ruiniere, dafür kämen die Leute in seinen Ashram.

Das Endprodukt seiner Lehre sei die Erleuchtung – der Moment, in dem die geistige Energie aus einem Loch im Kopf des Erleuchteten herauszusprudeln beginne. Ich glaube nicht, dass ich das falsch verstanden habe. Er sagte es tatsächlich so.

Der Guru schlug eine andere Seite in seinem Buch auf und zeigte mir noch ein Bild. Darauf saß ein Mann im Schneidersitz, und so etwas wie eine Energiesparlampe wuchs direkt aus seinem Kopf. Es sah unbequem aus, irgendwie sogar gefährlich.

Soweit mir bekannt war, befinden sich im menschlichen Schädel weder Löcher noch Lampenfassungen, was ich dem Guru auch sagte, aber von seiner Reaktion konnte ich ableiten, dass er auch diese skeptischen Bemerkungen nicht besonders schätzte: Es gehe auf der Zeichnung um die symbolische Darstellung des spirituellen Lichts und nicht um eine Lampe, sagte er langsam. Dabei betonte er jedes Wort. Es hörte sich fast ein wenig gepresst an. Ich beschloss daraufhin, von nun an den Mund zu halten.

«Seine Weisheit» fuhr fort. Es sei ein weiter, weiter Weg bis zur Erleuchtung. Durch eine rein vegetarische Ernährungsweise, vollkommene sexuelle Abstinenz sowie drei bis vier Stunden Meditation und Mantra-Singen am Tag unter seiner Anleitung habe man jedoch durchaus die Aussicht, das Ziel noch zu seinen Lebzeiten zu erreichen. Und wenn man es nicht in diesem Leben schaffe, dann eben in der nächsten Inkarnation.

Dann schaute mich der Guru ernst an und fügte mit gerunzelter Stirn hinzu: Der erste Schritt, den er seinen neuen Schülern stets nahe lege, sei, dass sie aufhörten, Haschisch zu rauchen. Haschischrauchen verstärke die Illusionen, die einen Menschen an das Lebensrad ketteten, nur noch.

Ich nahm an, dass der Guru das sagte, weil er gemerkt hatte, welche Schwierigkeiten ich hatte, mich auf seinen Vortrag zu konzentrieren. Mein frühmorgendliches Chillum mit Akhbars Trockenbeerenauslese hallte noch durch meinen Kopf wie eine verschlüsselte Botschaft aus einer übergeordneten Dimension. Ich musste mich beinahe festhalten, um nicht vom Stuhl zu fallen.

Glücklicherweise verabschiedete sich «Seine Weisheit» dann bald und fügte noch hinzu, dass er sich darauf freue, mich in seiner Meditationsklasse für Anfänger zu sehen.

Sein Gehilfe, der bisher stumm wie eine Statue neben ihm gestanden hatte, blieb zurück, als «Seine Weisheit» das Zimmer verließ, um mich als das neueste Mitglied des Ashrams zu empfangen, aber ich lehnte dankend ab – und das nicht nur, weil das Ganze so teuer war. Der Hauptgrund dafür war eher, dass ich von alledem, was der Guru da gerade zusammengeschwafelt hatte, kein einziges Wort glaubte. Schlechtes Karma, ein Loch im Kopf und die Aussicht, meine Steaks heimlich im Verborgenen zu essen, wie die Anhänger des Gurus es taten – das hatte mir gerade noch gefehlt. Nein danke!

Als ich den Weg zurück zum Gasthaus in Angriff nahm, war ich stocksauer. Ich wetterte über Benson, den Guru und am allermeisten über mich selbst. Zehntausend Kilometer war ich gereist – und wozu? Etwa um mir einen solchen Blödsinn anzuhören?

16.
Holly – was für eine Frau!

Ich reiste trotzdem nicht sofort aus Pelham ab. Was mich zurückhielt, waren die zarten Gefühle für eines der amerikanischen Mädchen aus dem Schlafsaal im ersten Stock des Gasthauses. Sie hieß Holly, und wir waren eines Abends im lokalen «Steak House» ins Gespräch gekommen.

In der düsteren, ja geradezu ärmlichen Einrichtung des «Steak House» gab es nur eine Attraktion: einen Holzkohlengrill. Es war schon dunkel, als Holly hereinkam – allein, und es schien ihr schrecklich peinlich zu sein, jemanden zu treffen, der auch im Gasthaus wohnte. Ich hingegen aß jeden Abend hier und konnte sie deshalb beruhigen: Man traf hier öfters den einen oder anderen Anhänger des Gurus, obwohl sie offiziell alle zu strengstem Vegetariertum verpflichtet waren. Das Essen im Ashram war für Leute aus dem Westen aber einfach zu proteinarm.

Holly wollte wissen, wen ich denn schon im «Steak House» getroffen hatte, und sie fiel aus allen Wolken, als ich ein paar Namen aufzählte. Es war schwer zu sagen, ob sie schockiert oder erleichtert war, jedenfalls lachte sie schließlich – allerdings mit ein paar Falten auf der Stirn: «Das glaub ich einfach nicht, Knud war hier? Ich meine, alle anderen, okay, aber doch nicht Knud ...»

Holly war ungefähr in meinem Alter. Sie war groß, schlank und vom rot-blonden Typ, was sich natürlich überhaupt nicht mit der indischen Aufmachung vertrug, die für Frauen im Ashram ein absolutes Muss war. Sie gefiel mir aber trotzdem, besonders ihre Sommersprossen hatten es mir angetan. Sie betonten ihre bleichen Gesichtszüge und ihre stahlgrauen Augen irgendwie auf eine ganz faszinierende Weise.

Da wir im gleichen Ort wohnten, ließ es sich nicht vermeiden, dass wir uns jeden Tag mehrmals begegneten, und ich quatschte sie regelmäßig an, wogegen sie nichts zu haben schien, ganz im Gegenteil – allerdings nur, solange Knud, der Chef der europäischen Abteilung des Ashrams, nicht in der Nähe war. Knud übte einen enormen Einfluss auf sie aus. Ihr ganzes Verhalten veränderte sich, sobald er auftauchte. Dass sie was miteinander hatten, glaubte ich allerdings nicht, dazu waren sie beide viel zu vergeistigt.

Am Abend vor meinem Gespräch mit dem Guru waren alle seine Anhänger wie gewöhnlich in geschlossener Formation vom Gasthaus zum Ashram hinübergetrottet, um ihre regelmäßige Dosis von was auch immer zu beziehen. Als ich nach dem Abendessen in den Aufenthaltsraum herunterkam, war dieser leer, bis auf Lyle, der im Lehnstuhl saß und eine Hukkah-Pfeife qualmte. Ich hatte mich schon damit abgefunden, einen weiteren Abend zusammen mit Lyle zu verquarzen, als die Tür aufging und Holly hereinkam.

Sie setzte sich zu uns und war sehr freundlich und aufgeschlossen. Die Abwesenheit der anderen schien sie aufzulockern, wie immer. Ich machte ein Feuer im Kamin, und siehe da, sie kam zu mir, und wir begannen uns zu unterhalten. Sie lehnte sich an mich, auf eine kindlich-unschuldige Art, aber ich fing sicherheitshalber trotzdem an, vage romantische Andeutungen zu machen, was jedoch – eigentlich wie meistens – keine Wirkung zeigte.

Nach einer Weile wurde ich ein wenig direkter, fing an, mit ihren langen Haaren zu spielen und ihr kleine Nettigkeiten ins Ohr zu wispern, aber das schien auch nicht die richtige Tour zu sein. Holly schüttelte plötzlich unwillig den Kopf und sagte: «Nein, nein, dazu bin ich nicht nach Pelham gekommen! Eigentlich bin ich hier, um von all dem Abstand zu gewinnen.»

Oh-oh, dachte ich bei mir, die hat aber jemand ganz schön durcheinander gebracht.

Dann kuschelte sie sich jedoch wieder enger an mich, obwohl es gar nicht mehr kalt war im Aufenthaltsraum – ganz im Gegenteil, denn das Feuer im Kamin brannte mittlerweile lichterloh. Lyle, der uns aus den Augenwinkeln beobachtet hatte, verschwand still und unauffällig, was ich außerordentlich aufmerksam von ihm fand. Und Hollys Gesicht war dann plötzlich auch so eigenartig dicht bei meinem, und sie flüsterte mir ins Ohr: «Eigentlich wärst du ein prima Kerl, Pete, wenn du nur nicht ständig so bekifft wärst ... Warum rauchst du bloß so viel Dope, Pete, hast du dir schon mal überlegt, warum du eigentlich so viel Dope rauchst? Solche Dinge haben einen Grund, lass uns doch mal nach dem Grund suchen, Pete ...»

Das war nun allerdings eine peinliche Frage, die ich mir insgeheim auch schon gestellt hatte. «Der Grund, Holly? Nun, der Grund ist ... nun ... der Grund ist, ich rauch das Zeug eben so schrecklich gerne.»

Sie lachte nur: «Du rauchst es eben so schrecklich gerne. Was für eine originelle Antwort!»

Ich lud die Wasserpfeife neu, mehr oder weniger um davon abzulenken, wie unangenehm mir ihre Frage war. Ich nahm ein paar Züge.

Dann rauchte sie allerdings plötzlich auch mit und gab zu, dass sie das Zeug bis vor kurzem auch noch ganz gerne geraucht hatte.

Na also!

Als die Wasserpfeife leer gebrannt war, nahmen wir uns eins der handgemachten Puzzles von der Kamineinfassung und fingen an, mit den umgedrehten Stücken Rorschachtest zu spielen. Es war offensichtlich, dass sich hinter den Sommersprossen auf Hollys hoher Stirn jede Menge gut informierter grauer Substanz befand – und jede Menge Humor. Wir hatten einen Riesenspaß miteinander: Sie äffte meinen Schweizer Akzent nach, und ich neckte sie wegen ihres Saris. Sie lachte nur: «Musst mir nicht erzählen, dass ich aussehe wie eine Giraffe, das ist mir nämlich ganz egal. Ich will gar nicht mehr anziehend wirken. Zieh sowieso immer nur die falschen Typen an.»

Dann hielt sie plötzlich meinen Kopf zwischen ihren langen Händen und schaute mir tief in die Augen. Ihre Nasenspitze war höchstens zwei, drei Finger breit von meiner entfernt, und für einen Moment dachte ich, sie wollte mich küssen: «Du findest mich doch hoffentlich nicht attraktiv, Pete, oder etwa doch?»

Wie reagiert man denn bitteschön auf so was? Mir kam jedenfalls nichts anderes in den Sinn, als schlapp meine rechte Hand auf ihre linke Wange zu legen und wie hypnotisiert in ihre großen grauen Augen zu starren ...

... und genau in diesem Moment ging die Tür auf und Knud und noch ein halbes Dutzend von den Guruleuten trampelten in den Aufenthaltsraum. Sie hätten sich keinen dümmeren Moment für ihre Rückkehr aussuchen können als diesen, selbst wenn sie ihre heiligen Bücher darüber zu Rate gezogen hätten. Holly wandte sich schnell von mir ab und begann verlegen, die überall auf dem Boden verstreuten Puzzlestücke einzusammeln, während ich still vor mich hin schimpfte.

Knud ging wirklich jegliches Zartgefühl ab. Er rief Holly zu sich herüber, und sie gingen zusammen zur Tür hinaus. Ich hätte ihm am liebsten die Wasserpfeife nachgeworfen.

Von diesem Abend an war ich dann hinter Holly her. Ich ging sogar ein paar Mal mit in den Ashram, um einen guten Eindruck zu machen, obwohl es dort wie im Kindergarten zuging. Es war kaum zu glauben, welchen Gruppenzwängen sich die Leute da unterwarfen.

Holly war intelligent und hochsensibel, aber irgendwie aus ihrem inneren Gleichgewicht geraten. Zuerst dachte ich, Knud und ein paar der Inder im Ashram wollten ihr helfen, aber für jemanden wie Holly, die von Natur aus schon reichlich kompliziert war, war das Schaumschlägerbad undurchsichtiger Esoterik, in welches die Leute im Ashram alles tauchten, in Wirklichkeit das reine Gift, weil es alles nur noch komplizierter machte.

Warum machen die das, fragte ich mich. Merken diese Idioten denn nicht, dass sie mit ihrem Gesülze über vergangene und zukünftige Inkarnationen alles nur noch undurchschaubarer und verwirrender machen?

Dann kam in mir ein übler Verdacht auf: Vielleicht war es ihnen ganz recht, wenn Holly ihr Gleichgewicht nicht fand, weil es so einfacher war, sie zu manipulieren – inklusive ihrer Finanzen, von denen sie eine schöne Menge zu haben schien.

All das erinnerte mich irgendwie an den Quacksalber, der mir beinahe meinen armen Kopf ruiniert hätte. Der Guru und Knud – genau: Nichts als Quacksalber waren sie! Quacksalber des Gemüts!

Es dauerte nicht lange, und ich war fest davon überzeugt, Holly helfen zu müssen. Und weil ich sowieso schon fast bis über beide Ohren in sie verknallt war und gerne jede Menge Zeit mit ihr verbrachte, tat ich so, als ob mich die Theorien des Gurus interessierten. Für ein Gespräch darüber war sie nämlich immer zu haben.

Und so saßen wir einen goldenen Herbstnachmittag nach dem anderen unter der großen Trauerweide am Ufer des kleinen Flusses, der unterhalb des Gasthauses vorbeifloss – Holly auf der alten Holzbank und ich zu ihren Füßen im Gras.

«Lass uns doch von hier abhauen, Holly! Wir könnten ein Stück zusammen reisen, in den Süden, an den Strand oder tauchen gehen und einfach ein bisschen leben. Du kannst ja im Frühling wieder zurückkommen und das Nirwana fertig ansteuern, wenn du das dann noch willst.»

Ich konnte sie mir lebhaft im Badeanzug vorstellen, mit schulterlang geschnittenem Haar. Sie würde großartig aussehen!

Ich konnte erkennen, wie es hinter ihren Sommersprossen arbeitete: «Ja, die Strände in Kerala sind großartig. Ich war letztes Jahr ein paar Wochen lang da unten ...» Und dann sah sie mir wieder in die Augen, wie sie es an jenem Abend vor dem Kamin getan hatte, nur dass sie mich diesmal an den Haaren festhielt und meinen Kopf hin und her wiegte, als wollte sie an meinen Pupillen vorbei direkt in mein Gehirn schauen.

Doch dann ließ sie mich plötzlich wieder los und zog ein Buch des Gurus aus der Tasche: «Wollen wir's noch einmal zusammen durchgehen? Ein paar Sachen verstehe ich da wirklich auch nicht.»

Mein Herz sank in den Keller, aber ich sagte tapfer: «Also gut, warum nicht. Aber nur ein Kapitel, hörst du? Nicht mehr als ein Kapitel. Höchstens ein Kapitel, Holly. Bitte!»

Was man nicht alles tut, wenn man verliebt ist.

Und natürlich hatte sie Recht. Ich verstand ebenfalls nicht, was der Guru sich da zusammengesponnen hatte; ganz einfach, weil es da auch gar nichts zu verstehen gab. Er leitete die tollsten Lehren aus irgendwelchen alten Göttersagen ab, die jeder normale Siebenjährige als Märchen erkannte.

Das Positive an dem Kapitel, das wir durchgingen, war, dass es einige grundlegend falsche Aussagen enthielt, die bewiesen, dass der Guru zentrale Bestandteile der wissenschaftlichen Weltanschauung, die er mit seiner Offenbarung beiseite schieben wollte, gar nicht verstand.

«Komm, Holly, schau dir das hier doch an und denk mal nach. Der hat ja überhaupt keine Ahnung. Du bist doch auch mal zur Schule gegangen. Stell dir mal vor, was die Lehrer gesagt hätten, wenn du ihnen einen solchen Quatsch erzählt hättest! Wenn jemand schon einen derartigen Käse über die *sichtbare* Welt zusammenschreibt, wie kann man ihm dann ein Wort von dem glauben, was er da über seine so genannte *unsichtbare Welt* von sich gibt?»

Am nächsten Tag ging Holly nicht zur Meditationsklasse, was zumindest seit meiner Ankunft in Pelham noch nicht vorgekommen war. Ich sagte: «Komm, lass uns mal ein wenig wandern gehen» – und sie antwortete: «Ja, gehen wir mal ein wenig wandern. Ich bin schon seit drei Monaten hier und bin noch nie aus diesem Kaff rausgekommen.»

Sie war auf dem Wege der Besserung, es war nicht zu übersehen.

Hinter dem Gasthaus führte ein Fußweg über einen riesigen, von Tannen bewachsenen Schuttkegel den Berg hinauf – bis weit, weit nach oben, wo ein enormer Felsblock eine Art natürliche Terrasse bildete. Die Oberfläche des Felsblocks war mit dichtem Gras und roten Blumen bedeckt. Das war wirklich ein Platz, der wie geschaffen war für ein Schäferstündchen. Wir setzten uns hin, noch völlig außer Atem von der ungewohnten Anstrengung des Aufstiegs.

Die Aussicht war fantastisch: Die wenigen Häuser im Tal unter uns waren klein wie Kinderspielzeug, und die schneebedeckten Berge der Ladakh-Ranges gegenüber standen da wie riesige Wolkentürme. Hier saßen wir stundenlang, Händchen haltend und uns unterhaltend, als würden wir uns schon seit zehn Jahren und nicht erst seit zehn Tagen kennen.

Holly war so wunderschön. Sari hin oder her, ich konnte einfach nicht widerstehen. Ich nahm sie in meine Arme und küsste sie. Zunächst zitterte sie ein wenig, aber dann reagierte sie durchaus positiv.

Doch dann machte ich den alles entscheidenden Fehler, ich Idiot: So, wie ich mich zu ihr hinübergelehnt hatte, lastete mein ganzes Gewicht auf meinem linken Knie, das zudem in einem unmöglichen Winkel unangenehm verdreht war. Um es ein wenig bequemer zu haben, zog ich kurzerhand Holly den Arm, auf den sie sich stützte, unter ihr weg und legte sie sanft auf den Rücken. Ich dachte mir eigentlich nicht viel dabei, aber sie begann sofort, sich zu wehren: «Nein, Pete, lass dass, ich will das nicht ...»

Aber ich dachte, nun sei *ich* an der Reihe, sie festzuhalten. Was diese Sorte von Prinzessin braucht, dachte ich, ist noch ein richtiger Kuss – dann fällt der böse Zauber von ihr ab, und das Märchen kann beginnen.

Aber leider, leider gehörte Holly nicht zu den Frauen, die die stürmische Tour schätzten, denn als ich sie losließ, gab sie mir mit der Faust einen Schlag auf mein linkes Auge. Dann stand sie auf und rannte weg.

Ich stand ebenfalls auf, wenn auch ein wenig langsamer. Mir drehte sich alles vor den Augen. Was für ein Hammer, dachte ich. Sie ist so ein zartes Weibsbild, aber so ein Hammer ... Ich war total konsterniert.

Und nun war ausgerechnet ich es, der Holly noch mehr durcheinander gebracht hatte.

Am Abend erschien sie nicht zum Essen, und als ich herumfragte, sagte mir eine der Amerikanerinnen, Holly sei in den Ashram umgezogen. Ich ging natürlich schnurstracks rüber.

Der Türwächter wollte sie zuerst nicht herausrufen, aber ich drückte ihm eine Banknote in die Hand und hielt ihm gleichzeitig die Faust unter die Nase. Ich weiß nicht, woran es genau lag, aber eins von beidem musste gewirkt haben, und er holte Holly.

Sie wirkte kalt und irgendwie weit weg. «Warum hast du das getan, Pete? Ich hab dir doch gesagt, dass ich das jetzt nicht will ...»

«Was hab ich denn getan, Holly? Ich hab's doch nicht so gemeint. Ich bin doch gar nicht so, das weißt du doch!»

«Ach, hör doch auf, du bist genauso wie der andere, haargenau gleich. Ich bin einmal drauf reingefallen, aber diesmal nicht, du ... du ... du ...!» Dann spuckte sie vor mir auf den Boden, wie es die Leute in Indien tun, wenn sie jemanden wirklich verachten.

Ihre Augen blitzten, sie war jetzt wirklich böse. «Und sowieso: Knud hat endlich dein Horoskop fertig. Jetzt wundert mich gar nichts mehr. Es klappt einfach nicht mit uns beiden. Es würde nie funktionieren!»

«Knuds Horoskop ... Holly, was denn noch? Was weiß denn der Heini schon? Es geht doch gar nicht um Knud und seinen absolut blödsinnigen Quatsch. Es geht um uns, Holly! Wir wären wie geschaffen füreinander! Komm, Holly, lass uns abhauen, oder willst du dich in diesem komischen Kloster etwa vergraben? Die sind doch hier alle nur hinter deinem Zaster her!»

Aber es hatte alles keinen Sinn. Ich schaffte es einfach nicht, sie zurückzugewinnen.

Ich verbrachte den Rest des Abends im «Steak House», aber nicht, um zu essen. Ich bestellte eine Flasche Araki und füllte mir damit dermaßen die Lampe, dass ich später auf dem Weg zurück zum Gasthaus beinahe von der Brücke gefallen wäre.

Die Anhänger des Gurus waren alle friedlich vor dem Kamin versammelt, als ich hereinkam, und sie waren zu mir noch freundlicher als sonst. Sie wollten mir über diese «Krise», wie sie es nannten, hinweghelfen. Aber ich hatte jetzt endgültig die Nase voll von dem ganzen Ashram-Kram, vom Summen, vom Mantra-Singen, vom halb entrückten Lächeln, von der pseudovergeistigten Atmosphäre – und von dem Mädchen aus Amerika, das weggerannt war, um sich im Kloster einzuschließen, und mir nichts zurückgelassen hatte als ein blaues Auge und ein Loch im Herzen.

Am nächsten Morgen packte ich voller pechschwarzer Wut meine Tasche und schaffte gerade noch den Bus zurück nach Srinagar. Als ich dann erst mal in Srinagar war, schlug die Wut zuerst in Bedauern und dann langsam in Gewissensbisse um. Holly hatte schon lange darüber nachgedacht, ob sie in den Ashram ziehen sollte, hatte sich aber nie dafür entscheiden können, weil sie den Leuten dort nicht traute und auch irgendwie Angst hatte vor diesem Schritt. Und nun war ich gekommen und hatte ihr helfen wollen. Und was hatte ich bewirkt – genau das Gegenteil!

Wenn ich doch nur nicht so plump gewesen wäre, wenn ich ihr nur ein wenig mehr Zeit gelassen hätte! Stattdessen hatte ich mich aufgeführt wie ein Teenager auf einem Schulfest! Sie war drauf und dran gewesen, sich das Ganze anders zu überlegen – ach, natürlich hätte sie sich's anders überlegt, wenn ich nicht so ...

Und wir hätten wirklich so gut zusammengepasst.

Ich hätte sie mit Sicherheit von ihrer esoterischen Umlaufbahn runtergeholt ...

Und sie hätte mich auf andere Gedanken gebracht – ich hätte bestimmt aufgehört, mir jeden Tag den Kopf zuzudröhnen ...

Ich hing in Srinagar herum und war innerlich total zerrissen. An dem einen Tag dachte ich: «Ich muss zurück nach Pelham und Holly da rausholen.» Am nächsten Tag überlegte ich es mir schon wieder anders: «Sie muss selbst wissen, was sie tut. Es ist *ihr* Leben.»

Schließlich hatte Akhbar, der Hoflieferant der Hasch-Connaisseure, von meiner Rückkehr gehört und stattete mir einen Höflichkeitsbesuch ab. Über einer Wasserpfeife oder auch deren vier erzählte ich ihm von meinem Problem, und er wusste sofort einen Rat. Sein Vorschlag war, einen Kleinbus voll mit militanten Moslems da hochzuschicken. Die Moslems hassten den Guru alle wie die Pest.

«Kein Problem, Mister Piter, Sir, kein Problem. Wir fahren früh am Morgen los, holen die Dame raus und sind am nächsten Tag wieder in Srinagar. Zweitausend Dollar, Mister Piter, Sir, vielleicht auch nur achtzehnhundert, und Sie gehen dann einfach und nehmen Ihre Dame mit. Der Guru und seine Leute sind alle feige Hunde. Sie werden ein bisschen bellen, das ist alles. Sollen sie doch bellen!»

Ich sagte, ich würde es mir überlegen.

Bevor er in sein Taxiboot stieg, verkaufte mir Akhbar allerdings noch zwei tennisballgroße Klumpen vom Allerfeinsten. Beinahe reines Harz war das, die beiden Stücke waren so weich, dass man sie hätte an die Wand werfen können, und sie wären kleben geblieben.

Ein paar Tage lang konnte ich kaum kriechen vor lauter Depressionen, aber auch wegen des Harzes. Ich entschloss mich, nichts zu tun, solange ich in Srinagar blieb – und ich blieb noch eine ganze Weile.

Schlussendlich, kurz bevor der Winter kam, reiste ich per Autostopp weiter nach Neu-Delhi. Ich kann mich eigentlich gar nicht mehr erinnern, was mir konkret den Anstoß dazu gegeben hatte. Vielleicht war es die blanke Verachtung, die ich in Akhbars schwarzen Augen aufsteigen sah, als er begriff, dass ich mich nicht aufraffen konnte, wegen Holly etwas zu unternehmen. Oder vielleicht dachte ich, ich könnte meine Selbstvorwürfe hinter mir lassen, wenn ich Srinagar verließ. Aber das war ein Trugschluss.

Jullundur, Saharanpur, Muzaffarnagar – mit solchen und

noch eigenartigeren Namen waren die von Menschen nur so wimmelnden Städte entlang der tausend Meilen langen Straße nach Neu-Delhi behaftet. Ochsenkarren, Taxis und Lastwagen ausweichend – die alle dieselbe mörderische Gleichgültigkeit für ein so weiches Objekt wie einen einzelnen europäischen Tramper an den Tag legten –, brauchte ich manchmal einen ganzen Tag und sechs oder sieben verschiedene «Lifts» (Mitfahrgelegenheiten), um auch nur hundert oder hundertfünfzig Kilometer weit zu kommen.

Aber als ich schließlich in Neu-Delhi ankam, waren meine Selbstvorwürfe immer noch da. Ich konnte Holly einfach nicht vergessen, und ich konnte mir selbst nicht vergeben. Als ich einmal von ihr geträumt hatte, wäre ich um ein Haar nach Srinagar zurückgeflogen, aber ich tat es nicht ... ich tat gar nichts.

Ich reiste weiter, und im Grunde war ich auf der Flucht vor mir selbst. Von Nepal aus trieb es mich nach Kalkutta und von dort aus Indiens endlos lange Ostküste hinunter.

Dann verbrachte ich sechs Monate (oder vielleicht waren es auch neun?) an Sri Lankas tropischen Stränden. Ich ließ mich beinahe vollständig durchhängen während dieser Zeit. Von Gurus, ihren Anhängern und besonders ihren Anhängerinnen hielt ich mich fern und zog stattdessen die Gesellschaft von ganz normalen Hippies vor.

Wie sie tat ich mein Bestes, um das Nirwana mit Hilfe von Kräutern und Pilzen zu erreichen. Wie sie hielt ich mich strikt an die Doktrin des Nicht-Arbeitens. Und wie sie wandelte ich den dreifachen Pfad vom «Den-ganzen-Tag-am-Strand-Herumhängen», vom «Schnorcheln-Gehen-wenn-es-heiß-wird» und vom «Ewigen-Bodysurfen-wenn-die-Wellen-gut-sind» – und das sieben Tage in der Woche, Woche für Woche, Monat für Monat.

Ich wurde ein völlig anderer Mensch: aufgelockert, abgeklärt oder vielleicht auch nur stumpfsinnig – es war schwer zu sagen, was wirklich zutraf. Es war mir letzten Endes eigentlich auch egal!

Die Zeit, die Sonne und die Drogen brannten Hollys Bild langsam aus meinem Gedächtnis, aber was eigenartig war: Die Selbstvorwürfe blieben, ja sie verschlimmerten sich noch.

Ich fing immer mehr an, mich als einen Versager zu betrachten. Irgendwie hatte sich eine kleine hämische Stimme in meinem Hinterkopf eingenistet, die bei der kleinsten Ungeschicklichkeit, beim kleinsten Widerstand, beim kleinsten Missgriff anfing loszunörgeln: «Du bist ein Versager! Was bist du bloß für ein Versager!»

Am Anfang wehrte ich mich noch dagegen, aber als das nicht fruchtete, gewöhnte ich mich schließlich daran. Was blieb mir auch anderes übrig?

Erst als die Monsunregen einsetzten und die Hippies, mit denen ich rumgehangen hatte, zurück nach Europa flogen, raffte ich mich wieder auf.

17.
Definitiv reif für die Insel

Zwei Wochen später saß ich in einem Flugzeug nach Bangkok – und nur mit den allerbesten Absichten! Es war mir klar, ich musste unbedingt wieder mal etwas Sinnvolles, Nützliches tun.

In Kambodscha war gerade der Krieg ausgebrochen, und Hunderttausende von Kambodschanern waren nach Thailand geflohen. Dort waren verschiedene Hilfsorganisationen dabei, in aller Eile Flüchtlingslager aus dem Boden zu stampfen.

Ich hatte in einem Magazin gelesen, dass einige dieser Organisationen Freiwillige suchten, und das war der Grund für meinen Flug nach Bangkok: Ich wollte mich als freiwilliger Helfer in einem Flüchtlingslager melden.

Es war schon tiefe Nacht, als ich den Flughafen verließ und in ein Taxi sprang. Nach den Monaten an Sri Lankas einsamen Stränden versetzte mich Bangkok mit seinem Durcheinander, seinen chaotischen Verkehrsverhältnissen, seinen Lichtern und seinem Lärm beinahe in eine Art Schockzustand. Ich nahm mir ein Zimmer in dem billigsten Hotel, das noch einen Swimmingpool hatte. Und es war an diesem Swimmingpool, als ich gleich am nächsten Tag die Taucher aus Polen traf. Der Motor ihres Schiffs streikte, und sie lagen in Bangkok fest, weil einige der für die Reparatur nötigen Ersatzteile nicht aufzutreiben waren.

Die Polen luden mich zu ein paar Gläsern «Mekong»-Reisschnaps ein. Als sie später ein Taxi bestellten, fragte einer von ihnen, ob ich nicht mitkommen wolle. Wir fuhren direkt zum berühmten «Grace-Hotel».

Noch während ich durch das Halbdunkel an die Bar stolperte, machten mir eine ganze Reihe von hübschen Mädchen alle möglichen außergewöhnlichen Vorschläge, und eines von ihnen saß mir schon auf den Knien und hatte seine Arme um meinen Hals geschlungen, kaum dass ich mich auch nur auf einen Barhocker gesetzt hatte. Ich war noch nie an einem solchen Ort gewesen. Erst als einer der Polen mir erklärte, war hier los war, fiel bei mir der Groschen: Alle diese Mädchen – es waren mindestens zweihundert – waren Prostituierte.

Die nächste Lokalität, in die mich die Polen schleiften, war eine Live-Pornoshow, über die ich hier keine weiteren Worte verlieren will. Nach der Show ging's dann in einen Nachtclub, in dem mir die Polen schließlich eines ihrer zahlreichen «Girls» aufhalsten. Die Polen waren mittlerweile alle völlig betrunken und hielten sich die Seiten vor Lachen, als sie sahen, wie verlegen ich war.

Gegen Morgen verloren wir uns dann aus den Augen, und ich landete bei dem Mädchen zu Hause. Als ich gegen Mittag meinen Weg zurück zum Hotel suchte, konnte ich nicht aufhören, den Kopf zu schütteln: Was für eine verrückte Stadt, dieses Bangkok ... Was für eine verrückte Bande, diese polnischen Taucher ...

Doch obwohl sie eine so abgefahrene Bande waren, ging ich auch am nächsten Abend wieder mit ihnen aus, und am Abend danach ebenfalls. Das war der Grund, warum ich es nicht ins Büro des UNO-Hochkommissars für Flüchtlingsfragen schaffte oder zum Roten Kreuz oder zu irgendeiner anderen der Organisationen, die Freiwillige für die Flüchtlingslager suchten. Die Büros der Organisationen schlossen gegen fünf Uhr nachmittags, während ich eigentlich nie vor sieben Uhr abends in meinem Hotel frühstückte, wo vierundzwanzig Stunden am Tag Frühstück serviert wurde.

Fast ein Monat ging ins Land, beziehungsweise floss den Klong hinunter – und mich schaudert heute noch, wenn ich daran denke, welchem Lebensstil ich in dieser Zeit verfallen war. Damals dachte ich wenigstens zu Anfang, es sei das Allergrößte, so zu leben.

Aber ich hatte kein Sortiment an Tauchflaschen und anderen Geräten aus Regierungsbesitz zu verkaufen wie die Polen, und meine Travellerschecks schmolzen dahin wie Eis in der Tropensonne. Es würde keine zwei Wochen mehr dauern, und ich musste meiner Bank zu Hause ein Telex schicken mit der Anweisung, mir den Rest, der noch auf meinem Konto war, nach Bangkok zu überweisen.

Und so stolperten wir eines späten Abends wie üblich in einen Nachtclub – die Polen, unsere übliche Begleittruppe von Prostituierten und ich selbst. Die Polen grölten feuchtfröhlich vor sich hin. Sie hatten es endlich geschafft, ihren Ersatzkompressor zu verkaufen, und waren wieder für eine Woche liquide.

Wir waren alle schon zu lange in Bangkok, um die Floorshow auch nur eines zweiten Blickes zu würdigen, und steuerten direkt auf die Bar im ersten Stock zu. Neben mir lümmelte sich Victor auf einer Couch herum. Er war der Älteste, Fetteste und Heruntergekommenste der ganzen Truppe; Victor, der immer die jüngsten Mädchen mit nach Hause nahm, die er finden konnte; Victor, der auch hier wieder anfing, aufs Widerlichste an seiner neuesten Eroberung herumzuknutschen.

«Mein kleines Püppchen, mein schönes kleines Zuckerpüppchen», gurrte er in seinem Barbarenenglisch, mit einer Hand unter ihrem T-Shirt herumfummelnd. Dann steckte er ihr seine Zunge ins Ohr.

«Victor», hörte ich mich plötzlich sagen, «Victor, du bist ein altes Schwein! Ein fettes, ekelhaftes Schwein, das ist es, was du bist, Victor! Schau dich doch mal an, Mensch, um Himmels willen!» Ich zeigte auf den Spiegel hinter der Bar. «Schau dich doch mal an, du altes Schwein!»

Ich erwartete eigentlich, dass er wütend werden würde,

aber er schaute tatsächlich in den Spiegel und fand es auch noch lustig, was er da sah. Dann steckte er dem Mädchen seine Zunge in den Mund. Mir wurde beinahe übel.

«Was is'n heute los mit dir?», grunzte Victor. Ein wenig später fügte er dann plötzlich hinzu: «Wart's nur ab, mein Kleiner, bis du erst mal so alt bist wie ich! Was das Leben nicht alles aus einem macht! Als ich so jung war wie du, war ich Kommandant über dreihundert Mann. Du bist noch so jung und schon so kaputt. Wart's mal ab, wie's mit dir weitergeht!» Er kicherte und bestellte sich noch einen Schnaps. Dann wandte er sich wieder seiner Begleiterin zu. «Komm, gehen wir nach Hause, mein kleines Schatz ... na, du weißt schon, mein kleines heißes Püppchen!»

Er kippte seinen Schnaps runter, zwinkerte mir aufgeräumt zu, warf ein paar Scheine auf die Bar und wankte mit seiner Eroberung zur Tür hinaus, seine hundertzwanzig Kilo auf die zerbrechliche Thailänderin stützend.

Ich hatte auch genug und verließ die Bar bald darauf ebenfalls, und zwar allein. Es wurde schon hell draußen, als ich mich in meinem Hotelzimmer aufs Bett warf. Ich konnte nicht schlafen, und je länger ich mich hin und her wälzte, desto schlimmer wurde es. Victor verstand es hervorragend, mit seinen Wurstfingern in den wunden Punkten anderer Leute herumzustochern.

«Wart's nur ab, was das Leben aus dir noch macht.» Immer wieder ging mir dieser Satz durch den Kopf, obwohl meine Zukunft normalerweise das Letzte, aber auch wirklich das Allerletzte war, womit ich mich beschäftigte.

Nicht, dass ich mich deshalb umso mehr mit der Vergangenheit abgegeben hätte, das schon gar nicht, denn meine Vergangenheit war ein totaler Trümmerhaufen – da war Holly, da war das miese Gefühl wegen dem, was im Sudan gelaufen war, und da waren, noch weiter zurück, Silvios Rocker-Freunde.

Die Zukunft war negativ, die Vergangenheit war negativ – kein Wunder also, dass ich mich so krampfhaft bemühte, wenigstens die Gegenwart – bei Tag und Nacht – bis zum Rand mit Leben voll zu stopfen, was ja in Bangkok keine Kunst war.

Aber in Victors Worten war irgendwie Kraft gewesen, Kraft genug, um meiner Grammophon-Nadel, die völlig in der Rille von Bangkoks Nachtleben stecken geblieben war, einen Schubs zu geben.

Weil ich noch immer nicht schlafen konnte, ging ich zum Empfang hinunter und verlangte meine Sachen aus dem Hotelsafe. Ich hatte schon lange einmal Kassensturz machen wollen, war aber nie dazu gekommen.

Die Haare standen mir zu Berge, als ich das dünne Bündel von Travellerschecks durchzählte, das mir noch geblieben war. Ich hatte in sechs Wochen Bangkok mehr Geld ausgegeben als in dem ganzen Jahr zuvor. So konnte es einfach nicht weitergehen, sonst würde ich mit Sicherheit in einem Monat pleite sein.

Ich musste raus aus dieser Stadt! Also bezahlte ich noch am Vormittag meine Rechnung und packte meine Tasche.

Drei Tage später war ich in Surat Thani und wartete auf den Kahn, der mich zu einer der Inseln hinüberbringen sollte. Einer der polnischen Taucher hatte jedes Mal, wenn ihn der Alkohol übermannt hatte, von dieser Insel geschwärmt: «Pärfäktäs Platz, Petor, pärfäktäs Platz, bästäs Platz auf Wält für Läbän.» Meistens überkam ihn dann auch gleich das heulende Trinkerelend.

Ich brauchte dringend so einen Platz, denn es ging mir gar nicht gut, aber ich wusste nicht warum. Nicht, dass ich krank gewesen wäre, wenigstens nicht körperlich. Und trotzdem war ich irgendwie innerlich krank, denn ich sah langsam ein, dass ich nicht mehr in der Lage war, mit mir selbst etwas Konstruktives anzufangen.

Immer wieder glitten meine Gedanken über meine Erfahrungen in Bangkok wie die Zunge über einen abgebrochenen Zahn. Wie hatte ich mich nur so gehen lassen können? Wie konnte ich bloß derart abstürzen? Es stand mir klar vor Augen: Ich musste mich zusammenreißen, ich musste mich anstrengen, ich musste mich selbst und meine Situation wieder in den Griff bekommen.

So konnte und so durfte es einfach nicht weitergehen!

18.
Endlich vernünftige Leute

Inzwischen war ich wieder auf dem Weg zurück nach Surat Thani, auf dem gleichen Boot, das mich vor fast einem Monat auf die Insel hinausgebracht hatte. Alles hatte so vielversprechend ausgesehen. Es war genau, wie der Pole es beschrieben hatte. Die Insel war ein Juwel, das Klima war paradiesisch, und die Strände waren leer. Die Leute waren freundlich und sehr zivilisiert, auch wenn sie nicht viel hatten, aber was kümmerte mich das? Es ist schon möglich, dass es irgendwo einen besseren Ort zum Leben gab, nur hatte ich den bisher noch nicht gefunden, und ich war schon lange, lange unterwegs – so lange, dass ich es langsam satt hatte.

Auf der Insel fand ich ein kleines Bungalowdorf, eine halbe Stunde zu Fuß von dem Ort entfernt, in dem die Straße aufhörte. Da standen nicht mehr als ein paar Hütten aus Bambusrohren und geflochtenen Palmwedeln, die mit Reisstroh gedeckte Dächer hatten. Perfekte, glasig-grüne Wellen brachen sich in rhythmischer Regelmäßigkeit auf dem goldenen Strand, der beinahe bis zu den Verandapfosten meines Bungalows reichte.

Und gegenüber, jenseits der Korallenbänke, lag noch ein kleines Inselchen, zu dem man rüberschwimmen konnte, wenn das Meer einigermaßen ruhig war. Niemand lebte dort, einmal abgesehen von ein paar Vögeln, ein paar Krabben und einer Lederrückenschildkröte.

Eines Morgens fragte mich der Besitzer des Bungalows: «Wenn's dir da drüben so gut gefällt, warum kaufst du die Insel nicht? Die kostet nicht viel.» Ich fiel aus allen Wolken, aber als ich der Sache nachging, fand ich heraus, dass er Recht hatte. Die Familie, der die Insel gehörte, wollte sie schon seit einiger Zeit verkaufen, und sie verlangte ganze 4 000 Dollar dafür – ein Preis, den sie sogar noch um einiges reduzierte, als man sah, dass ich wirklich interessiert war. Ich hätte an sich gerade noch so viel Geld gehabt plus noch ein paar Dollar für eine neue Wasserpumpe und ein kleines Boot, damit ich nicht jedes Mal einen halben Kilometer schwimmen musste, wenn ich von der Insel runterwollte.

Wie sich herausstellte, war es für Ausländer gar nicht möglich, in Thailand Grundstücke zu erwerben, aber der Besitzer des Bungalows hatte auch dafür eine Lösung parat: «Dann heiratest du eben ein Mädchen aus dem Dorf und kaufst die Insel unter ihrem Namen. Ich kann dir eine beschaffen – eine, die kochen und arbeiten kann, und was sonst noch so anfällt.» Er schleppte schon am nächsten Tag zwei Mädchen an, als Muster sozusagen. Beide waren barfuß und blutjung. Sie sahen verlegen kichernd auf den Boden, während er sie mir nur als «die hier» und «die andere» vorstellte.

Der Bungalowbesitzer war derart interessiert daran, das Geschäft über die Bühne zu bringen, dass ich bald merkte, dass für ihn dabei auch was rausspringen würde, wenn ich die Insel kaufte. Mir schien, die Besitzer wollten sie unbedingt loswerden. Das und die Tatsache, dass ich mich nicht so recht an den Gedanken einer Vernunftheirat mit einer sechzehnjährigen Analphabetin gewöhnen konnte, hielten mich davon ab, in das Geschäft einzusteigen.

Der Bungalowbesitzer, dem alles recht war, solange ich nur weiter bei ihm wohnte und bezahlte, und sein Freund, der einzige Anwalt im Hauptort der Insel, der überhaupt nur mit mir redete, wenn ich ihn im Voraus bar dafür bezahlte, hätten mich wahrscheinlich noch lange gemolken. Aber dann wies mich jemand darauf hin, dass es auf dem Inselchen gar kein Trinkwasser gab. Man hatte an ein paar Orten bereits danach gebohrt, war aber immer nur auf Salzwasser gestoßen. Ohne eine technisch aufwändige und teure Meerwasser-Entsalzungsanlage war es im Grunde gar nicht möglich, dort zu leben.

Und so war ich nun wie gesagt auf dem Weg zurück nach Surat Thani, voller düsterer Gedanken: Wie einfach war es doch zu reisen, aber wie unendlich schwierig, irgendwo Fuß zu fassen und sich niederzulassen. Als wäre er extra für mich hierher gekommen, um diesem Gedanken noch zusätzlich Gewicht zu verleihen, war kurz vor dem Ablegen noch ein anderer Tourist in das Boot gestiegen – vorschriftsmäßig ausgerüstet mit geblümtem Hemd, umgehängter Kamera und Samsonite-Koffer.

Ich versteckte mich hinter der Ankerwinde, in der Hoffnung, in Ruhe gelassen zu werden, denn nach Konversation war mir überhaupt nicht zu Mute. Aber der Tourist entdeckte mich natürlich trotzdem und setzte sich prompt zu mir. Und dann war es auch noch ein Schweizer – das hatte mir gerade noch gefehlt.

Ich war so einsilbig wie möglich, aber die Fahrt dauerte einen ganzen Tag, und es war schwierig, ein Gespräch mit jemandem zu vermeiden, der so gesprächig war und sonst niemanden hatte, mit dem er kommunizieren konnte. Also redeten wir zunächst ein wenig über die Inseln, dann sprachen wir ein wenig über Bangkok und dann über die Schweiz. Er war enorm stolz darauf, dass ihn seine Bank Anfang des Jahres zum Bürochef befördert hatte.

Als er herausfand, wie lange ich schon unterwegs war, meinte er: «Was, anderthalb Jahre schon? Ich bin kaum drei Wochen unterwegs gewesen und halte es schon fast nicht mehr aus vor Langeweile. Wann gehen Sie denn zurück?»

Und als er herausfand, bei welcher Versicherungsgesellschaft ich – in meinem früheren Leben – gearbeitet hatte,

fragte er prompt: «Werden die Sie denn wieder einstellen, wenn Sie so lange wegbleiben? Das sind doch sonst so konservative Knacker.» Ja, ja, dachte ich mir, wem sagte er das.

Dann zog er ungefragt einen kleinen Notizblock aus seiner Kameratasche und fing an, mir vorzurechnen, was für ein Loch meine lange Abwesenheit in meiner Altersversorgung hinterlassen würde. Es kam mir vor, als spräche gerade ein Marsianer zu mir. Ich konnte ihm gar nicht folgen bei dem, was er sich da zusammenhaspelte – und das, obwohl Altersversorgung eigentlich auch ein Teil meines Fachgebiets gewesen war.

«Hey, hör mal», winkte ich ab, «du kannst uns beiden die Rechnerei ersparen, ich hab gar nicht vor, wieder zurückzugehen.»

Er lachte. Bankangestellte haben ja manchmal einen sonderbaren Humor, fast noch sonderbarer als die Leute in Kaschmir: «Sie haben nicht vor zurückzugehen? Hahaha, das ist aber köstlich! Ferien bis ans Lebensende, wäre das nicht schön?»

Als er merkte, dass ich es ernst meinte, wurde er plötzlich besorgt: «Aber irgendwo müssen Sie doch leben! Sie können doch nicht immer nur rumreisen? Überlegen Sie doch mal, wir sprechen hier von fünfzig bis sechzig Jahren!»

«Tja», sagte ich leichtfertig, «mach dir wegen mir keine Sorgen! Irgendwas wird sich schon finden, irgendwas findet sich immer.» Dann drehte ich ihm den Rücken zu. Dieses Gespräch fing langsam an, mir zum Hals rauszuhängen.

Aber er ließ sich nicht beirren und schwatzte weiter, die Aufdringlichkeit war lebendiges Fleisch geworden und saß nun neben mir: «Ich hoffe, Sie nehmen's mir nicht übel, aber was meinen Sie damit, irgendwas wird sich schon finden? Was wird sich finden? Wann? Wo? Und wo kommt in der Zwischenzeit das Geld her, für Hotels, Flugtickets, Essen?»

Nun hatte ich die Nase aber endgültig voll. Ich wandte mich dem Heini zu und sagte ihm, wohin er sich seine guten Ratschläge stecken konnte. Er wurde rot und entschuldigte sich sogar noch. Er habe mir doch nur helfen wollen – was die Leute immer sagen, die einen schulmeistern wollen.

Als ich dann in Surat Thani vom Boot sprang, konnte er es aber doch nicht lassen, hinter mir herzukrähen: «Hören Sie, man kann nicht immer nur rumreisen! Irgendwann kommt jeder mal zurück – auch Sie! Auch Sie kommen zurück, hören Sie?»

Was für ein Armleuchter!

Nach dem Aufenthalt auf der Insel waren dem Schmetterling meiner Reise endgültig die Flügel gebrochen, und übrig blieb ein Mistkäfer, der sein Gepäck die Halbinsel von Malaya hinunterrollte. Die Strände waren zweitklassig und die Hotels zu teuer. Ich traf nur noch Langweiler, und obwohl es auf den Straßen recht lebhaft zuging, ging's mit dem Trampen kaum vorwärts.

Das wirkliche Problem lag natürlich woanders: Mir erschien alles als Einöde, weil es in mir so öde war. Mit einem Wort: Ich hatte die Nase voll vom Reisen.

Auch in Singapur wurde es nicht besser. Alles war auf Hochglanz poliert. Die Männer trugen lange Hosen, unglaublich weiße Hemden und oft sogar Krawatten. Die Frauen spazierten in Seidenkostümen und Stöckelschuhen umher und hatten Besseres zu tun, als sich mit einem langhaarigen Ausländer einzulassen.

Ich verbrachte den größten Teil der Zeit im lokalen Supermarkt, in dem es Wildschweinhirn, getrocknete Frösche in schwarzer Bohnensauce und gepfeffertes Schlangenfleisch zu probieren gab – allesamt bestimmt große Delikatessen, wenn man sie bei sich behalten kann. Etwas Anständiges zu rauchen konnte ich in Singapur wegen der drakonischen Drogengesetze auch nicht kaufen, und egal, wie viel Tsingtao Bier und russischen Wodka ich auch in mich hineinschüttete, mein Stimmungsbarometer blieb auf Null.

Der Tourist hatte Recht gehabt, natürlich hatte er Recht gehabt: Es war unmöglich, immer rumzureisen, selbst wenn man es sich leisten konnte. Aber ich konnte es mir nicht leisten. Nicht mehr. In meiner Kasse kehrte langsam, aber sicher die Ebbe ein.

Wie sollte es nun weitergehen? Nach Hause zu gehen kam irgendwie gar nicht mehr in Frage. Nicht nur wegen Silvios Freunden; es gab da mittlerweile noch ein anderes Problem. Ich konnte mir gar nicht mehr vorstellen, in der Schweiz zu leben – in der Kälte, im Regen, im Stress. Wieder zurück ins Büro, acht Stunden am Tag unter Neonlicht Zahlen jonglieren – allein schon der Gedanke daran ließ mir die Haare zu Berge stehen. Ich sah ja jeden Tag in Singapur, wie sehr ich die Fähigkeit verloren hatte, in einer modernen, durchorganisierten Gesellschaft zu funktionieren, geschweige denn mich auch nur einigermaßen wohlzufühlen. Und irgendetwas stimmte nicht mehr in meinem Kopf: Meine Gedanken wanderten unkontrollierbar herum. Ich konnte mich auf nichts mehr konzentrieren.

Singapur war auf die Dauer zu teuer, um herumzuhängen und zu philosophieren. Also nahm ich nach zwei Wochen ein Schiff nach Tanjung Pinang, einem kleinen Hafen auf der zu Indonesien gehörenden Insel Bintan. Von dort ging jede Woche ein Boot in Sumatras wilden Norden. Was ich dort eigentlich wollte, weiß ich gar nicht mehr. Ich schlug mich halt so durch, auf Flussbooten, Lastwagen und einmal sogar auf einem klapprigen Fahrrad, aber mein Herz war nicht mehr bei der Sache.

Ich flog nach Bali, aber das brachte auch nichts, außer der langsamen Erkenntnis, dass mir ein unangenehmer Begleiter im Genick saß. Ich konnte mein Bedürfnis nach Drogen und Alkohol überhaupt nicht mehr kontrollieren. Ich brauchte immer mehr, um die kleine Stimme in meinem Hinterkopf abzuschalten, die ansonsten unweigerlich wieder zu flüstern anfing: «Siehst du, was für ein Versager du bist? Du bist ein kompletter Versager!»

Ich brauchte unbedingt einen Ort, an dem ich meine Tasche für eine Weile abstellen konnte – an dem ich mich selbst wieder in den Griff kriegen konnte. Aber wo, wo war dieser Ort? Mein zweimal verlängertes indonesisches Visum lief aus, und ich musste das Land verlassen. Ich musste weiterziehen, immer weiter ...

Aus einer Beobachtung resultierte schließlich ein an

Tiefgang kaum zu überbietender Schluss: In jeder Bar auf Bali – und es gab viele Bars auf Bali – saß immer mindestens ein Australier und füllte sich die Lampe mit Bier. Das schienen wirklich vernünftige Leute zu sein, diese Australier ...

19.
Surfen an Sydneys Bondi Beach – und eine neue Idee

Es war zwei Uhr früh, als unsere Maschine in Perth, West Australien, landete, und ich erwachte erst, als zwei Männer in weißen Overalls mich mit Desinfektionsmittel besprühten. Ich konnte das irgendwie ganz gut nachvollziehen, denn ich hatte das Rasieren schon vor einer ganzen Weile aufgegeben und sah auch sonst reichlich verwildert aus. Aber das Ganze hatte gar nichts mit mir persönlich zu tun, wie man mir versicherte. Es war eine reine Vorsichtsmaßnahme. Auch die wenigen Schlipsträger im Flugzeug mussten dieselbe Prozedur über sich ergehen lassen.

Ich verbrachte die nächsten Tage in Perth, einer großartigen, gut organisierten Stadt, die umso beeindruckender war für jemanden wie mich, der ich genug Zeit in der Dritten Welt zugebracht hatte, um innerlich ein Teil von ihr zu werden.

Überall sah man Autos. Die Leute wohnten in soliden Backsteinhäusern. Die Straßen waren asphaltiert. Die Kinos zeigten Filme, die nicht in Griechenland oder Indien produziert worden waren. Die Busse hatten automatische Türen, die auch wirklich funktionierten. Es gab Einkaufszentren, und in den Supermärkten gab es zwanzig verschiedene Sorten Eiscreme. Um die Mittagszeit wimmelte die Fußgängerzone in der City nur so von Sekretärinnen in Röcken, die so kurz waren, dass man sie dafür eingesperrt hätte in einigen der Länder, durch die ich noch vor kurzem gereist war.

Ich hingegen brauchte Geld. Der Flug nach Perth hatte meinem schrumpfenden Budget zwar nicht den Todesstoß versetzt, aber doch eine klaffende Wunde zugefügt. Ich fand schnell Arbeit, zuerst als Äpfel- und dann als Pfirsichpflücker – in Bridgetown, einem kleinen Dorf ein paar Hundert Kilometer südlich von Perth. Ich kam in der örtlichen Jugendherberge unter und ernährte mich von Sandwiches, Früchten vom Baum und billigem Wein. So schaffte ich es, praktisch jeden Dollar, den ich verdiente, auf die Seite zu legen.

Als die Saison zu Ende war, reiste ich weiter – zuerst per Autostopp zurück nach Perth und von dort aus durch endloses, weites Land bis nach Carnarvon. Dabei musste ich alle erdenklichen Transportmöglichkeiten ausschöpfen, um überhaupt voranzukommen: einen Schwertransporter zum Beispiel; eine (leere) Ambulanz; oder den Kleinbus eines Veterinärs, der auf Besamungstour war (nur künstliche, wohlgemerkt) – um nur ein paar zu nennen.

An einer Raststätte inmitten der heulenden Wildnis blieb ich aber schließlich endgültig stecken. Es schüttete wie aus Kübeln, und weiter nördlich hatte ein Zyklon eine derartige Springflut ausgelöst, dass die Straße nach Darwin auf mehrere Kilometer hin unpassierbar geworden war. Niemand schien zu wissen, wie lange es dauern würde, bis die Straße wieder befahrbar war. Fünf Tage oder fünf Wochen? Jeder, mit dem ich sprach, sagte etwas anderes. Mir war das alles zu unsicher, und so trampte ich wieder zurück nach Perth und von dort durch die Nullarbor-Wüste nach Adelaide. Auf der viertausend Kilometer langen Strecke erlebte ich eine Ereignislosigkeit und Endlosigkeit, die wohl in der ganzen Welt nicht ihresgleichen hat. Ganz Adelaide war wegen eines langen Wochenendes geschlossen, und als alle Büros und Geschäfte wieder aufmachten, war es auch nicht viel besser dort. In Melbourne war es kalt und windig, und ich trampte weiter – immer weiter, Tausende und Abertausende von Kilometern den Princess Highway entlang um die Südostküste Australiens herum, durch Eukalyptuswälder, die überhaupt nicht mehr aufzuhören schienen.

Erst in Sydney machte ich endlich Halt, nicht zuletzt, weil ich dort eine erstklassige Adresse hatte: John, einen Psychiater, den ich noch auf Bali kennen gelernt hatte. Wir hatten eine halbe Nacht lang zusammen Black Jack gespielt, und er hatte achtzig Dollar an mich verloren. Weil er knapp bei Kasse war, bot er mir an, meinen Gewinn gegen freie Kost und Logis einzutauschen, falls ich jemals nach Sydney kommen sollte: «Du kannst so lange bleiben, wie du willst, eine Woche, zwei, oder einen ganzen Monat. Ich habe haufenweise Platz.» John hatte wahrscheinlich gedacht, die Chancen, dass ich jemals bei ihm aufkreuzen würde, wären gering. Nun, da hatte er eben gleich nochmals Pech gehabt!

Ich klingelte an der Tür seines Hauses. Es war ein frisch renoviertes viktorianisches Stadthaus, nicht weit vom Zentrum entfernt – was mir besonders gut gefiel, denn Sydney war eine unvorstellbar riesige Stadt, in deren Außenbezirken man ohne Auto beinahe ebenso verloren war wie ohne Boot auf hoher See.

John machte die Tür auf. Er schien sich zuerst gar nicht an mich zu erinnern, aber dann fiel der Groschen plötzlich: «Oh, hallo ... äh ... hallo! ... hahaha ... dein Name kommt mir nicht gleich in den Sinn ... äh ... wir haben uns doch in Bali so gut unterhalten, nicht wahr?»

Seine Wiedersehensfreude schien sich wirklich sehr in Grenzen zu halten. Da er keine Anstalten machte, mich zum Reinkommen einzuladen, fragte ich schließlich selbst: «Kann ich reinkommen?»

Nun wurde er ganz verlegen, der Arme: «Aha, ja, aber sicher, sicher. Komm doch rein, komm rein, ich mach uns eine Tasse Kaffee!»

Zu Anfang war die Konversation mit John ein bisschen ...

nun, klebrig ist vielleicht das beste Wort dafür. Gemäß der großen australischen Tradition hatte er Schulden gemacht, und nun stand der Gläubiger vor seiner Tür – was eben leider auch ein Teil der Tradition war.

Dann zeigte er mir das Haus. Im hinteren Teil war alles mit Plastikplanen und Tüchern abgedeckt. Farbkübel, Pinsel und Malerrollen lagen und standen herum. In einer Ecke sah ich eine Leiter. Johns Stimme nahm auf einmal einen fast beschwörenden Unterton an: Sie seien dabei, das Badezimmer, die Treppe und den Korridor zu renovieren, erklärte er mir. Wie interessant!

Dann setzten wir uns wieder in die Küche und tranken noch eine Tasse Kaffee. Ich konnte beinahe körperlich spüren, wie intensiv John darauf hoffte, dass ich austrinken, meine Tasche nehmen und verschwinden würde, aber diesen Gefallen konnte ich ihm natürlich unmöglich tun. Sydney war ein viel zu teures Pflaster.

Ein wenig später kam seine Freundin herunter. Er nannte sie seine «De-facto», wohl im Gegensatz zu «de jure». Hat man so was schon mal gehört? Man konnte ihr ansehen, dass sie gerade erst aufgewacht war. Sie war von dem Typ Frau, die Make-up trägt – und es vor dem Schlafengehen nicht abwäscht. Unsere Antipathie war augenblicklich und beruhte auf Gegenseitigkeit.

John stellte uns vor. Seine «De-facto» hieß in Wirklichkeit Tiffany. Dann sagte er in lockerem Ton zu ihr: «Peter wird für ein paar Tage bei uns wohnen, Tiffany.» Da hatte er sich – ganz nebenbei – allerdings getäuscht, der gute John, denn ich hatte vor, in Sydney zu bleiben, bis mir klar war, wie's denn nun mit mir weitergehen sollte. «Ich hoffe, du hast nichts dagegen, Darling?» Seine Stimme hatte plötzlich einen einschmeichelnden, fast wimmernden Unterton bekommen.

Tiffany schaute mich von oben bis unten an. Zugegeben, ich trug nicht gerade meinen Sonntagsanzug. Ich hatte ja schon lange keinen mehr. Aber das war kein Grund, die Nase so zu rümpfen, wie sie es tat, als sie meine Sandalen sah. Sie stammten noch aus Nairobi, wo sie mir ein halbnackter Mann mit einem Küchenmesser und seinen Zähnen, die seine einzigen Werkzeuge waren, gleich auf dem Gehsteig nach Maß zugeschnitten hatte. Die Sohle war aus einem Stück abgefahrenem Autoreifen herausgeschnitten, während das Oberleder aus feinstem Motorradschlauch bestand. Die Sandalen hatten einen Dollar gekostet und waren das Günstigste und Widerstandsfähigste, wenn auch nicht unbedingt das Eleganteste, was mir in puncto Schuhwerk je untergekommen ist.

Tiffany zischte irgendetwas. Ich konnte nicht verstehen, was sie sagte, aber John verzog das Gesicht, als wenn er plötzlich Zahnschmerzen bekommen hätte. Dann gingen sie nach oben und schlossen die Tür hinter sich. Ich konnte aber trotzdem hören, wie sie sich anschrien. Dann kam jemand die Treppe herunter gerannt, und an den groben Worten, die sie von sich gab, als sie auf der Abdeckplane ausrutschte, konnte ich erkennen, dass es Tiffany war. Dann fiel die Haustür schwer ins Schloss.

Nun kam auch John wieder nach unten. Er war ganz rot im Gesicht, man sah ihm an, dass er aufgeregt war. «Es ist alles in Ordnung», sagte er. «Du kannst bleiben. Mach dir wegen Tiffany keine Gedanken. Sie ist manchmal ein wenig temperamentvoll.»

Soweit es mich betraf, war Sydney ganz ohne Zweifel die schönste Stadt der Welt, wenn auch nicht völlig ohne Verkehrsprobleme, aber die kümmerten mich eigentlich nicht, da John sein Auto sowieso nur in Ausnahmefällen und äußerst ungern herausrückte. Das Essen war exotisch und nicht sehr gut, aber dafür gratis – in dem von der Hare-Krishna-Sekte betriebenen Restaurant. Dort wurden ernsthafte Sucher, von denen ich zumindest während der

Mahlzeiten einer war, gratis verpflegt. Es gab natürlich nur vegetarisches Essen bei den Hare Krishnas, aber regelmäßig ein saftiges Steak aus Johns Eisschrank, runtergespült mit ein paar Flaschen seines ganz ausgezeichneten hausgemachten Biers, sorgte wunderbar dafür, dass bei mir kein Proteinmangel aufkam.

Wenn die Sonne schien – und die schien in Sydney praktisch jeden Tag – war es immer noch warm genug, um Johns Surfboard mit zum Manly oder Bondi Beach zu nehmen. John hatte auch ein recht gut ausgestattetes Segelboot, aber wegen meiner Unerfahrenheit als Skipper durfte ich es nicht mehr benutzen, nachdem mir ein kleines

Missgeschick passiert war, das eine Delle im Bootsrumpf hinterlassen hatte.

Je länger ich in Australien blieb, desto klarer wurde mir: Ich hatte das Land meiner Träume also doch noch gefunden! Die Weite, die Strände, die Sonne, die Freiheit – eine Freiheit, die überall sonst schon lange unmöglich geworden war oder nie existiert hatte.

Immer wieder dachte ich, dass ich noch einmal Glück gehabt hatte. Nun hatte ich doch noch einen Ort gefunden, an dem es mir gefiel und an dem man gediegen leben konnte. Auf legale Weise, wenn möglich. Ansonsten war der Titel des «Illegalen Einwanderers» etwas, mit dem ich durchaus leben konnte. Als Illegaler würde ich hier in guter Gesellschaft sein. In einem Zeitungsbericht, der mir in die Hände fiel, wurde die Zahl der illegal im Land anwesenden Personen auf weit über Hunderttausend geschätzt. Niemand schien sich groß darüber aufzuregen, ganz im Gegenteil: Die Regierung erwog sogar eine allgemeine Amnestie, um sich die Mühe zu ersparen, all diese Leute wieder rauswerfen zu müssen.

Ich ging zur Einwanderungsbehörde, um mehr darüber herauszufinden. Noch war mein Touristenvisum ja gültig. Die Frau am Schalter gab mir eine Liste der Berufe, in denen in Australien Personalmangel herrschte. «Wenn Sie Qualifikationen in einem dieser Berufe haben, ist es normalerweise kein Problem, eine Aufenthaltsgenehmigung zu bekommen», sagte sie. Ich erinnere mich genau daran.

Ich sah mir die dreißig oder mehr Berufe, die da aufgeführt waren, genauer an: Ingenieur/Biochemie ... Computerprogrammierer ... Konditor ... Verkäufer/Computer ... Verkäufer/Versicherungen ...

Verkäufer/Versicherungen? Ein Gedanke blitzte in meinem Gehirn auf: Nicht, dass ich selbst je Versicherungen verkauft hatte – ich war ja in der Verwaltungsabteilung angestellt gewesen, nicht im Außendienst. Aber ich kannte natürlich jede Menge Leute in der Branche. Alles, was ich also brauchte, waren ein paar leere Briefbogen von Schweizer Versicherungsgesellschaften. Damit würde es ein Kinderspiel sein, mich als Versicherungsvertreter zu etablieren – wenigstens auf dem Papier, denn ich würde mir meine Arbeitszeugnisse einfach kurzerhand selbst tippen.

Doch als ich die Bestimmungen genauer studierte, merkte ich, dass da ein Haken war, denn in der Informationsbroschüre stand fett gedruckt: Permanente Aufenthaltsgenehmigungen werden nur im Ursprungsland des Antragstellers erteilt.

Was die Frau am Schalter bestätigte: «Ja genau, so läuft es, und nur so! Sie fliegen nach Hause und beantragen das Visum bei unserer Botschaft in Ihrem Heimatland. Die prüft Ihren Leumund, und Sie müssen zum Arzt gehen. Wenn alles in Ordnung ist, erhalten Sie das Visum. Ich weiß, das hört sich kompliziert an, aber es gibt gute Gründe für diese Bestimmungen. Ausnahmen werden nur für politisch Verfolgte gemacht.» Dann zeigte sie schnell ihr einstudiertes Lächeln und sagte: «Der Nächste bitte!»

Zurück von der Einwanderungsbehörde, verbrachte ich einen ganzen Nachmittag in Johns Küche, trank das hausgemachte Bier und wälzte die Informationen, die ich erhalten hatte, in meinem Hirn hin und her.

Auf der einen Seite schien da die echte Chance zu bestehen, mich legal in Australien niederzulassen – es hatte fast wie eine Formalität geklungen, so wie die Frau am Schalter es beschrieben hatte. Und warum auch nicht? Australien war ja schließlich ein Einwanderungsland.

Auf der anderen Seite kam mir das Prozedere teuer und reichlich kompliziert vor: Um die halbe Welt müsste ich fliegen, und wieder zurück. Selbst wenn ich den allerbilligsten Flug nahm, würde mich das Ticket meinen letzten Dollar kosten.

Zuerst dachte ich: «Was soll das, ich bleibe hier! Diese Bürokraten können mir mal den Buckel runterrutschen.» Doch dann überlegte ich es mir wieder anders. Warum sollte ich mein neues Leben hier auf eine so unsichere Basis stellen, wenn ich mit einer doch relativ kleinen Investition den legalen Status erlangen konnte?

Und so entschied ich mich: Ich nahm die U-Bahn ins Stadtzentrum und kaufte ein Flugticket: Sydney – Zürich – Sydney.

Tiffany und John ließen es sich nicht nehmen, mich zum Flughafen zu fahren, wohl um sicherzugehen, dass ich das Flugzeug auch ja nicht verpasste. Wegen eines Unfalls blieben wir eine Weile in einem Stau stecken, und es war köstlich mit anzusehen, dass meine Gastgeber viel nervöser waren wegen der Verspätung als ich selbst.

Damals – in der guten alten Zeit – bekam man auf Interkontinentalflügen noch gratis Bier und Cuba Libre ausgeschenkt. Ich erinnere mich noch schwach daran, fünfzehn oder zwanzig davon getrunken zu haben. Mein Plan war eigentlich gewesen, mich für die Dauer des Fluges in Tiefschlaf zu versetzen. Leider klappte das aber nicht, und ich erwachte über der Bucht von Bengalen mit grässlichen Kopfschmerzen und hatte immer noch fünfzehn Flugstunden vor mir.

In der Schweiz war es Frühsommer, aber trotzdem war es um einiges kühler als in Sydney im Spätherbst. Es regnete still, aber ausdauernd vor sich hin, und die schweren dunklen Wolken hingen so tief am Himmel, dass sie beinahe die Hausdächer berührten.

Ich bestellte eine Tasse Kaffee im Restaurant neben der Bushaltestelle. Die Kellnerin erschien gleich darauf mit einem ganzen Tablett voller Zeugs: mit einer kleinen Stahlkanne voll Kaffee darauf und mit einem noch kleineren Porzellankännchen voll Sahne daneben. Dann waren da noch Tasse und Unterteller, beide ebenso aus Porzellan. Zwischen der Tasse und dem Unterteller lag ein kleiner Papieruntersetzer, der wohl den Zweck erfüllen sollte, verschüttete Tropfen aufzusaugen. Neben der Tasse befand sich noch ein kleines Stück Schokolade – in eine innere Hülle aus Aluminiumfolie und eine äußere, vierfarbig bedruckte Verpackung aus Glanzpapier gewickelt. Die Verpackung erklärte – in winziger Schrift und noch dazu viersprachig –, um welche Schokoladensorte es sich handelte: Milchschokolade mit Honig, Haselnuss- und Mandelsplittern, durchsetzt von kleinen Luftbläschen, damit die Schokolade leichter auf der Zunge zerfloss. Neben der Tasse stand darüber hinaus ein kleines handgeflochtenes Körbchen mit Zuckerstücken. Auch davon war jedes einzelne Stück separat in ein Papier gewickelt, das auf der Vorderseite mit farbenfrohen Wappen bedruckt war. Daneben befand sich ein kleiner Kupferständer mit zwei verschiedenen Sorten künstlichem Süßstoff.

Man scheute hier offensichtlich keinen, aber auch wirklich keinen Aufwand, um eine Tasse Kaffee zu verkaufen. Ja, ja, so kompliziert war hier eben alles! Es hatte fast eine symbolische Wirkung auf mich. Ich schüttelte unwillkürlich den Kopf. Was für ein Unterschied zu den vielen «Restaurants» auf meiner langen Reise durch Afrika und Asien!

Im Bus war ich innerlich völlig leer, total emotionslos. Ich verspürte nicht einen Funken Freude darüber, wieder zu Hause zu sein – ganz im Gegenteil: Obwohl mir alles irgendwie vertraut war, fühlte ich mich fremd, so furchtbar fremd. Ich hatte mich so verändert, dass ich ein anderer Mensch geworden war. Ich war so weit von all dem hier ... abgekommen. Eigenartig ist das, dachte ich, fast pervers. Als ich von hier abgehauen bin, war es, als ob es mir das Herz in Stücke reißt. Und jetzt, wo ich wieder hier bin, habe ich nur vor einer Sache Angst – hier wieder anfangen zu müssen, mich hier wieder anpassen zu müssen! Wieder schüttelte ich mich unwillkürlich.

Aber zum Glück war ich ja nur auf Besuch hier, zum Glück! Zwei Wochen, höchstens drei, und ich würde wieder in Australien sein – ein für alle Mal ...

20. Festgefahren in Zürich

Am nächsten Morgen war ich der erste Kunde, als die australische Botschaft ihren Schalter öffnete. Ich war gekommen, um meine Aufenthaltsgenehmigung abzuholen, aber sie machten es kompliziert und drückten mir einen ganzen Stapel Formulare in die Hand. Obwohl ich mich sofort und intensiv an die Arbeit machte, brauchte ich fast eine ganze Woche, bis alles beisammen war: meine fast hundertprozentig wasserdichte Dokumentation über meine Tätigkeit als Versicherungsvertreter.

Ich las alles noch einmal durch, steckte das Ganze zufrieden mit mir selbst in einen Umschlag und schickte es ab. Ich hatte auch nicht den geringsten Zweifel daran, dass man mir die Aufenthaltsgenehmigung geben würde. Alles, was ich nun noch brauchte, war ein bisschen Geduld. Die Strände von Queensland waren zum Greifen nahe. In Gedanken lebte ich schon dort.

Nach zwei Wochen immer ungeduldigeren Wartens kam er dann endlich, der heiß ersehnte gelbe Umschlag von der australischen Botschaft. Er enthielt die Papiere, die ich ihnen geschickt hatte, meinen Pass und einen Brief, in dem stand, dass mein Antrag auf eine Aufenthaltsgenehmigung hiermit – abgelehnt war.

Ich setzte mich in den nächsten Zug und schaffte es noch vor Schalterschluss, zur Botschaft zu kommen. Das kann doch gar nicht wahr sein, dachte ich mir. Den Leuten auf der Botschaft konnte nur ein Fehler unterlaufen sein, davon war ich felsenfest überzeugt. Der Mann am Schalter widersprach mir jedoch: Nein, da sei ihnen kein Fehler unterlaufen. Versicherungsvertreter gäbe es genug in Australien.

Wie er es in Erinnerung habe, gäbe es sogar schon viel zu viele davon.

Ich fauchte ihn an, er solle sich seine Witze sparen und die Liste rausrücken, auf der die Berufe, in denen Personalmangel herrsche, aufgeführt waren. Er sagte, diese Listen seien internes Administrationsmaterial und als solches nicht für die Öffentlichkeit bestimmt. Doch ich redete so lange auf ihn ein, bis er sie mir schließlich doch zeigte.

Und tatsächlich: «Versicherungsvertreter» war nicht auf der Liste aufgeführt. Ich hatte also all die wunderschönen Belege über meine Tätigkeit als Klinkenputzer für nichts und wieder nichts zusammengeschustert. Und was das Schlimmste war: Nun hatte mich die Botschaft als Versicherungsvertreter in ihren Akten. Da konnte ich ja wohl kaum eine Woche später mit einer anderen Anmeldung erscheinen, in der ich mich als Steinmetz oder Konditor auswies – Berufe, die auf der Liste standen.

«Warum versuchen Sie es nicht nächstes Jahr noch einmal? Diese Listen kommen alle sechs Monate neu heraus», empfahl mir der Mann hinter dem Schalter. «Man hat Ihnen wahrscheinlich in Sydney eine alte gezeigt.»

Ich aber hörte kaum noch zu. Kein Visum! Ich hatte mein ganzes Geld in den Nachhauseflug gesteckt – und nun wollte man mir kein Visum geben!

Es dauerte eine Weile, bis sich die neuen Realitäten in meinem Kopf gesetzt hatten – eine Zeit, in der ich mich täglich für mein Zurückkommen verwünschte. Dann sagte mir der Bekannte, bei dem ich untergekommen war, er brauche jetzt mein Zimmer selbst, um hier ein Aquarium aufzustellen. Eine fadenscheinigere Ausrede war ihm wohl nicht in den Sinn gekommen!

Das bedeutete, dass ich mir eine andere Unterkunft suchen musste. Was wiederum bedeutete, dass ich mir

Arbeit suchen musste, denn gratis kam ich nirgendwo mehr unter.

Meine vielversprechende Karriere in der Gastronomiebranche nahm ein jähes Ende, als ich mir ein kleines Späßchen über einen besonders ordinären Gast erlaubte. Es war eine ganz offensichtlich gefärbte Blondine, die in ihrer Jacke aus Kunstleopardenfell nicht nur aussah wie eine Hyäne, sondern auch wie eine solche lachte.

Alle im Restaurant fanden meinen Vergleich höchst treffend – außer der Frau und ihrem Begleiter, der mir Schläge androhte, sich dann aber doch nicht traute. Und außer dem Geschäftsführer des Restaurants, der mich umgehend fristlos entließ ...

Daraufhin versuchte ich mein Glück auf einer Baustelle als Handlanger in einer Maurerakkordgruppe. Die Arbeit war außerordentlich hart, aber solange die Kasse stimmte – und die stimmte –, war mir alles egal. Ich hatte einen Plan, und um diesen Plan ausführen zu können, brauchte ich Geld. Und so stapelte ich Ziegelsteine und schaufelte Kies vom Morgengrauen bis zum Abendrot, von Montag bis ... Samstag, denn da gab es Wochenendzuschlag.

Ich lebte wie ein Sklave von Kartoffeln, Speck und billigem algerischem Wein, ging nie aus und hielt mich von jedermann fern. Jeden Franken drehte ich fünfmal um, und dann kaufte ich erst recht nichts. Ich wollte gar nicht erst anfangen, wieder in diesem Land Fuß zu fassen. Das miese Wetter, der Beton überall, der Verkehr, die Leute, überall Leute, Leute, Leute ... Ich hatte etwas Besseres gefunden – am anderen Ende der Welt.

Zwei Monate gingen so ins Land, bis ich schließlich bereit war für meinen nächsten Schachzug. Mein Plan war, mit einer Gruppe Neckermänner als Tourist in Australien einzufliegen und dann das zu tun, was ich von Anfang an hätte tun sollen: meinen Pass wegwerfen und illegaler Einwanderer werden.

Die Dame auf dem Reisebüro hatte mir gesagt, das Visum sei normalerweise eine reine Formalität und würde in einer Woche da sein. Aber zwei Wochen vergingen, und als mein Pass zurückkam – war wieder kein Visumstempel darin.

Stattdessen hatte ich wieder einen Brief von dieser widerwärtigen australischen Botschaft bekommen. Darin stand in schönstem Bürokratenenglisch, warum man mir auch diesmal kein Visum geben wollte: «In Anbetracht Ihres kürzlich verbrachten längeren Aufenthalts in Australien, gefolgt von einem Antrag zur Erteilung einer Aufenthaltsgenehmigung, haben wir Grund zu der Annahme, dass Sie – im Gegensatz zu Ihrer Feststellung auf dem Antragsformular für die Erteilung eines Visums – in Australien zu einem anderen Zweck als dem auf dem Antrag erwähnten einreisen wollen.»

Ich fuhr wieder zur Botschaft und war selbst erstaunt, wie mir da die Pferde durchgingen, aber es nützte alles nichts. Es gelang mir nicht einmal, bis zu dem Typen vorzudringen, der diese Entscheidung gefällt hatte. Ich musste mich damit begnügen, einen seiner Untergebenen anzuschreien.

Am nächsten Tag erschien ich pünktlich auf der Baustelle – es war mir klar, dass ich besser arbeiten gehen sollte, sonst würde etwas ganz Dummes passieren. Ich stolperte auf der Baustelle herum wie in einem Alptraum. Mein Kopf war ein sprudelnder, dampfender Hexenkessel. Ich passte nicht auf und hörte nichts, als mir der Mann am Stehkran eine Warnung zurief.

So wurde ich in der traurigen Blüte meiner Handlangerkarriere niedergestreckt – durch eine herunterfallende eiserne Sprießwinde. Die Winde streifte meine Schulter und prallte dann voll auf mein Bein, eine Handbreit über dem Knie. Irgendwie konnte ich noch von Glück reden. Wenn mich das Ding am Kopf getroffen hätte, wäre die Geschichte hier zu Ende gewesen.

Eine Zeit lang war alles schwarz. Als ich im Krankenhaus erwachte, war mein Oberkörper einbandagiert, und mein rechtes Bein steckte jetzt in einem dicken Gipsverband.

Es dauerte eine ganze Weile, bis ich auch nur an Krücken den Korridor entlanghumpeln konnte.

Von da an ging's dann wirklich bergab mit mir. Ich gab mich selbst irgendwie völlig auf. Eine regelmäßige Überweisung von der Unfallversicherung garantierte mir meinen Unterhalt, sehr gut sogar, das war nicht das Problem. Das Problem war, dass ich jetzt das Gefühl hatte, definitiv festzusitzen in einem Land, in dem ich überhaupt nichts mehr mit mir selbst anzufangen wusste.

Mit meinem noch immer eingegipsten Bein fing ich an, den ganzen Tag in Kneipen herumzuhängen. Ich trank mehr als je zuvor. Mir konnte die Realität gestohlen bleiben! Ich wollte nichts mehr mit ihr zu tun haben.

In einer ganz besonders schäbigen Pinte in einem Zürcher Außenviertel traf ich dann Silvio wieder, meinen Rocker-Cousin Silvio. Er erkannte mich zuerst nicht einmal, aber dann sagte er, taktvoll wie immer: «Du siehst ja grauenhaft aus, Mensch! Was haben sie denn mit dir angestellt?»

Er hatte es gerade nötig: Sein Gesicht machte einen verhärmten, ja fast ausgezehrten Eindruck. Und irgendetwas schien mit seinem linken Arm nicht zu stimmen. «Danke gleichfalls, Silvio. Du hast auch schon besser ausgesehen!»

Silvio nahm diese Bemerkung als Einladung wahr, um alle seine Schwierigkeiten vor mir auszubreiten: Zuerst hatte er einen Motorradunfall gehabt und sich dabei bleibend am

Arm verletzt. Dann war ihm seine langbeinige blonde Freundin mit irgendeinem Typen auf einer Harley Davidson davongefahren ...

Silvios Stimme hatte einen jammernden Unterton, den ich früher nie bemerkt hatte. Ich musste ihn schließlich unterbrechen.

«Und was ist mit deiner Bande, Silvio? Denkst du, die sind immer noch hinter mir her?»

Silvio war erstaunt: «Hast du denn nix davon gehört?»

«Was soll ich denn gehört haben?»

«Die Bullen haben sie eingesperrt, die Schweine ... die meisten jedenfalls, ein paar Monate, nachdem du von hier abgehauen bist. Mich hat's auch beinahe erwischt. Der Präsident hat sieben Jahre gekriegt, Bambi zwölf. Für dich ist das wahrscheinlich eine gute Nachricht», sagte er bitter.

Da hatte er allerdings Recht.

Ich zog noch am gleichen Nachmittag bei Silvio ein. Er hatte eine kleine Wohnung im oberen Stock eines alten Hauses, direkt neben einer Bahnüberführung. Jedes Mal, wenn ein Güterzug vorbeifuhr, konnte man eine Ahnung vom Weltuntergang bekommen. Im unteren Stock wohnte ein Journalist, der jedoch auch nie etwas anderes tat, als den ganzen Tag zu trinken.

Was für ein Trio wir doch zusammen abgaben: Silvio, der Trinkerjournalist und ich! Die meiste Zeit hingen wir zu Hause rum wie die Frührentner. Nur hin und wieder, wenn uns der Hafer stach, nahmen wir zusammen ein Taxi in die Stadt. Dort verbrachten wir dann jeweils ein paar feuchtfröhliche Stunden damit, Karten zu spielen und den Passanten Anzüglichkeiten zuzurufen.

Es war an einem solchen Nachmittag, als wir im Gartenrestaurant unserer Stammkneipe saßen. Die Sonne schien ein bisschen, aber man sah es ihr an, dass sie es nicht wirklich ernst meinte. Silvio, der Trinkerjournalist und ich spielten Karten – unser Lieblingsspiel, bei dem der Sieger etwas zu trinken bestellen darf, der Zweite kann es bezahlen und der Verlierer muss es trinken.

Als es anfing zu regnen, mussten wir unser Spiel nach drinnen verlegen, was wir immerhin noch ohne fremde Hilfe schafften – sogar Silvio, obwohl er in der Kneipe dann prompt über einen Stuhl stolperte und wütend vor sich hin schimpfend mit großem Getöse der Länge nach hinschlug. Wir hatten eben schon einen langen Nachmittag hinter uns, und Silvio hatte als Verlierer schon einiges abgekriegt.

Es war ja nicht so, dass er die Trinkerei nicht vertragen konnte – ganz im Gegenteil. Aber er tat sich mit dem Rechnen schwer, und bei unserem Spiel war es wichtig, seine Punkte schnell und richtig zusammenzuzählen.

Drinnen hatten wir kaum wieder angefangen zu spielen, als der Geschäftsführer uns mit bestimmtem Ton darum bat, uns nach hinten an die Bar zu begeben. Man müsse vorne für das Abendessen aufdecken, sagte er, aber ich glaube, er wollte uns einfach aus dem Weg haben, weil Silvio den anderen Gästen mit seinem grässlichen Gefluche auf die Nerven ging, wenn er wieder ein Spiel verloren hatte.

Also setzten wir uns an die Bar. Sie war nett verziert mit kleinen Bogen hier und Winkeln da, alles im neuesten Spanplatten-Adobestil. Silvio passte irgendwie die moderne Deckenbeleuchtung nicht, aber wir konnten ihn gerade noch davon abhalten, sie mit einer leeren Flasche zu demolieren. Das war natürlich nur ein Vorwand. Silvio konnte unser Spiel einfach nicht mehr ertragen und suchte nach einem ehrenvollen Ausweg aus dem Ganzen. Aus der Kneipe geworfen zu werden hätte da für ihn schon seinen Zweck erfüllt.

Dann versuchte er sich mit einem Gast anzulegen, der in die Bar gekommen war, weil hier der Zigarettenautomat stand. Aber der Gast war so eingeschüchtert von Silvios

Größe und seiner Rocker-Uniform, dass er sich einfach nicht beleidigen ließ und ganz ruhig blieb.

Silvio verlor auch das nächste Spiel – und das Spiel danach. Bald hatte er vier oder fünf Gläser Kräuterschnaps vor sich stehen und noch ein paar Gläser Weißwein dazu. Das waren sozusagen seine noch unerledigten Spielschulden aus den vorangegangenen Runden. Weil ihm die Karten mittlerweile ständig aus der Hand fielen und weil dem Trinkerjournalisten langsam das Geld ausging – und auch weil der Geschäftsführer androhte, die Polizei zu rufen –, entschlossen wir uns, das Spiel zu einem Ende zu bringen.

Es lag nun nur noch an Silvio, seine Spielschulden abzuarbeiten. Sobald das erledigt war, konnten wir alle nach Hause gehen. Und so saß er da, der Silvio, eingekeilt zwischen der Wand, der Bar und dem Zigarettenautomaten, um zu verhindern, dass er ständig vom Hocker rutschte. Er starrte die vollen Gläser, die vor ihm standen, aus blutunterlaufenen, verschleierten Augen an. Dann, plötzlich, mit einer Geschwindigkeit und Koordination, die ihm niemand mehr zugetraut hätte in seinem fortgeschrittenen Verfallstadium, schnappte er sich ein Glas Schnaps mit der linken Hand und ein Glas Weißwein mit der rechten – und trank sie beide innerhalb von Sekunden leer. Ohne auch nur einen Augenblick zu zögern, ergriff er sofort zwei weitere Gläser – und leerte sie ebenfalls in einem Zug.

Nun waren nur noch zwei Gläser Schnaps übrig, und nach einem nonchalanten Zug an seiner Zigarette und einem triumphierenden Lächeln in unsere Richtung kippte Silvio auch diese hinunter. Nun war das Spiel tatsächlich vorbei. Silvios Kopf neigte sich zur Seite, und sein Oberkörper sackte in sich zusammen. Mit einem Auge, das immer noch halb geöffnet war – wenn auch nur noch das Weiße zu sehen war – schlief er ein oder verlor das Bewusstsein. Es war schwierig, zu beurteilen, was von beidem der Fall war. Er wäre garantiert vom Hocker gefallen, wenn er sich nicht so genial eingekeilt hätte – so genial, dass es uns auch mit Hilfe der zwei Kellner nicht gelang, ihn herauszuziehen.

Der Trinkerjournalist und ich waren ebenfalls schwer angeschlagen, und wir beschlossen, Silvio im Restaurant zurückzulassen. Uns gegenseitig stützend, tasteten wir uns an die frische Luft. Wie immer, wenn man wirklich eins braucht, war natürlich kein Taxi aufzutreiben, und wir entschlossen uns deshalb, zu Fuß nach Hause zu gehen, in der Hoffnung, dass uns die frische Luft gut tun würde. Wir schafften die paar Hundert Meter bis zum Stadtpark noch knapp, aber dann zog der Trinkerjournalist seinen Flachmann aus der Tasche, den er immer bei sich trug ... für Notfälle, wie er sagte.

Es war tatsächlich nicht von der Hand zu weisen, dass wir einen Notfall hatten. Er nahm einen Schluck, und ich nahm auch einen. Aber der Gin tat mir gar nicht gut. Ich musste mich auf eine Parkbank setzen. Die Welt drehte sich um mich wie ein Karussell, mir war hundeelend.

Irgendwie musste ich dann wohl eingeschlafen sein, denn als ich wieder zu mir kam, war es schon dunkel. Der Trinkerjournalist war verschwunden, und vor mir stand eine ältere Dame. Sie klopfte mit der Schirmspitze gegen mein unverletztes Bein, und als sie sah, dass ich aufwachte, fing sie an zu keifen: «Schämen Sie sich eigentlich nicht, junger Mann? Es ist noch nicht mal acht Uhr, und ... und schauen Sie mal die traurige Figur an, die Sie hier machen!»

«Hier, das ist, was Ihnen gut täte!», fuhr sie fort und deponierte mit spitzen Fingern ein Stück Papier auf meinem Kragen, als wollte sie sichergehen, dass sie auch ja nicht in Kontakt mit meinen Kleidern kam. Dann ging sie schnell weiter.

Ich schaute das Papier an: «BREIT IST DER WEG, DER INS VERDERBEN FÜHRT», stand da in großen Lettern.

Darunter, ein wenig kleiner, stand: «... aber der Weg, der zum Leben führt, ist schmal – und nur wenige finden ihn.»

Auf die Rückseite war eine Einladung zu einer religiösen Veranstaltung gedruckt. Unten auf der Seite konnte ich Folgendes entziffern: «TRETET EIN DURCH DIE ENGE TÜR!» Daneben waren Ort und Zeit der Versammlung angegeben. Stockbetrunken, wie ich war, realisierte ich aber trotzdem noch, dass ich diese – oder eine ähnliche – Einladung schon einmal gesehen hatte, nur das Datum war anders: zwei Jahre zuvor, fast auf den Tag – an jenem Abend, als alle meine Schwierigkeiten angefangen hatten.

Dieses Mal ließ ich mich nicht ablenken und ging tatsächlich hin. Als ich in das Gemeindezentrum trat, sangen die Leute gerade das letzte Lied. Eine eigenartige Musik war das. Ehrlich gesagt standen mir die Haare schon beim Zuhören zu Berge.

Ich drückte mich in die vorletzte Stuhlreihe und saß einfach nur da. Ich hatte keine Erwartungen.

Aber dann passierte etwas, was ich nie vergessen werde, so lange ich lebe: Ich fand meinen Erlöser dort an diesem Abend – Jesus, das Licht der Welt.

Ich hatte als Kind schon von ihm gehört, aber nichts davon verstanden. Doch jetzt, auf einen Schlag, verstand ich es.

Ein helles Licht leuchtete in meine Finsternis hinein, und plötzlich sah ich es: Eigene Entscheidungen ... schlechte Entscheidungen ... hatten mich um die halbe Welt getrieben ... und doch letzten Endes nirgendwohin geführt.

Zuerst mit der Frau, ja, damit hatte alles angefangen. Ich hatte meinen Platz in der Ordnung der Dinge verloren. Und dann die Erlebnisse im Sudan – ich hatte Gott ein Versprechen gegeben und es nicht gehalten. Irgendwie war ich danach ... ganz verloren gegangen. Ich schämte mich und hatte Angst. Da sprach Jesus zu mir, an jenem Abend. «Fürchte dich nicht, denn ich habe die Welt überwunden!» Ich konnte es nicht annehmen.

«Aber ich habe so vieles falsch gemacht!», brach es aus mir hervor.

Er sprach weiter. Es war eine innere Stimme, wie ich sie noch nie gehört hatte. Da war kein Vorwurf in dieser Stimme, nur Frische und Leben. Ungeheuer viel Lebenskraft war in dieser Stimme, aber gleichzeitig auch ein tiefer Ernst:

«Du bist auf den breiten Weg geraten. Fang noch einmal an – jetzt. Wandle auf dem schmalen Weg, von nun an. Komm, folge mir nach.»

Und dann geschah etwas Wunderbares. Das Licht nahm zu. Es wurde heller und heller – heller als die Sonne. Es ist schwierig, es in Worten zu beschreiben. Und die Finsternis, die mich umgab, löste sich plötzlich auf.

Ich war frei.

Ich musste mich nicht mehr betäuben!

21. Der Streit mit Silvio und eine wichtige Einladung

Und so saß ich also in diesem Gemeindezentrum einer Zürcher Kirche, den Kopf in den Händen vergraben, die Augen geschlossen. Etwas Unglaubliches war geschehen: Jesus Christus hatte zu mir gesprochen! Zu mir!

Als ich die Augen öffnete, war da kein Licht – außer der normalen Beleuchtung im Raum. Aber in mir leuchtete es weiter, noch tagelang. Ich verstand es erst später: Das Licht war Geist gewesen, denn Gott ist Geist, und Geist kann man nicht mit den Augen sehen.

Aber diese Gegenwart – *seine* Gegenwart – ist deshalb nicht weniger wirklich. Kein Zweifel ist möglich, wenn man in seiner Gegenwart steht. Die Zweifel kamen erst später ...

Am nächsten Tag hatte ich einen Termin beim Arzt, um den Gips von meinem Bein abzunehmen. Neben dem üblichen Stapel von alten «Geo»-Heften und abgegriffenen Frauenmagazinen lag auch eine kleine Taschenausgabe des Neuen Testaments auf dem flachen Tisch im Wartezimmer. Ich steckte es in meine Tasche.

Ich las sehr viel in diesem Buch im Verlauf der nächsten Tage: über die Geschichte von Jesus, wie er Gottes Botschaft in die Welt gebracht hatte, die Welt aber nichts davon wissen wollte.

Und über die Botschaft selbst: Unsere sichtbare Welt hat eine unsichtbare, geistliche Dimension, die nicht nur viel wichtiger, sondern im Endeffekt auch viel realer ist als die so genannte Realität. Das sprach mich sofort an. Ich hatte ja schon seit einiger Zeit eine eher gespannte Beziehung zur Realität.

Ich konnte das Buch einfach nicht weglegen. Es war, als ob es zu mir sprach, Seite für Seite. Also las ich mehr über Jesus ... über sein Leben ... seinen Tod ... seine Auferstehung und über die Gemeinschaft, die zu gründen er gekommen war: die Gemeinde.

Das schien mir das Wesentliche zu sein, das ich als Quintessenz aus meiner Lektüre zog: Im Neuen Testament hatte das Leben mit Gott immer etwas mit Gemeinschaft zu tun. Die Jünger Jesu gründeten mit anderen Jüngern Gemeinden. An einer Stelle in Text wurde die Gemeinde sogar als der «Körper des auferstandenen Christus» bezeichnet. Ich konnte mich des Eindrucks nicht erwehren, dass die Nachfolge Jesu eine Art Gruppensport zu sein schien.

Und es kam tatsächlich so weit, dass ich am nächsten Sonntag beinahe wieder hingegangen wäre, in die Gemeinde. Es klappte dann aber doch nicht, weil Silvio schon früh in der Küche herumschepperte und ich gar nicht scharf darauf war, mir anzuhören, was er von meinen plötzlichen religiösen Anwandlungen hielt.

Am Sonntag darauf war Silvio nicht da. Leider hatte ich aber keinen Wecker, und es war schon neun Uhr, als ich aufwachte. Der Gottesdienst fing um halb zehn an. Überstürzen wollte ich die Dinge nun auch wieder nicht.

Am Sonntag darauf ging ich wieder nicht hin. Da war einfach zu viel Chaos in meinem Leben. Es gab Dinge, mit denen ich erst fertig werden musste, bevor ich einen derart radikalen Schritt wie einen zweiten Gemeindebesuch unternehmen konnte. Wenn mein Leben erst mal wieder im Lot war, dann würde ich vielleicht noch einmal in diese Gemeinde gehen, wahrscheinlich.

In der Zwischenzeit hatte ich mir eine vollständige Bibelausgabe angeschafft und las darin, und zwar stundenlang, jeden Tag. Dazu brauchte ich ja keine Gemeinde. Ein sehr großer Teil von dem, was da stand, war ja sonnenklar.

Dass die Kirche der «Körper des Auferstandenen» war, das war für mich zum Beispiel sonnenklar, und dass, wer an Christus Anteil haben wollte, auch an seiner Gemeinde Anteil haben musste. Es war wirklich eigenartig, dass meine Gedanken immer wieder auf diesen Punkt zurückkamen.

Und als ich innerlich mit dem Gedanken der Gemeindezugehörigkeit rang, merkte ich, dass da noch ein anderes Gefühl war – ein Gefühl, das mich in die entgegengesetzte Richtung zog. Und dieses Gefühl wurde umso stärker, je länger ich meinen zweiten Besuch im Gemeindezentrum hinausschob.

Der Hauptgrund dafür, warum ich kein zweites Mal in die Gemeinde gehen wollte, waren die Leute dort. Diese Sorte von Leuten zu treffen ... nun, darauf war ich eigentlich gar nicht scharf.

Wenn Sie, liebe Leserin, lieber Leser, selbst in eine Gemeinde gehen, können Sie vielleicht verstehen, warum ich die Idee eines zweiten Gemeindebesuchs ... nun ... stillschweigend unter den Teppich kehrte – das ist vielleicht der richtige Ausdruck dafür. Gemeinden waren einfach nicht meine Sache.

Das Eigenartige war: Sobald ich mich entschieden hatte, nun doch nicht noch einmal ins Gemeindezentrum zu gehen, zog sich der Frieden, der in meinem Leben Einzug gehalten hatte, plötzlich zurück. Und als dieser Friede erst mal dahin war, dauerte es nicht lange, und Silvio fing wieder an, mir ganz fürchterlich auf die Nerven zu gehen.

Silvio, der aus seiner Küche immer so einen unglaublichen Saustall machte. Silvio, dessen Vorstellung von Behaglichkeit darin bestand, dass jederzeit zwanzig bis dreißig leere Weinflaschen auf dem Wohnzimmertisch standen, so dass die ganze Bude wie eine Weinkellerei stank. Und Silvio, der ständig fluchte, was das Zeug hielt. Es war unglaublich, was dieser Kerl den lieben langen Tag zusammenfluchte. Ich war ja bestimmt nicht zart besaitet, aber mir standen regelmäßig die Haare zu Berge, wenn er wieder loslegte.

Und als er erst mal herausgefunden hatte, dass eine religiöse Erfahrung der Grund dafür war, dass ich mich nicht mehr regelmäßig mit ihm betrank, gab es für ihn kein Halten mehr. Ich versuchte zweimal, ihm zu erklären, was mir da passiert war, aber er bezeichnete mein Bekehrungserlebnis als eine Macke und machte einen geschmacklosen Witz nach dem andern über die Dinge, die gerade dabei waren, mein Leben zu verändern.

Ich kannte Silvio gut genug, um zu wissen, dass seine primitiven Rocker-Allüren nichts als Staffage waren. Dahinter steckte eine sensible Persönlichkeit, die sich im Leben nicht so ganz zurechtfand.

«Lies doch wenigstens mal das Johannes-Evangelium, Silvio. Das würde dir bestimmt gut tun», zerrte ich an ihm herum. «Eines Tages musst du doch auch mal erwachsen werden. Du kannst ja nicht bis ans Ende deiner Tage mit diesen Typen rumhängen. Schau sie dir doch mal an. Tufi ist ein Neandertaler, und der Rest ... mit denen kann man doch nur eins tun: in die Unterwelt absteigen. Was kriegst du denn von denen, Silvio? Die Nestwärme, die dir zu Hause abging, oder was?»

Es war offensichtlich, dass ich einen Nerv getroffen hatte, denn Silvio wurde sofort wütend: «Nun hör mir aber mal zu, du Weltenbummler! Bis vor zwei Wochen warst du der Saufbold in Person, und nun bist du plötzlich der Heilige Florian. Wirk du erst mal ein Wunder, dann kauf ich dir deinen Käse vielleicht eher ab. Dass du endlich mal was zur Miete beisteuern würdest, zum Beispiel, das wäre ein Wunder!»

Damit hatte er nun allerdings Recht. Ich hatte schon lange befürchtet, dieses Thema würde einmal aufs Tapet kommen.

Aber bevor ich etwas erwidern konnte, fing Silvio an, mich wegen meines kleinen Abenteuers zu verspotten, das so viel zu meiner überstürzten Abreise beigetragen hatte ... damals, vor zwei Jahren.

«Erzähl du mir nur was von Sünden, du Aushilfs-Casanova, aber kehr vorher gefälligst erst mal vor deiner eigenen Tür, ja?» Das ging natürlich unter die Gürtellinie. Jetzt war auch ich wütend. Im Geiste der christlichen Sanftmut die andere Wange hinzuhalten, kam mir momentan überhaupt nicht in den Sinn.

Silvio war mit Frauen nie klargekommen. Das war etwas, dessen er sich schmerzlich bewusst war. Irgendwo tief in seinem Inneren hatte er Angst vor ihnen, davon war ich überzeugt – Angst, die er dann mit umso mehr Grobheit überspielte. Er hatte nur einmal in seinem Leben eine Freundin gehabt – eine wirklich doofe Kuh, die hauptsächlich an seinem Motorrad und seinen Muskeln interessiert war.

Ich machte ein paar sarkastische Andeutungen in diese Richtung, und Silvio ging prompt an die Decke: «Fang ja nicht an, an mir herumzupsychologisieren, sonst hau ich dir eine runter, du ...!»

Ich hatte noch nie Angst gehabt vor Silvio, und ich hatte sie auch jetzt nicht – schwarze Ledermontur hin oder her. Wir hatten uns als Kinder hin und wieder geprügelt, und ich hatte es noch jedes Mal geschafft, ihm Saures zu geben, denn obwohl er immer größer und stärker war als ich, so war er eben auch ziemlich langsam, um nicht zu sagen – plump.

«Nur zu, komm doch, du Niete, vor dir hab ich noch nie Angst gehabt.» Dann rutschte mir allerdings noch ein weiterer Satz raus: «Vor dir hat überhaupt niemand mehr Angst, seit du von deinem Motorrad gefallen bist.» Was sich auf die Behinderung an seinem Arm bezog. Ich hätte das nicht sagen dürfen und wusste auch sofort, dass ich zu weit gegangen war – aber Worte lassen sich nun mal nicht rückgängig machen.

Silvio stand mit wutverzerrtem Gesicht da, wie ein Bösewicht in einem alten Stummfilm. Dann sah ich, wie er mit seiner Rechten in seine Jackentasche griff, in der er normalerweise seinen Schlagring aufbewahrte. «Der geht auf mich los!», durchzuckte es mich.

Mit dem Gewichtsvorteil auf seiner Seite und seiner längeren Reichweite ... und mit meinem Bein, das durch den Unfall immer noch ein wenig wackelig war, konnte ich es darauf nun wirklich nicht ankommen lassen.

Also gab ich ihm eben eins auf die Nase. Und noch eins, diesmal härter, in die Magengrube – und als er nach vorne kam, hatte ich schon weit ausgeholt und landete einen Schwinger an seinem Kopf, in den ich alles legte, was ich zu bieten hatte. Silvio war überhaupt nicht darauf vorbereitet, taumelte rückwärts über die Sofalehne und schlug mit dem Kopf auf den Glastisch, während er fiel. Dann lag er regungslos da. Ich war selbst erstaunt über meine plötzliche Durchschlagskraft, aber die paar Wochen an der Krücke hatten offensichtlich einiges bewirkt, was meine Arm- und Schultermuskulatur betraf.

Als er so dalag, fing ich schon an, mir Sorgen um ihn zu machen, aber dann öffnete Silvio blinzelnd die Augen. Er sah mich verwirrt an und fragte: «Was ist denn los?» Er setzte sich langsam auf und fing an, das Blut abzutupfen, das ihm aus der Nase lief. Das blutige Taschentuch anschauend, stand er vollends auf und fragte jetzt geradezu bedrohlich: «Was ist denn das gewesen, du verrückter Penner?»

Nun, was konnte ich ihm dazu schon sagen? Wie sich jetzt herausstellte, hatte Silvio nicht seinen Schlagring, sondern nur seine Zigaretten aus der Tasche ziehen wollen. Ich hatte also meinen Freund und Obdachgeber zusammengeschlagen für nichts und wieder nichts.

Mit einer Hand seinen Hinterkopf reibend, schaute mich Silvio verwirrt und fast traurig an. Dann ging er in die

Küche. Der Korken einer Flasche knallte. Ein Glas wurde eingeschenkt. Noch ein Glas. Und noch eines. Als er wieder ins Wohnzimmer kam, war Silvios Gesicht totenbleich, und seine Augen waren zu kleinen Schlitzen geworden, in denen es tückisch blitzte. Ich hatte ihn noch nie so gesehen, sogar seine Stimme hatte sich verändert:

«Hau ab!», zischte er. «Verschwinde, und zwar sofort. Wenn du noch hier bist, wenn ich zurückkomme, mach ich dich kalt, du Arschloch. Im Ernst! Ich hab dich aufgelesen und dich aufgepäppelt wie einen Straßenköter, und jetzt kommst du mir so ...» Er zischte noch irgendwas vor sich hin, dann stampfte er die Treppe runter, die Tür hinter sich offen lassend.

Der Gedanke, dass er ein paar von seinen Freunden anrufen könnte, verlieh mir Flügel. In weniger als zehn Minuten hatte ich meine wenigen Habseligkeiten in meine Tasche gepackt und saß in einem Taxi.

Ich durchkämmte die Stadt auf der Suche nach einer Absteige, aber Tür für Tür ging vor meiner Nase zu. So musste ich die Nacht unter der großen Autobahnbrücke am Stadtrand verbringen. Der Vorfall mit Silvio rollte durch meine Gedanken wie ein Feuerrad. Was hatte ich da bloß angerichtet!

Die Autobahn über mir war auch nachts stark befahren, und ich wusste nicht, ob es das Dröhnen der Lastwagen oder mein schlechtes Gewissen war, das mich nicht zur Ruhe kommen ließ. Auf jeden Fall war ich noch lange nach Mitternacht wach.

Und als ich dann endlich doch eingeschlafen war, wurde ich fast augenblicklich und sehr grob wieder geweckt – durch eine Taschenlampe, die mir ins Gesicht leuchtete. Es war die Polizei. «Dürfen wir Ihren Ausweis sehen, bitte?!» Es hörte sich mehr wie ein Befehl an als wie eine Frage.

Ich grub in meiner Tasche nach meinem Pass und hielt ihn den Polizisten hin. Einer von ihnen fing an, darin zu blättern.

«Viele schöne Stempel haben Sie da ...» Er zeigte den Pass seinem Kollegen: «Du, schau mal: Ägypten, Pakistan, Indien, Nepal, Thailand ...»

Sein Kollege leuchtete mir erneut mit der Taschenlampe ins Gesicht: «Etwa ein Junkie, der Herr? Zeigen Sie mal!» Er schaute mir in die Augen, dann wandte er sich wieder seinem Kollegen zu: «Sieht normal aus, wenigstens im Moment.»

Sie sprachen über mich, als ob ich gar nicht da wäre, während sie meine Tasche durchsuchten. Dann nahm einer der Polizisten sein Funkgerät von dem Haken an seinem Gürtel, drückte auf ein paar Tasten und gab meine Personalien an die Zentrale durch. Nach einer Weile knurrte eine ferne Stimme zwei Zahlen: «512 ... 790.» Das war alles, dann schaltete sich das Gerät ab.

Die zwei Polizisten sahen einander an. Sie runzelten beide die Stirn. Dann wandten sie sich wieder mir zu, und der Größere von ihnen sagte: «Es tut uns leid, aber wir müssen Sie mitnehmen. Es macht Ihnen doch nichts aus, oder?»

Auf dem Polizeiposten wurde ich in ein enges, spärlich möbliertes Büro gesetzt. Mir gegenüber saß ein Polizist. Mein Pass lag offen vor ihm auf dem Tisch.

«Wir haben Sie hier als vor gut zwei Jahren mit unbekanntem Aufenthaltsort ins Ausland verzogenen Schweizer Bürger im Computer. Vor acht Wochen sind Sie dann via Zürich-Flughafen wieder eingereist. Von Australien – ist das korrekt?»

Langsam kam mir die Galle hoch: «Ja, und? Was fragen Sie mich denn noch, wenn Sie mein ganzes Leben schon in Ihrem Computer haben?»

Er lächelte schräg: «Nicht Ihr ganzes Leben, aber wir haben hier einen Eintrag, der besagt, dass Sie in den letzten beiden Jahren weder Einkommenssteuer noch Militärpflichtersatz entrichtet haben. Wir reden von ...» Dann las er irgendeinen fantastischen Betrag von dem Computerbildschirm ab: Achttausendsiebenhundertneunundfünfzig Franken und zwanzig Rappen, oder waren es siebentausendachthundertfünfundachtzig Franken und fünfundsechzig Rappen, die genaue Zahl ist mir entfallen. «Eintreibung, Verlustschein, Pfändung, Strafsteuer, so das Übliche. Sie könnten das eigentlich hier lassen, bis Sie ein wenig Ordnung in Ihre Angelegenheiten gebracht haben.» Er hielt meinen Pass hoch. «Wenigstens was das Militärrechtliche betrifft. Da müssen Sie unbedingt was unternehmen! Die verstehen nämlich gar keinen Spaß. Schauen Sie doch mal wieder rein, wenn alles in Ordnung ist.» Der Polizist drückte auf einen Knopf, und die automatisch verriegelte Tür hinter mir öffnete sich.

«Lassen Sie sich nicht länger von mir aufhalten. Einen schönen Tag noch», so verabschiedete er mich.

Meine Zimmersuche ging weiter, und irgendwie, ich weiß nicht mehr wie, landete ich bei Edi, dem Bekannten einer Bekannten eines Bekannten. Die Sonne ging schon unter, als ich an die Tür des verlotterten alten Bauernhauses klopfte, in dem er wohnte – in einem kleinen Weiler außerhalb der Stadt.

Edi zeigte mir das Zimmer. Alles war ein wenig heruntergekommen, aber die Miete war einmalig günstig, und unter Brücken zu schlafen machte eh keinen Spaß. Ich stellte meine Tasche aufs Bett und sagte: «Okay, gefällt mir, ich nehme es.»

«Nicht so schnell, nicht so schnell!», sagte Edi. «Es gibt da ein paar Bedingungen, die Hausordnung sozusagen: Kein

Alkohol. Keine Drogen. Keine laute Musik. Ruhe ist die erste Bürgerpflicht hier.»

Mir war alles recht.

«Und noch was: Am Sonntag wird in die Kirche gegangen. Jeden Sonntag.»

Was ich nun hingegen reichlich sonderbar fand. «Du, ich geh da eigentlich nicht hin, ich meine ... nicht oft ...» Das Erlebnis, das ich vor kurzem hatte, kam mir unwillkürlich in den Sinn, und ich kam ganz durcheinander.

Aber Edi war nicht von seiner Hausordnung abzubringen: «Willst du das Zimmer, ja oder nein?»

Solche Methoden waren mir eigentlich nicht sehr sympathisch, aber was sollte ich machen? Es war sieben Uhr abends, wahrscheinlich ging nicht mal mehr ein Bus in die Stadt.

«Hey, kein Problem, ich halte mich an die Hausordnung. Mit dem Saufen ist's sowieso vorbei, und das letzte Mal, als ich in einer Kirche war, war es ... nun, eigentlich recht interessant.»

Er schaute mich fragend an, aber ich war zu müde, um mich weiter darüber auszulassen.

Am Sonntagmorgen klopfte Edi dann prompt an meine Zimmertüre – unnötig laut, wie ich fand.

«Wir fahren in einer Viertelstunde. Sieh zu, dass du dann fertig bist!»

Erst als wir in der Stadt waren, Edi für seinen alten Datsun einen Parkplatz gefunden hatte und quer über die Straße deutend sagte: «Schau, da drüben ist es», merkte ich, dass wir wieder vor dem gleichen Gemeindezentrum standen, in dem ich einige Wochen zuvor diese merkwürdige ... Erscheinung gehabt hatte.

Wir gingen rein, und sie waren wieder am Liedersingen. Das Merkwürdige war: Diesmal störte mich die Musik nicht, im Gegenteil – ich fand sie plötzlich wunderschön. Irgendwie brachte sie sogar den Glanz von Gottes Gegenwart zurück, welche ich an jenem ersten Abend gespürt hatte, an dem mir Jesus begegnet war.

Und das gab mir nun wirklich zu denken!

War das der Sinn der Versammlung in diesem Gemeindezentrum? Vielleicht war es das, was die vielen Leute um mich herum anzog. Zumindest ein paar von ihnen schienen beim Singen regelrecht ... nun, beglückt zu sein. Vielleicht sahen sie hier auch dieses ... Licht?

Als der Pastor anfing zu reden, hatte er meine volle Aufmerksamkeit. Die war auch nötig, denn es war gar nicht so einfach, ihm zu folgen. Irgendwie ging es um die Sünde. Die Sünde war am Anfang süß, aber es lag ein Fluch auf ihr. Nur einer hatte Macht über diesen Fluch: Jesus Christus, der Auferstandene. So eigenartig sich das alles anhörte – irgendwie machte es plötzlich Sinn.

Der Pastor kam zum Schluss und sprach eine Einladung aus: «Christus bietet jedem, der das will, Erlösung und ein neues Leben an. Wer dieses Angebot annehmen will, soll nun nach vorne kommen.»

Ich war der Einzige, der nach vorne ging.

Ich weinte auf dem ganzen Weg vor mich hin, und das vor allen Leuten. Es war mir gleichzeitig ungeheuer peinlich und auch so was von egal.

Ich brauchte Erlösung.

Ich wollte dieses neue Leben.

22.
Verwildert – und gewisse Sehnsüchte melden sich erneut

Die nächsten Schritte ergaben sich wie von selbst. Meine frühere Betrachtungsweise von organisierter Religion als reiner Zeitverschwendung änderte sich radikal, und ich fing an, regelmäßig die Versammlungen im Gemeindezentrum zu besuchen. Bald war es nicht mehr Edi, der mich am Sonntag zum Gottesdienst schleifte, bald war *ich* es, der dafür sorgte, dass wir dort erschienen, und zwar pünktlich. Edi gehörte nämlich zu den Leuten, die nie zur rechten Zeit irgendwo sein können. Und bald besuchte ich nicht nur den Gottesdienst am Sonntagmorgen, sondern auch noch die Bibelstunde am Mittwochabend und die Gebetsstunde am Freitagmittag. Ich fing an zu glauben – sah plötzlich an allen möglichen und unmöglichen Orten Gottes Hand am Werk. Das Gemeindezentrum, dem ich früher nie die geringste Beachtung geschenkt hatte, wurde für mich geradezu zum Brennpunkt der geistigen Ereignisse. Alles, was sich da abspielte, schien in ein unsichtbares Energiefeld gehüllt zu sein – ein Energiefeld, das mich instinktiv anzog.

Ich fing an, an allen möglichen, für mich geradezu undenkbaren Aktivitäten teilzunehmen. Am Würstchenbraten im Wald mit der christlichen Jugendgruppe zum Beispiel. Oder an einem völlig bizarren Missionsbasar. Besonders viel Zeit verbrachte ich im «Alkoholfreien Café», das Teil des Gemeindezentrums war. Für eine Weile war das Gemeindezentrum wirklich das Zentrum meines Lebens. Ich unterhielt mich mit jedermann glänzend, ob alt oder jung, gescheit oder ungebildet – immer waren da diese interessanten Wechselwirkungen, die anderswo einfach fehlten. Und da war natürlich auch dieses Energiefeld.

Dazu eine kleine Begebenheit als Illustration: Eines Mittwochabends spazierte ich auf dem Weg zu einer Bibelstunde durch den Stadtgarten und traf dabei Ines, die ich noch aus meiner Schulzeit kannte. Ich hatte in der Schule jahrelang ein schmachtendes Auge auf ihre südländischen Kurven und ihre pechschwarze Mähne gehabt – immer nur aus der Ferne, denn sie würdigte mich nie auch nur eines Blickes ... was ja auch verständlich war. Sie hatte immer jede Menge Typen um sich herum gehabt, ältere Typen, die schon Geld verdienten und Autos hatten.

Ich hatte Ines seit Jahren nicht mehr gesehen. Aber jetzt kamen wir plötzlich ins Gespräch, und sie war außerordentlich interessiert, als ich ihr ein paar Storys von meiner Reise erzählte.

«Ich hätte es gar nicht für möglich gehalten, dass man bis zu diesen Orten überhaupt durchkommt. Wow, das ist aber interessant, endlich mal einer, der wirklich was unternommen hat! Das hätte ich dir eigentlich gar nicht zugetraut, ehrlich.» Sie war immer noch so impulsiv wie früher.

Weil ich Hunger hatte, sagte ich zu ihr: «Warum gehen wir nicht was essen?», und sie war sofort einverstanden. Noch während wir auf unsere Pizza warteten, fing sie an zu reden und erzählte, wie es ihr so ging: «Ich war die letzten vier Jahre verheiratet. Hey, kannst du dir das vorstellen? Und das mit einem wirklichen Dreckskerl! Es hätte die beste Zeit meines Lebens sein können, und was habe ich all die Jahre über gemacht? Socken gewaschen und Hemden gebügelt!» Aber jetzt sei ihre Scheidung endlich über die Bühne gegangen, sagte sie sichtbar erleichtert und mit strahlenden Augen. «Jetzt bin *ich* an der Reihe, endlich! Es wird höchste Zeit für ein bisschen Freiheit und Spaß.»

Augenkontakt.

Augengeklimper.

Und ein Strahlen, das sogar die steile Falte über ihrem rechten Mundwinkel beinahe verschwinden ließ.

Und was tat ich? Bestellte ich noch etwas zu trinken? Schlug ich vor, zusammen auszugehen? Fragte ich Ines wenigstens nach ihrer Telefonnummer?

Ich tat nichts von alledem – um ehrlich zu sein, kam mir der Gedanke daran gar nicht.

Stattdessen zahlte ich, als es auf halb acht zuging – nur für *mein* Essen selbstverständlich. Dann nahm ich den Plastikbeutel mit meiner Bibel und sagte: «Das war aber nett, dich wieder mal zu treffen, Ines. Aber ich muss jetzt leider gehen. Also dann, tschüss.»

Und dann ging ich zum Bibelabend, ohne mich auch nur einmal umzudrehen. Denn beim Bibelabend im Gemeindezentrum, da war das Energiefeld. Und Ines, wie anziehend auch immer ihr Äußeres war – und das war wirklich äußerst anziehend –, hatte einfach kein Energiefeld dieser Art anzubieten.

Ich sprach mit Edi über das Phänomen, und er schien sofort zu verstehen, was ich meinte, außer dass er es anders bezeichnete: «Energiefeld? Spinnst du? Das ist doch kein Energiefeld, das ist der Heilige Geist – der Geist der Wahrheit, den Gott gesandt hat, um uns zu lehren und in die Wahrheit zu führen. Lies doch mal nach in Johannes, Kapitel 14! Ein Energiefeld, so ein Quatsch!»

So war er immer, der Edi, so einer war er halt. Er hatte seine in Beton gegossenen Antworten für alles, und die waren immer durch einen Bibelvers untermauert. Ich konnte mich nie so recht für Edi erwärmen – und auch nicht für seine endlose Liste an Verbesserungen, die seiner Meinung nach an meinem Lebensstil und meinem Charakter unbedingt vorgenommen werden mussten. Es fing an bei der Musik, die ich – wenn auch nur leise und in meinem Zimmer – hörte. Es ging weiter mit den Science-Fiction-Büchern, die ich las. Dann war da auch die Tatsache, dass ich Zigaretten rauchte – ganz normale Zigaretten wohlgemerkt, mit absolut nichts als Tabak drin. Aber was ihm am meisten am Herzen zu liegen schien, war, dass ich endlich aufhören sollte, ständig mit den Mädchen hinter dem Tresen des Alkoholfreien Cafés herumzuschäkern. Dabei stimmte das doch gar nicht.

«Was darf ich denn deiner Meinung nach überhaupt noch tun, Edi? Ich kann doch nicht den ganzen Tag nur Hymnen singen?»

Seine Antwort darauf war, ich solle mir eine Arbeit suchen.

Ha-ha!

Der Hauptgrund, warum ich so lange bei Edi blieb, war wohl die aus Holz gebaute Veranda hinter seinem Haus, mit Aussicht auf den ins Kraut schießenden Garten. Dahinter war das offene Feld, und noch weiter entfernt, wo der Hügel für den Getreideanbau zu steil wurde, begann der Wald.

Ich saß oft auf dieser Veranda und dachte nach. Mir wurde langsam klar, wie vollständig ich mich aus meinen kleinbürgerlichen Verankerungen gelöst hatte, nachdem ein halbherziger Versuch gescheitert war, die Trümmer meiner früheren Existenz dort aufzulesen, wo sie hingefallen waren. Die dummen und zum Teil auch äußerst persönlichen Fragen der Personalchefin der Firma, bei der ich mich vorgestellt hatte, die mechanisch ablaufenden idiotischen Arbeitsabläufe, die mit dem Job verbunden waren, für den ich mich beworben hatte – diese Art von Lebensstil war für mich ein für alle Mal passé!

Ich war ein «Feral» geworden, wie sie das in Australien nennen – ein Haustier, das so verwildert war, dass es zu nichts mehr zu gebrauchen war. Diese Ferals gab es in Australien in allen möglichen Tiergattungen: bei Hunden, Katzen, Kühen, Pferden, Wasserbüffeln, Kamelen, ja sogar bei Schweinen. Und ich war nun eben ein «Menschen-Feral».

Bei den Steuerschulden, die bedrohlich über mir hingen wie eine dunkle Wolke, war die einzige Strategie, die mir in den Sinn kam, mich treiben zu lassen. Es war der einfachste Weg. Ich brauchte dafür nur eines zu tun: Ich musste meinem Arzt einmal in der Woche vormachen, dass mein Bein immer noch wehtat. Er füllte dann jedes Mal ein Formular aus, und die nächste Überweisung von der Versicherung ließ nicht lange auf sich warten.

Ich betrachtete dieses Geld buchstäblich als ein Geschenk des Himmels. Obwohl mehr als die Hälfte davon jeweils zur Tilgung meiner Steuerschulden direkt an das Finanzamt ging, konnte ich von dem Rest noch ausgezeichnet leben. Mein Taggeld wurde nach dem Einkommen vor dem Unfall berechnet, und weil wir in jener Zeit so viele Überstunden machen mussten, war dieses Einkommen ganz beträchtlich gewesen. Mit schöner Regelmäßigkeit legte die Gans ihre goldenen Eier. Ein Monat lang, zwei Monate und schließlich drei Monate lang – und mein Schuldenberg war schon fast abgetragen, denn ich brauchte ja nach wie vor fast nichts zum Leben. «Die Bürokratie nimmt's, die Bürokratie gibt's. Gelobt sei die Bürokratie!», sagte ich mir.

Es war ein wunderschöner, außerordentlich langer Sommer in jenem Jahr, aber dann wurde es kühl und neblig, und ich fand mich immer öfter vor der Weltkarte stehend, die ich in meinem Zimmer aufgehängt hatte. In meinem Kopf begannen Erinnerungen an meine Reisen aufzusteigen. Und jedes Mal, wenn ich aus dem Fenster sah, wurde ich missmutiger – ich wollte eben immer noch nach Australien auswandern. Eine Weile lang betete ich jeden Abend zu Gott, dass er doch um Himmels willen etwas unternehmen solle, aber es geschah nichts.

Eher aus Langeweile fing ich an, meine eigenen Nachforschungen anzustellen, und fand nach und nach ein paar ganz interessante Dinge heraus. Von Neuguinea aus gab es einen dünnen, aber regelmäßigen Verkehr mit dem australischen Festland, vor allem Jachten und Fischerboote. Ich fand sogar jemanden, der einmal aus Berufsgründen in der Gegend gewesen war und mir bestätigte, dass man durchaus einen Skipper finden konnte, der einen irgendwo in Australien an Land setzte – natürlich immer unter der Voraussetzung, dass man tüchtig was springen ließ. Wie so oft im Leben: Es war nur eine Frage des Geldes. Ein Visum nach Neuguinea würde man mir ja wohl nicht verweigern ...

Ich hoffte inständig, dass die Versicherung durchhalten würde, bis ich genug Geld hatte ... Noch zwei Monate, und ich wäre so weit gewesen. Aber kaum war der letzte Franken meiner Schulden abbezahlt, da erhielt ich ein Einschreiben: Es war eine Vorladung zum Vertrauensarzt der Versicherungsgesellschaft.

Jemand von der Versicherung, die mich so lange und so großzügig unterstützt hatte, war offensichtlich misstrauisch geworden.

Edi freute das natürlich ungemein. Er hatte nie so recht verstanden, wie Gott es zulassen konnte, dass ich mit Nichtstun mehr verdiente als er mit seinem Vollzeitjob. Von Anfang an hatte er mich immer wieder bedrängt, mir eine Arbeit zu suchen.

«Wann suchst du dir denn endlich einen Job? Wann genau, Peter?»

«Noch nicht!», war meine Standardantwort. «Du weißt ja, mein Bein.»

«Gestern bist du den ganzen Weg zu Fuß in die Stadt gegangen, nur um die zwei Franken für den Bus zu sparen, und jetzt jammerst du wieder rum wegen deinem Bein? Du haust die Versicherung übers Ohr, sei doch mal ehrlich! Das ist aber nicht richtig, weißt du! Im 2. Thessalonicherbrief

3,10 steht: ‹Wer nicht arbeiten will, der soll auch nicht essen.›»

«Ja, ja, noch eine Woche oder zwei.»

Edi lachte nur ärgerlich: «Das hast du nun schon mindestens ein halbes Dutzend Mal gesagt, weißt du das? Ein halbes Dutzend Mal!»

Aber wie es schien, sollten der Gans jetzt die goldenen Eier ausgehen. Der Vertrauensarzt war ein kleines, terrierartiges Männchen mit tiefen Falten im Gesicht. Er untersuchte wortlos mein Bein, dann setzte er sich an sein Pult und zündete sich in aller Ruhe seine Pfeife an, während er die Röntgenaufnahmen betrachtete, die seine Assistentin in der Zwischenzeit hereingebracht hatte.

Dann knurrte er unvermittelt durch seine gelben Zähne hindurch: «Hören Sie mir einmal genau zu, junger Mann: Ihr Feriengeld ist ab heute gestrichen. Sie haben die Versicherung schon lange genug an der Nase herumgeführt. Die Röntgenaufnahmen zeigen klar, dass eine saubere Heilung stattgefunden hat. Ihre Muskulatur beweist, dass Sie Ihr Bein schon seit Wochen – wenn nicht schon seit Monaten! – voll belasten. Und das Fehlen der typischen Schwielen an Ihren Händen zeigt, dass Sie nicht regelmäßig an Krücken gehen. Geben Sie's doch zu! Genau einmal pro Woche benutzen Sie Ihre Krücken, nämlich immer dann, wenn Sie beim Arzt aufkreuzen – und die übrige Zeit stehen Ihre Krücken in der Ecke!»

Ich dachte: «Ich höre wohl nicht recht!», und fing an, auf ihn einzureden, schließlich ging es ja um meine Existenzgrundlage. Er zog nur wortlos an seiner Pfeife, die während seiner Schimpftirade halb ausgegangen war. Als sie wieder brannte, unterbrach er mich mitten im Satz: «Sind Sie jetzt fertig?»

Wenn ich eines nicht vertrage, dann ist es, wenn man mich unterbricht.

«Unterbrechen Sie mich doch nicht, Sie Quacksalber!», fuhr ich ihn an.

«Was haben Sie da gesagt?», knurrte er wie ein wütender Terrier und sprang von seinem Stuhl auf. «Nun hören Sie mir aber mal gut zu, junger Mann. Sie sagen hier noch ein Wort, noch ein einziges Wort, und ich hetze Ihnen unsere Anwälte auf den Hals. Und nun raus! Raus! RAUS!»

23.
Alles kommt ganz anders als geplant

Das nicht gerade positiv verlaufene Gespräch mit dem Vertrauensarzt versetzte mich in eine derart explosive Laune, dass ich mich entschloss, zu Fuß nach Hause zu gehen – nicht nur, weil es billiger war. Ich wollte niemanden sehen, wollte mit niemandem reden. Ich konnte nun für nichts mehr garantieren. Es war, als hätte sich die ganze Welt gegen mich verschworen. Australien schien in immer weitere Fernen zu rücken.

Auf dem höchsten Punkt des Hügels, der zwischen der Stadt und Edis Haus lag, stand ein uraltes Holzkreuz. Jedes Mal, wenn ich auf dem Weg in die Stadt daran vorbeigekommen war, hatte es meine Gedanken zu Höherem gelenkt, und so war es auch jetzt – nur waren meine Gedanken diesmal nicht Gedanken der Einkehr, es waren Gedanken der sinnlosen Wut. Was war eigentlich los mit diesem Gott? Monatelang, mehr als vier Monate schon, war ich nun regelmäßig im Gemeindezentrum aufgekreuzt, hatte da mitgesungen und mitgebetet, sogar lauter als die meisten anderen. Selbst eine Zehnernote hatte ich regelmäßig als Opfer gegeben. Und jetzt, jetzt, wo ich ihn gebraucht hätte, wo war er jetzt geblieben, dieser Gott?

Ich weiß nicht, was mich überkam, aber ich brüllte meinen ganzen Frust und meine Wut in den schweigenden Tannenwald hinaus. Natürlich kam keine Antwort. Es kommt ja nie eine Antwort, wenn man sich so aufführt.

Dann fing es auch noch an zu regnen, ein paar vereinzelte schwere Tropfen zuerst, aber bald goss es in Strömen, und ich musste einen Spurt einlegen, um noch in den Schutz einer Holzfällerhütte auf der anderen Seite einer Lichtung zu gelangen, bevor ich bis auf die Haut nass war.

Dabei stolperte ich förmlich in eine ganze Gruppe von Cannabis-Pflanzen hinein. Es waren insgesamt neun gesunde, voll ausgewachsene Stauden. Die größte brachte es auf fast zwei Meter. Ich traute meinen Augen kaum.

Ja, liebe Freunde, die Stunde meiner Versuchung war gekommen – und ich verlor die Schlacht in weniger als zwei Sekunden, denn ich riss einen Samenstand ab und stopfte ihn mir in den Mund, bevor ich weiterrannte. Es schmeckte wie richtiges Marihuana, aber das allein will ja nichts heißen. Vielleicht waren es ganz normale Hanfpflanzen? Wer würde schon Marihuana anpflanzen, hier mitten im Wald? Dann erinnerte ich mich, irgendwo etwas gelesen zu haben: Eine Gruppe von Langhaarigen hatte dazu aufgerufen, das Kraut in der freien Natur zu etablieren. «Der Marihuana-Prohibition den Boden unter den Füßen wegpflanzen», hatten sie das genannt. Es sah aus, als ob sie damit Erfolg gehabt hätten.

Nach einer Dreiviertelstunde regnete es immer noch, und mittlerweile gab es keinen Zweifel mehr: Was ich da gefunden hatte, war richtiges Dope. Das altvertraute Bedröhntsein fing an, sich in meinem Kopf auszubreiten – wie Gewitterwolken an einem Sommerabend. Es war ein dunkler Zustand, das spürte ich sofort. Eigenartig, früher hatte mich das nie gestört, ich hatte es nicht einmal gemerkt ...

Als es endlich aufhörte zu regnen, war ich kaum noch in der Lage, den Weg zurück zu den Pflanzen zu finden. Ich entschloss mich, sie mit nach Hause zu nehmen – alle neun. Ich bezweifelte, ob es in unserer Stadt viele Leute gab, die besser qualifiziert waren als ich, auf diesen unverhofften Schatz aufzupassen. Schließlich hatte ich dieses «Fach» auf mehreren Kontinenten ja geradezu studiert. Es war einfach nicht auszudenken, welchen Gefahren die armen Pflanzen hier mitten im Wald ausgesetzt waren. Bestimmt gab es da Hirsche und Rehe ... oder noch schlimmer ... Diebe.

Zu Hause hängte ich die Pflanzen mit den Wurzeln nach oben in meinem Kleiderschrank auf – außer einer Hand voll Blütenstände, die ich mit in die Küche nahm, um mir ein paar Ganja-Biskuits zu backen.

Die Biskuits versetzten mich in einen beinahe tranceartigen Zustand, und als Edi nach Hause kam, saß ich immer noch sinnierend am Küchentisch.

«Was ist denn mit dir los?», fragte Edi. Ich sah wohl ein wenig desorientiert aus.

Ich antwortete wahrheitsgemäß: «Ich glaube, ich habe da was aufgelesen. Kein Fieber, ich weiß nicht ...»

«Du gehst wohl besser ins Bett, deine Augen sind ja knallrot. Oder brauchst du einen Arzt?»

Ich murmelte etwas und schlich auf mein Zimmer.

Als Edi am nächsten Tag zur Arbeit fuhr, ging ich gleich in die Küche. Ich fragte mich, ob ich drauf und dran war, eine Dummheit zu begehen, aber irgendwie war es mir eigentlich egal. Ich wollte nur eins: Mich aus dieser Realität wieder abmelden! Zu diesem Zweck rührte ich mehr Teig für mehr Biskuits an – für ein ganzes Blech voll Ganja-Biskuits diesmal. Auf der Suche nach den gehackten Haselnüssen stieß ich unverhofft auf einen alten zerbeulten Dörrapparat, der wohl noch Edis Großmutter gehört hatte. Bald war ich fieberhaft – wenn auch ein wenig unkoordiniert – dabei, Blätter, Blütenstände, Samen und Stiele auszusortieren und im Dörrapparat zu trocknen. Ich brauchte den ganzen Tag, um meine Ernte zu verarbeiten, und war gerade dabei, die Früchte meiner Arbeit – zwei Kilo mittlere bis gute Qualität und drei Kilo minderwertiges Material – unter meinem Bett zu verstecken, als Edi nach Hause kam.

Er rief: «Was ist denn hier los?», kaum dass er die Haustür geöffnet hatte. Das Problem war der Geruch. In der Küche hatte ich keine Spuren hinterlassen, aber ich hatte vergessen, etwas gegen den Geruch zu unternehmen – und der war natürlich geradezu überwältigend.

Ich suchte dumpf nach einer plausiblen Ausrede, aber dann musste ich plötzlich lachen: «Was denkst du denn, Edi, was denkst du, was hier los ist? Atme halt ein paar Mal tief durch, dann merkst du's vielleicht.»

Wider Erwarten machte Edi kein großes Theater. Er wurde nicht mal wütend, er war bloß enttäuscht. Er gab mir eine Woche Zeit, um eine neue Unterkunft zu finden, eigentlich großzügig in Anbetracht meines eklatanten Verstoßes gegen die Hausordnung.

Ich gab die Idee bald auf, das gesamte Dope selbst konsumieren zu wollen. Nachdem die Euphorie erst einmal verflogen war, bescherte mir das Zeug nichts als Paranoia und ein ständig schlechtes Gewissen. Irgendwie war das Loch in meinem Herzen, das ich früher mit Drogen und Alkohol zugestopft hatte, nicht mehr da. Ich konnte es zunächst kaum glauben, aber schließlich musste ich mir selbst gegenüber zugeben: Ich konnte mit dem Zeug eigentlich gar nichts mehr anfangen!

Weil die Versicherung mich so schamlos im Stich gelassen hatte ... weil ich um keinen Preis mehr zurück aufs Büro wollte ... weil ich die harte und gefährliche Arbeit auf der Baustelle weder vergessen hatte noch vergeben konnte ... und vor allem weil ich eben immer noch nach Australien wollte – kam ich plötzlich auf die Idee, das Zeug einfach zu verkaufen. Dann wäre ich es los ... dann wäre ich das schlechte Gewissen los ... und dann hätte ich genug Geld, um über Neuguinea durch die Hintertür in Australien einzuwandern.

Ich zog bei Edi aus und bei Herbie ein – einem schäbigen kleinen Dealer, den ich im Alkoholfreien Café kennen gelernt hatte, wo er hin und wieder aufkreuzte, weil das Essen da so billig war. Zuerst traute er mir nicht und wollte mich nicht in seine Wohnung lassen, aber als ich ihm eine kleine Tüte Dope gab, überlegte er es sich anders.

Das Zimmer neben der Küche, das er mir zuwies, war wirklich winzig. Es hatte ursprünglich einmal als Speisekammer gedient. Ich hatte kaum genug Platz, um meinen Schlafsack auszurollen, aber ich hatte ja auch nicht vor, lange zu bleiben.

Weil ich Herbie auch nicht traute, lagerte ich mein Dope in einem Schließfach am Bahnhof. Von da aus nahm ich dann immer den Zug nach Zürich, wo sich in den Bars und Kneipen im Niederdorf, dem Szenenviertel, in einer halben Stunde leicht ein halbes Dutzend Plastiktütchen «Schweizergras» verkaufen ließen.

Obwohl dieser Handel wirklich keine Kunst war, war er die vielleicht nervenaufreibendste und unangenehmste Beschäftigung, auf die ich mich je eingelassen hatte – und alles wurde dadurch noch komplizierter, dass ich mich an und für sich immer noch als Christen betrachtete. Der Himmel sah manchmal aus wie geschmolzenes Blei, und irgendwie lief ich ständig mit der Angst herum, er könnte mir in den Kragen tropfen.

Aber jetzt war nicht die Zeit für religiöse Feinfühligkeiten, sagte ich mir. Es war leider nicht möglich, ein Omelett zu braten, ohne ein paar Eier zu zerschlagen. Und ganz abgesehen davon: Was tat ich denn schon Schlimmes? Ich verkaufte ja schließlich kein Heroin. Und ich nahm mir ja auch fest vor, wieder auf dem schmalen Weg der Tugend zu wandeln, wenn ich erst mal in Australien war. Im Moment war das eben einfach nicht drin.

Es dauerte nicht lange, und die gute Qualität war ausverkauft. Dann fing ich an, den Ramsch zu verscherbeln – zum gleichen Preis, und das Zeug ging trotzdem weg wie warme Semmeln.

Bald steckte in der Innentasche meiner neuen Lederjacke ein Bündel großer Banknoten, das so dick war wie eine Tafel Schokolade. Nun war ich bereit, nach Australien zu gehen! Meine Ausrüstung hatte ich bald zusammen, eine neue Reisetasche voll mit Sommerbekleidung und Toilettenartikeln. Mit dem Visum für Neuguinea gab's keine Probleme. Auch der Flug war schon gebucht.

Zum letzten Mal stand ich auf dem Bahnsteig und wartete auf den Zug nach Zürich, um dort den letzten Rest meiner Lagerbestände abzusetzen.

Dann entschied ich mich plötzlich anders: Alles war bis jetzt so gut gelaufen, und ich hatte mehr als genug Geld, um meinen Plan in die Tat umzusetzen. Warum jetzt noch etwas riskieren wegen ein paar Hundert Franken? Ich drehte mich um und ging zurück zu meiner Absteige. Dort gab ich die kleine Tüte Herbie: «Hier, Herbie, ich gehe morgen. Komm, wir machen ein Fest. Lade doch ein paar Leute ein.»

Es war wirklich ein jämmerlich trauriges Fest. Ich kannte keinen Einzigen von den Leuten, alle waren Herbies Freunde – ein paar Gymnasial-Hascher, zwei Nachwuchsjunkies; ein paar Mädchen, die noch reichlich jung aussahen; ein Soldat in Ausgeh-Uniform mit einer halb leeren Schnapsflasche in der Hand. Niemand lachte, niemand tanzte, niemand sagte den ganzen Abend über auch nur einen einzigen interessanten Satz. Alle saßen nur rum und dröhnten sich mit meinem Dope zu.

Mir war das alles egal, in Gedanken war ich schon ganz weit weg. «Ich schaff's, ich schaff's! In zwei Wochen bin ich in Australien!» war alles, was ich noch denken konnte.

Gegen zehn Uhr tauchten noch ein paar Leute auf, die LSD dabeihatten. Herbie tauschte einen Teil meines Dopes gegen ein paar Trips ein, die er dann prompt an die jungen

Mädchen weiterreichte. Was für ein übler Vogel dieser Herbie doch war!

Ich ging in die Küche, aber der Kühlschrank war wie immer leer. Also verzog ich mich in ein Restaurant, um etwas zu essen. Als ich zurückkam, hing die ganze Bande vor dem Fernseher herum, außer einem Mädchen, das in der Küche auf dem Boden saß. Sie hatte die Arme um ihre langen, dünnen Beine geschlungen, ihre Augen waren weit geöffnet. Ihr Blick war starr auf die leeren Flaschen unter dem Spülstein gerichtet, und sie sprach leise und sehr schnell vor sich hin. Ich verstand kein Wort von dem, was sie zusammenplapperte.

Mir war das alles zu dumm, und ich ging wieder weg – diesmal in die Spätvorstellung des Kinos unten an der Straße. Als ich zurückkam, war das «Fest» vorbei. Alle waren gegangen, außer dem Soldaten, der mit offenem Mund schnarchend auf dem Sofa lag – daneben auf dem Boden die mittlerweile leere Schnapsflasche. Weil ich am nächsten Morgen früh abzureisen gedachte und noch Musik aus seinen vier Wänden dröhnte, ging ich in Herbies Zimmer, um mich von ihm zu verabschieden, aber er war gerade mit dem Mädchen mit den dünnen Beinen beschäftigt.

Na, dann eben nicht!

Ich kroch in meinen Schlafsack und schlief selig – bis ich träumte, mein Kissen stehe in Flammen. Als ich aufwachte, war mein Zimmer tatsächlich voller Rauch. Ich schnellte hoch und riss die Tür auf – überall waren Flammen, die Tür zum Treppenhaus brannte lichterloh. Ich sprang ins Wohnzimmer, aber da war niemand. Auch Herbies Schlafzimmer war leer.

Ich hatte nur einen Gedanken: Ich muss raus hier! Aber als ich in die Küche zurückkam, von wo aus es ins Treppenhaus ging, war da schon eine Flammenwand – hier war kein

Durchkommen mehr. Dann gab es einen Knall, und das Licht ging aus.

Ich hatte ein Riesenglück, denn es gelang mir im Schein der Flammen, meinen Weg zurück in Herbies Zimmer zu finden. Von dort ging ein Fenster auf einen Innenhof hinaus. Indem ich mich mit beiden Händen am Fenstersims festhielt, gelang es mir irgendwie, mich auf den kleinen Fahrradschuppen unter dem Fenster hinunterzulassen. Als ich durch den Durchgang vom Innenhof auf die Straße hinausrannte, kam gerade die Feuerwehr mit allem Drum und Dran angebraust – vier Wagen, rote Blinklichter, Schläuche, Sirenen.

Dicker Qualm strömte wie Trockeneisschwaden aus Herbies Wohnzimmerfenster. Die türkische Familie aus dem dritten Stock musste über die Feuerwehrleitern evakuiert werden. Bald stand das ganze Gebäude in hellen Flammen.

Herbie stand auf der anderen Straßenseite, am ganzen Leib zitternd: «Weißt du, was dieses dumme Luder gemacht hat? Die hat mir die Bude über dem Kopf angesteckt, dieses dumme Luder ...»

Ich schrie ihn an: «Du hättest mich vielleicht auch wecken können, Herbie! Ich könnte immer noch da drin sein, weißt du das?»

Er schaute mich nur groß an. Ich glaube, er verstand gar nicht, was ich sagte.

Ein Feuerwehrmann kam zu uns und gab mir eine Wolldecke – da erst merkte ich, dass ich in Hemd und Hose draußen in der Kälte stand.

«Meine Jacke!», durchzuckte es mich – meine Jacke mit meinem ganzen Geld drin! Sie war immer noch in meinem Zimmer.

Ich stand da, bis die Sonne aufging, und schaute zu, wie die Feuerwehrleute Wasser und Schaum in das alte Haus hineinpumpten. Trotzdem brannte es fast vollständig aus. Als sie anfingen, ihre Schläuche einzurollen, begann ich zu laufen – mechanisch, wie ein Roboter. Im Stadtpark setzte ich mich auf eine Bank.

«Dann bleibe ich eben hier!», brach es unvermittelt aus mir heraus. «Ich geb's auf.»

Epilog

Ich gab meine Pläne dann tatsächlich auf und blieb in der Schweiz. Nach ein paar Wochen fing ich wieder an, Jesus nachzufolgen – diesmal allerdings ernsthaft.

Aber wie eng war es doch auf diesem Weg – dem schmalen Weg –, zumindest am Anfang! Da schien es überhaupt keinen Spielraum zu geben, weder nach links noch nach rechts. Auf beiden Seiten schienen Abgründe zu klaffen. Aber dann, nach ein paar weiteren Kurven, wurde es plötzlich gut auf diesem schmalen Weg, richtig gut. Das hätte ich so nie erwartet!

Oder wie Edi das wohl ausgedrückt hätte: «Befiehl dem Herrn deine Wege, und hoffe auf ihn, er wird's wohlmachen» (Psalm 37,4; Lutherbibel).

Tatsache ist: Ich schrieb dieses Buch in Queensland, Australien, wo die Sonne fast immer in ihrer ganzen Pracht zu sehen ist und wo ich kürzlich sogar Staatsbürger geworden bin – ich und die Familie, die der Herr mir gegeben hat. Aber das ist wieder eine andere Geschichte.

Der Autor

Peter Weiler, geb. 1955, ist auch *nach* den in diesem Buch geschilderten Ereignissen noch weit herumgekommen. So verbrachte er zwölf Jahre in Australien, bevor er wieder in die Schweiz zurückkehrte. Dort hat er inzwischen in Winterthur eine Kirchengemeinde gegründet und unterrichtet daneben an verschiedenen Hochschulen religionswissenschaftliche Fächer. Er ist verheiratet und hat vier Kinder im Teenager-Alter.